AF337288

G. LE POITTEVIN

Juge d'Instruction au Tribunal de la Seine

LE CASIER JUDICIAIRE

Etude critique sur le Casier Judiciaire en France et dans les Pays Étrangers

Ouvrage couronné par l'Institut

ACADÉMIE DES SCIENCES MORALES ET POLITIQUES

(Prix Bordin 1907)

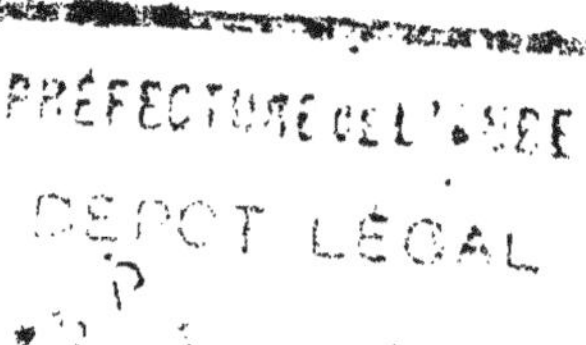

PARIS

ARTHUR ROUSSEAU, ÉDITEUR

14, RUE SOUFFLOT, 14

—

1907

LE CASIER JUDICIAIRE

---

*Etude critique sur le Casier Judiciaire en France
et dans les Pays Etrangers*

G. LE POITTEVIN

Juge d'Instruction au Tribunal de la Seine

LE CASIER JUDICIAIRE

Étude critique sur le Casier Judiciaire en France et dans les Pays Étrangers

Ouvrage couronné par l'Institut

ACADÉMIE DES SCIENCES MORALES ET POLITIQUES

(Prix Bordin 1907)

PARIS

ARTHUR ROUSSEAU, ÉDITEUR

14, RUE SOUFFLOT, 14

1907

AVANT-PROPOS

————

Sur la proposition de la Section de Législation, l'Académie des Sciences morales et politiques avait donné, comme sujet du concours pour le prix Bordin à décerner en 1907, une *Etude critique sur le Casier judiciaire en France et dans les pays étrangers.*

A la séance de l'Académie du 27 juillet 1907, le rapporteur, M. Charles Lyon-Caen, a, dans les termes suivants, exposé les motifs qui avaient dicté ce choix et tracé les grandes lignes du programme tel qu'il devait être compris par les concurrents :

« Les problèmes multiples relatifs à l'organisation du casier judiciaire ont, dans les dernières années, attiré tout spécialement l'attention publique et donné lieu parmi les criminalistes, comme dans les Chambres, aux plus vives discussions. L'intérêt que présentent ces problèmes, tient surtout à ce qu'ils se rattachent à l'application de peines proportionnées à la culpabilité des prévenus ou des accusés et au reclassement si désirable des condamnés qui, ayant subi leur peine, reviennent à une vie meilleure.

« Il y a, sous des rapports variés, la plus grande utilité à ce que les condamnations pénales encourues dans le passé par une personne, puissent être connues facilement et d'une façon certaine. Cette connaissance est indispensable pour la constatation de la récidive et pour l'application des peines aggravées qu'elle entraîne. Alors même qu'il n'y a pas récidive, il importe au juge de connaître les antécédents ; ceux-ci peuvent expliquer la nouvelle infraction, contribuer à augmenter ou à diminuer la culpabilité, justifier ou non l'application de la loi de sursis ou de la libération conditionnelle. Dans un

tout autre ordre d'idées, l'admission définitive dans nos lois du suffrage universel, l'augmentation du nombre des citoyens appelés à
faire partie du jury criminel, la consécration du principe du service
militaire obligatoire et égal pour tous exigent que l'on puisse prévenir l'inscription sur les listes électorales ou sur celles du jury et
l'introduction dans l'armée de personnes indignes. En outre, pour le
bon recrutement des fonctionnaires, il importe que les administrations publiques soient mises au courant de la vie passée des nombreux candidats aux divers emplois. Enfin, les particuliers euxmêmes, qui ont à engager des ouvriers ou des employés, peuvent
désirer légitimement être renseignés sur leurs antécédents.

« Mais comment organiser la constatation des condamnations pour
qu'elle soit aussi exacte et aussi rapide que possible ? Doit-il y avoir
une centralisation ou une décentralisation des . renseignements
recueillis ? En cas de décentralisation, quel lieu faut-il choisir pour
concentrer les renseignements sur les condamnations encourues,
celui de la naissance de chaque individu, où celui soit de son domicile soit de sa résidence ? Faut-il constater toutes les condamnations
de nature pénale, même les plus légères ? Y a-t-il lieu de restreindre
aux magistrats et aux autorités publiques, spécialement de police, la
communication des antécédents ? Doit-on, au contraire, reconnaître
aux particuliers le droit de l'exiger soit pour eux-mêmes, soit pour.
toutes autres personnes ? Si le droit des particuliers est admis, les
communications qui leur sont faites doivent-elles reproduire toutes
les condamnations constatées sans exception quels qu'en soient
l'objet et la cause et à quelque époque lointaine qu'elles puissent
remonter ?

« Ces différentes questions n'ont pas été tranchées de la même
façon ni dans tous les temps ni dans tous les pays. Quelques-unes
présentent au point de vue législatif de sérieuses difficultés et sur
elles l'accord entre les criminalistes est loin d'être fait.

« Sans remonter au delà de 1808, date de la mise en vigueur du
Code d'instruction criminelle français, il faut rappeler que ce Code
(art. 600 à 602) prescrivait aux greffiers des tribunaux correctionnels
et des cours d'assises de consigner, sur un répertoire alphabétique,
les noms, prénoms, âge, profession et lieu de résidence des individus
condamnés à un emprisonnement correctionnel ou à une peine criminelle. Copie des condamnations prononcées était transmise, tous
les trois mois, au ministère de la justice et à celui de la police,
pour constituer, dans chacun de ces ministères, un registre général..

« Ces registres appelés souvent sommiers judiciaires, n'étaient à la disposition que des magistrats. Cette centralisation mettait obstacle à ce qu'ils pussent rendre des services effectifs. L'accumulation des registres rendait les recherches malaisées et peu sûres. En 1832, il n'y avait pas moins de 400 registres de cette sorte et le répertoire destiné à guider dans les recherches était, par son étendue même, très difficile à consulter. Il était devenu indispensable de trouver un instrument plus exact et plus simple pour constater la situation judiciaire des individus au point de vue pénal.

« Cet instrument a été trouvé en 1848 par un magistrat, M. Bonneville de Marsangy, alors procureur de la République à Versailles. C'est le casier judiciaire, qui, introduit dans la pratique par décision ministérielle et réglementé par de simples circulaires des Gardes des Sceaux jusqu'en 1899, est, depuis huit ans, l'objet d'une réglementation légale et détaillée.

« Le principe du casier judiciaire est simple comme le sont, en général, les idées servant de base aux institutions les plus utiles et les meilleures. Il consiste dans la localisation au greffe de l'arrondissement natal de chaque personne des renseignements judiciaires concernant chaque condamné. On n'a maintenu la centralisation au ministère de la Justice que pour les personnes nées à l'étranger, dans les colonies françaises ou dont le lieu de naissance demeure inconnu.

« Grâce à cette décentralisation, le casier judiciaire a assuré de la façon la plus précise et la plus sûre les recherches relatives aux antécédents judiciaires des individus soit pour les nécessités de la justice et de la police, soit pour les besoins de l'Etat au point de vue du bon recrutement de ses fonctionnaires.

« Mais, à côté de ces grands avantages, l'institution du casier judiciaire, telle qu'elle fonctionnait d'après les circulaires ministérielles, présentait de graves inconvénients. Ils se rattachent à son utilisation pour les services privés. On avait pensé dès l'origine que le casier judiciaire devait participer de la même publicité que l'état civil, qu'il devait pouvoir être utilisé même par les particuliers dans leurs rapports entre eux. Sur sa simple demande motivée, toute personne pouvait se renseigner sur le passé judiciaire d'une autre, en réclamant un relevé intégral (dit bulletin n° 2) de tous les bulletins (dits n° 1) relatant les diverses condamnations de celle-ci. Cette publicité absolue du casier judiciaire eut les plus graves inconvénients pratiques. Elle donna lieu à des actes de chantage ou de vengeance et à des diffamations.

« Des circulaires ministérielles de 1876 cherchèrent à remédier au mal, en restreignant la publicité du casier judiciaire dans les rapports entre les particuliers : le bulletin n° 2 ou relevé des condamnations ne fut plus délivré aux tiers, mais seulement à celui-là même qu'il concernait.

« Cette publicité restreinte a soulevé elle-même les objections et provoqué des critiques devenues très vives.

« La communication du casier judiciaire, remarquait-on, n'est limitée qu'en apparence à celui que le bulletin concerne. En fait, tous les patrons, avant d'engager un employé ou un ouvrier, lui réclament la production de son casier judiciaire, pour être renseignés sur ses antécédents. Que résulte-t-il de cette pratique générale ? D'anciens condamnés repentants et disposés à s'amender par le travail ne trouvent pas de patrons qui les agréent; n'ayant pas de moyens d'existence, ils sont entraînés à commettre de nouveaux délits. Ainsi, le casier judiciaire est un obstacle au reclassement si désirable des condamnés et même un facteur de la récidive. On ajoutait qu'avec le système pratiqué, l'inscription au casier judiciaire donnait aux condamnations un caractère perpétuel odieux, rappelant l'ancienne marque; car, à quelque époque que ce fût, tant que la réhabilitation difficile à obtenir n'avait pas eu lieu, le condamné restait sous le coup du jugement rendu contre lui; même après de longues années, ce jugement figurait sur le bulletin délivré à celui qu'il concernait.

« Devant ces critiques, le gouvernement se décide à proposer un projet devenu la loi du 5 août 1899. Cette loi résout spécialement la question de la publicité ou de la clandestinité du casier judiciaire et soustrait cette importante et utile institution au régime des circulaires ministérielles.

« Des divergences de vues très profondes se sont manifestées dans la commission extra-parlementaire et dans les Chambres sur la question capitale de la publicité du casier judiciaire. Trois systèmes étaient soutenus, celui de la clandestinité absolue, celui de la publicité restreinte tel qu'il était pratiqué depuis 1876, et, enfin, un système intermédiaire tout nouveau qui devait définitivement prévaloir.

« Les partisans de la clandestinité absolue pensent qu'on doit refuser à tous les particuliers, même à l'intéressé direct, communication des indications contenues au casier. L'Etat ne doit pas jouer le rôle d'agence de renseignements. La publicité organisée pour l'intéressé est une peine ou, du moins, l'aggravation d'une peine.

Comme la marque et la surveillance de la haute police que le législateur a supprimées en 1832 et en 1885, elle compromet le relèvement, et, par une conséquence indirecte, favorise la récidive. On n'a pas réagi effectivement contre la publicité en ne permettant qu'à l'interessé direct de se faire délivrer un bulletin reproduisant son propre casier judiciaire. En réalité, le patron l'exige indirectement par l'entremise de quiconque demande à être employé par lui, et un refus de produire l'extrait du casier judiciaire équivaut à un aveu de condamnation.

« Cependant le système de publicité restreinte en vigueur ne reconnaissant qu'aux intéressés le droit de réclamer un extrait de leur propre casier judiciaire a trouvé des défenseurs. L'État, disent-ils, montrerait une sorte d'égoïsme étroit en conservant pour lui seul les informations du casier et en les refusant à ceux auxquels elles seraient très utiles. Le nombre considérable des demandes de bulletins réclamés par les intéressés prouve le haut prix que le public y attache. La publicité restreinte qu'on qualifie, par une exagération flagrante, d'exposition publique permanente, de pilori perpétuel, n'est point une peine. C'est un mode de publication des condamnations pénales. Il n'est pas permanent, car le condamné a des moyens simples de mettre fin à la révélation de ses antécédents ; s'il a bénéficié du sursis à l'exécution de sa peine, sa bonne conduite pendant cinq ans lui assure la radiation de sa condamnation sur l'extrait du casier judiciaire qui lui est délivré ; quant aux condamnés aux peines même les plus graves, ils obtiennent le même résultat quand ils sont réhabilités, grâce a leur bonne conduite prolongée pendant plusieurs années depuis la condamnation encourue par eux. Du reste, tous les patrons ne ferment pas la porte de leurs magasins ou de leurs ateliers à ceux qui ont encouru une condamnation. Il en est qui, par philanthropie, emploient des libérés paraissant aptes à être ramenés au bien. Puis, pour certains travaux, particulièrement pour les travaux de terrassement et de construction, la production du casier judiciaire n'est presque jamais exigée. Du reste, la publicité du casier restreinte à l'intéressé agit très utilement par voie d'intimidation, elle a le précieux avantage de détourner des délits ceux qui craignent de voir leur condamnation figurant à ce casier les priver dans l'avenir du travail nécessaire à leur existence.

« La loi de 1899 s'est rangée à un système intermédiaire et tout nouveau dans lequel on cherche à tenir compte des critiques dirigées contre les deux systèmes de la publicité et de la clandestinité absolues. Il concilie ou tente de concilier deux intérêts légitimes et respectables en présence, celui des personnes qui ont besoin d'être renseignées sur les antécédents judiciaires d'un tiers, et celui des condamnés, dont, dans un intérêt social et de haute moralité comme dans leur propre intérêt, il ne faut pas rendre trop difficile ou impossible le retour définitif au bien. Dans ce système, toutes les indications nécessaires au public sur les antécédents judiciaires doivent lui être fournies et les renseignements donnés ne doivent subir des restrictions que pour les condamnés vraiment dignes d'intérêt.

« Une distinction fondamentale est faite. Le relevé des bulletins originaux ou *bulletins n° 1*, relevé appelé *bulletin n° 2*, reproduisant toutes les mentions des premiers, n'est communiqué qu'aux magistrats, aux autorités de police et aux administrations publiques. Pour les particuliers qui demandent un extrait de leur propre casier judiciaire, il est délivré un relevé portant le nom de *bulletin n° 3*; il ne reproduit ni certaines condamnations peu graves que la loi elle-même exclut de ce bulletin, ni les condamnations même les plus graves, quand il s'est écoulé certains délais sans que le condamné ait encouru une nouvelle condamnation. Il y a ainsi au profit des condamnés une sorte de prescription des inscriptions au casier judiciaire. Cette prescription spéciale est tout à fait distincte de la réhabilitation dite *de droit*, introduite en 1899, qui, à l'expiration d'un certain nombre d'années, fait de plein droit réputer les condamnations non avenues. La condamnation qui cesse par l'expiration du laps de temps fixé par la loi de figurer au bulletin n° 3 délivré à l'intéressé n'en subsiste pas moins avec tous ses effets. La réhabilitation seule fait considérer à tous égards la condamnation comme non avenue.

« Cette question de la publicité ou de la clandestinité du casier judiciaire est loin d'être la seule que soulève cette institution, mais c'est certainement la plus grave, celle qui divisa le plus les esprits, celle pour la solution de laquelle est intervenue la loi du 5 août 1899, actuellement en vigueur en France ».

Puis, appréciant les résultats du concours, il a continué en ces termes :

« Deux mémoires ont été déposés. Ils répondent bien l'un et l'autre au but que la Section de Législation avait en vue en demandant à l'Académie de proposer comme sujet du concours, pour le prix Bordin, une étude sur le casier judiciaire ».

Le livre que j'offre ici au public, n'est autre que le mémoire n° 2, et j'ai naturellement hâte de reproduire la trop bienveillante appréciation qu'en a faite l'éminent rapporteur (1) :

« Le mémoire n° 2 est beaucoup plus développé que le précédent : il comprend 390 pages in-4°. Il est divisé en trois parties, la première consacrée à la fois aux origines du casier judiciaire et à son organisation actuelle en France et dans les pays étrangers ; la seconde à l'examen critique de différents systèmes ; enfin, la troisième traite du casier judiciaire au point de vue international.

« Dans la première partie, l'auteur remonte très loin dans le passé en parlant des différents procédés employés pour la constatation des antécédents judiciaires dans l'Inde brahmanique, en Judée, en Grèce, à Rome, et il fait une assez large place à l'ancien droit français et au droit de l'époque révolutionnaire. A raison de la formule même du sujet, *étude critique sur le casier judiciaire en France et dans les pays étrangers*, il eût été préférable de ne pas se reporter au delà de 1808, date de la mise en vigueur de notre Code d'instruction criminelle. Mais on ne saurait faire de ce chef un trop grave reproche à l'auteur ; il donne sur un passé même lointain des notions très intéressantes.

« Ainsi, il s'étend quelque peu sur la marque qui a existé dans notre législation criminelle jusqu'à la grande réforme du Code pénal faite en 1832. Il rapporte qu'apposée d'abord sur une partie visible du corps, sur le visage même, elle le fut, à partir de Constantin, sur une partie cachée, comme l'épaule ou le dos.

« Constantin donne de la réforme faite sur ce point (l. 17, ix, 47, C. de Justinien) une raison d'ordre religieux, *ut facies quæ ad similitudinem pulchritudinis caelestis est figurata, minime maculetur*. Mais une ordonnance bien postérieure (du xvi⁰ siècle) de la ville de Metz indique un motif pratique ; elle dispose que « cela se fera en lieu « caché, sçavoir est sur l'épaule ou au milieu du dos, afin de n'oster « à celui qui se voudra corriger et amender l'espoir et moyen de ce « faire ». Et un de nos criminalistes du xv⁰ siècle, Muyart de

---

(1) Je dois laisser à M. Richaud, Conseiller à la Cour d'appel de Bourges, le soin de publier la partie du rapport où sont justement appréciés les mérites du mémoire n° 1 qu'il ne tardera pas, je l'espère, à livrer au public.

Vouglans, exprime la même idée en disant : « Ceux qui étaient
« ainsi marqués ne pouvant plus trouver à servir, étaient contraints
« de se retirer dans les bois et de se mettre à voler ». Cela montre
bien que la préoccupation des législateurs et des criminalistes de ne
pas nuire à l'amélioration et au relèvement des criminels en faisant
connaître leurs antécédents est loin de dater de nos jours. Cette
préoccupation est seulement devenue plus vive et on cherche plus
que jamais à la justifier par des motifs d'ordre moral et social.

« L'auteur du mémoire n° 2 ne se borne pas à donner de longs
détails sur les précédents historiques, il explique aussi assez longue-
ment toutes les dispositions de la loi française actuelle sur le casier
judiciaire. Il en fait une analyse minutieuse et exacte qui laisse
deviner un homme ayant participé à l'application de la loi. Un pareil
commentaire analytique n'est pas ce qu'on demandait aux concurrents en les invitant à faire une étude critique de la loi. Un exposé
des principes généraux qu'elle consacre, suffisait. Mais l'analyse
est si bien présentée, qu'on a quelque regret à faire à l'auteur le
reproche de n'être pas resté dans les limites du sujet. En définitive,
il donne plus qu'on ne demandait aux concurrents. Mais, s'il y a du
superflu dans ce mémoire, tout le nécessaire s'y trouve. Aucune des
questions d'ordre législatif se rattachant au casier judiciaire n'est
négligée par l'auteur.

« Il examine s'il eût été préférable de laisser le casier judiciaire
dans le domaine des circulaires ministérielles plutôt que d'en faire
l'objet d'une loi, si l'inscription au casier judiciaire doit être considérée comme une peine ou comme un simple mode de publicité, si
le lieu de naissance est préférable, pour la tenue du casier judiciaire, au lieu du domicile ou de la résidence du condamné, si la
détermination des condamnations à inscrire ou non au casier doit
être faite par la loi, par le juge ou par l'administration pénitentiaire.
Il fait naturellement une assez large place à la question capitale de
la publicité ou de la clandestinité du casier judiciaire à l'égard des
particuliers. Il se montre, sur ce point si important, défavorable au
système général de la loi française de 1899. Selon lui, avec ce système, les tiers sont induits en erreur, par cela même que le bulletin
n° 3 produit par les intéressés passe sous silence un assez grand
nombre de condamnations que la loi détermine à raison soit de la
nature des peines et des infractions, soit de certaines conditions de
temps. Selon lui, il n'y a à opter qu'entre les deux systèmes suivants. Ou bien le casier judiciaire devrait constituer des archives

secrètes destinées seulement à renseigner les magistrats et à assurer le fonctionnement de la justice, ou bien des extraits contenant le relevé intégral des condamnations devraient être délivrés même à des particuliers indiqués par la loi, spécialement à celui que le casier concerne. Chacun de ces systèmes a ses avantages et ses inconvénients. Chacun d'eux repose sur une notion exacte de la nature du casier judiciaire, qui n'est qu'un grand répertoire de certaines catégories d'arrêts, jugements et décisions méthodiquement classés. Mais la loi méconnaît le caractère du casier judiciaire quand elle admet que certaines condamnations ne figurent pas sur des extraits délivrés aux particuliers. On procure ainsi à un condamné les apparences d'une réhabilitation qui n'existe pas. On trompe sur ses antécédents les tiers qui prennent un homme à leur service. La preuve en est que l'Etat a eu bien soin de stipuler que lui aurait toujours le droit d'obtenir un bulletin n° 2 reproduisant, sans aucune exception et à toute époque, les condamnations portées aux bulletins originaires n° 1, alors qu'il s'agit de recruter le personnel de ses ateliers ou manufactures.

« Les législations étrangères sont exposées avec le plus grand soin et leur analyse fait corps avec l'ouvrage par cela même qu'à l'occasion l'auteur oppose ces législations à la loi française et tire, quand il s'agit de modifications à apporter à celle-ci, profit de leurs dispositions.

« Enfin, le dernier chapitre consacré aux questions internationales contient une étude très complète et très fouillée de cette partie du sujet, qui, jusqu'ici, à notre connaissance, n'avait pas été traitée avec cette ampleur.

« En résumé, les deux mémoires sont des œuvres excellentes qui, après avoir posé de la façon la plus nette les problèmes législatifs à résoudre à propos du casier judiciaire et les solutions que les lois y ont données, déterminent les réformes que, selon les auteurs, la législation française devrait recevoir.

« Mais ces deux remarquables ouvrages diffèrent complètement par leur étendue, par leur méthode, par la manière dont le sujet y est conçu et traité. Ces différences rendraient un classement presque impossible. Aussi la Section de Législation estime-t-elle qu'ils doivent être mis sur le même rang.

« En conséquence, nous avons l'honneur de proposer à l'Académie :

« 1° De décerner le prix Bordin *ex æquo* aux mémoires n°ˢ 1 et 2 ;

« 2° Le prix étant de 2,500 francs et un reliquat disponible de 11,713 fr. 45 c. se trouvant à la disposition de l'Académie, de porter, cette année, le prix Bordin à cinq mille francs à raison de la grande valeur des deux mémoires et d'attribuer à chacun des auteurs des deux mémoires également couronnés 2,500 francs, en prélevant sur ce reliquat cette dernière somme ».

En présence d'une si flatteuse appréciation où les éloges si largement distribués, sont à peine atténués par les plus bienveillantes critiques, et alors que l'Académie, par une mesure tout à fait exceptionnelle, a cru devoir doubler le montant du prix décerné, je ne puis que me féliciter hautement de partager cette récompense avec mon distingué collègue, M. le Conseiller Richaud : dans de pareilles conditions, loin d'être un amoindrissement, le partage des couronnes ne fait qu'en rehausser la valeur.

Il ne me resterait plus qu'à souhaiter à mon œuvre d'être jugée par les lecteurs avec la même bienveillance que par l'Académie des Sciences morales et politiques, si je n'avais encore un dernier devoir à remplir.

Je dois exprimer ici toute ma reconnaissance à M. le Garde des Sceaux, à M. Bourdon, Directeur des Affaires criminelles et des Grâces, à M. Yvernès, Chef du bureau de la Statistique et du Casier judiciaire, qui ont si libéralement mis à ma disposition les archives du Ministère de la Justice ; aux ministres, aux magistrats et aux criminalistes étrangers qui m'ont procuré les matériaux nécessaires pour faire cette étude. Je remercierai tout spécialement du précieux concours qu'ils ont bien voulu me prêter, LL. Exc. M. le comte Mourawieff, Ministre de la Justice de Russie, et M. le Ministre des Grâces et de la

Justice d'Italie ; M. le Procureur général de la République et canton de Genève, M. le Procureur du Roi près la Cour d'appel de Lisbonne, M. le Procureur du Roi près le Tribunal de Turin, M. Gautier, Professeur de droit criminel à Genève, M. van Hamel, Professeur de droit criminel à Amsterdam, M. Franz von Liszt, Professeur de droit criminel à Berlin, le regretté M. Limelette, Conseiller à la Cour d'appel de Liège, M. Pélissié du Rausas, Directeur de l'Ecole française de droit du Caire, M. le Dr Julius Curtius, referendar am Landgericht Duisburg, etc... Je suis particulièrement reconnaissant à M. le Dr Curtius d'avoir bien voulu revoir mes traductions des textes et documents allemands et autrichiens. Nul ne pouvait faire une plus utile revision, car il a le grand avantage de connaître également bien le droit criminel allemand et le droit criminel français et de posséder la langue juridique de l'un et l'autre pays. — C'est à M. le D^r van Hamel, fils de l'éminent professeur d'Amsterdam, que je dois la traduction des textes hollandais.

Je tiens aussi à dire quels précieux auxiliaires j'ai trouvés dans les représentants de la République à l'étranger et spécialement à Berne, à Rome, à Stockolm et à Vienne.

Gustave Le Poittevin.

Cherbourg, le 4 septembre 1907.

INTRODUCTION

———

Le *Casier judiciaire* a une importance *considérable* à raison du rôle qu'il joue dans la Société ; aussi nulle institution n'a été l'objet de plus ardentes controverses. A l'aurore du x:x⁰ siècle, son existence même a été mise en question, et, si son maintien paraît aujourd'hui généralement accepté, les lois qui le régissent soulèvent encore de vives discussions, à raison non seulement des difficultés d'interprétation qu'elles font naître, mais encore des principes sur lesquels elles reposent.

Nous essaierons de démontrer qu'il existe, en effet, bien des points sujets à controverse, bien des problèmes délicats à résoudre. Ainsi, pour n'en citer qu'un exemple, on peut admettre que le Casier judiciaire soit exclusivement réservé au service de la justice criminelle, et que, en dehors des magistrats, personne ne puisse prendre connaissance des renseignements qu'il renferme ; mais on a également soutenu qu'il y a lieu de l'ouvrir plus largement, sauf à déterminer dans quelle mesure les intéressés, les administrations publiques et même les tiers, pourront y recourir. C'est là une question ardue, car, à l'appui de chacun des deux systèmes, on fait valoir d'excellents arguments.

1

Mais nous estimons que, si le mode de fonctionnement est sujet à discussion, il n'en est pas ainsi du principe même de l'institution : le Casier judiciaire est devenu un organisme indispensable dont la suppression entraverait le cours de la justice criminelle.

Pour l'établir, il ne nous paraît pas inutile de montrer que, dans tous les temps, chez tous les peuples, il a fallu trouver des moyens de connaître, aussi exactement que possible, les antécédents judiciaires des inculpés ; nous suivrons l'évolution qui s'est peu à peu produite et nous arriverons ainsi à dégager les origines du Casier judiciaire. Nous montrerons ainsi qu'il n'est que le dernier perfectionnement d'une institution qui se retrouve en germe dès la plus haute antiquité et dont la nécessité a été universellement reconnue.

Ce point admis, nous verrons ce qu'était le Casier judiciaire, tel qu'il a été créé par M. Rouher ; puis, après avoir indiqué rapidement ses transformations successives, nous exposerons complètement son organisation actuelle en France, son pays d'origine. — Nous étudierons ensuite comment et sous quelles formes il a pénétré dans la plupart des pays étrangers.

Cet exposé complet des législations française et étrangères nous paraît indispensable ; il doit former la base même de notre travail, puisque, d'après le programme même du concours, il doit consister en une « *étude critique sur le Casier judiciaire en France et dans les pays étrangers* ».

C'est après ces longs préliminaires que nous entrerons dans le vif du sujet ; nous examinerons et nous discuterons tous les points sur lesquels peuvent naître des controverses et, à cet égard, nous espérons pouvoir tirer de la comparaison des diverses législations d'utiles enseignements qui nous aideront à dégager une conclusion.

Enfin, de plus en plus, les relations internationales se multiplient ; on peut dire qu'au point de vue de la recherche et de la poursuite des criminels, les frontières tendent à disparaître. Aussi il nous a semblé indispensable d'étudier spécialement, non seulement l'échange international des bulletins de condamnation et des extraits du Casier judiciaire, mais encore les effets des condamnations prononcées à l'étranger sur le Casier judiciaire. Il y a là une série de questions qui nous ont paru très intéressantes et absolument neuves.

Tel est le plan général que nous avons cru devoir adopter.

PREMIÈRE PARTIE

Les Origines du Casier judiciaire

Son organisation actuelle en France et à l'étranger

TITRE PREMIER

Des différents procédés employés pour la constatation des antécédents judiciaires

CHAPITRE PREMIER

LÉGISLATIONS ANCIENNES

1. — **Inde brahmanique.** — **La Judée.** — La marque est une peine fréquemment prononcée par les lois de Manou : ce châtiment présente au plus haut degré le caractère *expressif* (1). C'est ainsi que l'on imprime au fer rouge sur le front du coupable : un drapeau de distillateur, s'il a bu des liqueurs spiritueuses, — le pied d'un chien, s'il a volé l'or d'un prêtre, — l'image d'un homme sans tête, s'il a tué un brahmane (2) : « On ne doit, disait le législateur sacré de l'Inde (3), ni man- « ger avec ces hommes, ni sacrifier avec eux, ni s'allier avec « eux par le mariage. Qu'ils errent sur la terre dans un état « misérable, exclus de tous les devoirs sociaux ! Qu'ils soient « abandonnés par leurs parents paternels et maternels : ils ne « méritent ni compassion, ni égards ! »

De plus, presque tout crime ou délit entraîne la mutilation de l'organe ou du membre qui a servi à le commettre. Pour n'en citer que quelques exemples, on coupe au voleur, pour le premier vol, deux doigts; pour un second, un pied et une main ; — on mutile les lèvres à celui qui a craché sur un

---

(1) Thonissen, *Etudes sur l'hist. du droit crim. des peuples anciens*, t. I, p. 42.

(2) Loiseleur-Deslongchamps, *Lois de Manou*, IX, 237.

(3) Loiseleur-Deslongchamps, *Lois de Manou*, IX, 238 et 239.

brahmane ; — on fait subir une mutilation flétrissante à celui qui séduit les femmes des autres (1), etc.

On peut dire qu'au contraire la marque et la mutilation n'existent pas dans la législation pénale des Hébreux. Dans le Pentateuque, il n'est pas question de la marque, et la mutilation n'est prévue que pour un cas unique et très spécial (2).

2. — Grèce. — La marque, στίγματα, existait également en Grèce ; c'était une peine infligée aux esclaves fugitifs et aux soldats qui avaient déserté, destinée à les faire reconnaître et à faciliter les recherches, s'ils récidivaient.

Il paraîtrait cependant qu'elle n'était pas tout à fait inusitée à l'égard des plus infâmes malfaiteurs (3).

Sénèque raconte que Philippe, roi de Macédoine, voulant infliger un châtiment exemplaire à un de ses soldats qui avait dépouillé de ses biens celui-là même qui l'avait recueilli après un naufrage et lui avait sauvé la vie, lui fit imprimer sur le front des caractères qui attestaient son ingratitude envers son hôte (4).

3. — Rome. — Quelques criminalistes soutiennent qu'il existait dans le droit romain une théorie générale de la récidive ; ils ont du moins cherché à la reconstruire à l'aide d'un certain nombre de textes épars au Code et dans le Digeste (5), mais c'est là une doctrine des plus discutables. Ce qui est toutefois certain, c'est qu'à Rome, la *récidive spéciale* a été

------

(1) Loiseleur-Deslongchamps, *Lois de Manou*, VIII, 352, 353 ; IX, 277.

(2) Voir : Deutéronome, XXV, 11, 12. — Ce passage du Deutéronome est reproduit par Thonissen, t. II, p. 68.

(3) A. du Boys, *Histoire du droit crim. des peuples anciens*, p. 179.

(4) « ..... Ceterum improbissimo militi, ingratissimo hospiti, avidissimo naufrago, stigmata inscriberet, ingratum hospitem testantia » (*De Beneficiis*, L. IV, cap. XXVII). Et Senèque ajoute cette réflexion : « Dignus quidem fuit, cui non inscriberentur illæ litteræ, sed insculperentur, qui hospitem suum, nudo et naufrago similem, in id in quo jacuerat ipse litus expulerat ».

(5) Voir l'énumération très complète de ces textes donnée par Ortolan (*Eléments de droit pénal*, t. I, n° 1205, p. 561, *note* 2).

prévue et sanctionnée dans un certain nombre de cas (1) : la loi a voulu punir plus rigoureusement l'habitude *consuetudo delinquendi* (2), et, d'après Farinacius (3), elle considérait qu'il y avait habitude dès qu'existait la réitération de l'infraction : *quod enim bis fit, frequenter fieri dicitur.* Nous n'approfondirons pas la question ; c'est là, en effet, à notre point de vue, une constatation suffisante, puisque, en admettant que la récidive ait été ainsi limitée, et, bien que les peines fussent arbitraires, il n'en était pas moins nécessaire, pour proportionner la peine au délit, de connaître les individus qui devaient être regardés comme des malfaiteurs d'habitude.

Cependant nous ne trouvons nulle part l'indication d'un ensemble de mesures prises pour constater les antécédents judiciaires des inculpés. On marquait, il est vrai, dans certains cas, les condamnés d'un signe distinctif. C'est ainsi que Sénèque, faisant une énumération des châtiments corporels, mentionne les inscriptions imprimées au front des criminels « *inscriptiones frontis* » (4). — Valère Maxime, citant le trait d'un esclave qui avait sauvé son maître, Antius Restion, proscrit et fugitif, nous dit que cet esclave avait cependant été tenu dans les fers et portait sur le front l'empreinte ineffaçable des lettres infamantes dont ce maître l'avait flétri (5). Dans le *Satyricon*, Encolpe et Giton cherchent à se cacher sous un déguisement qui les rende complètement méconnaissables ;

---

(1) Notamment : L. 1, D., XXXVII, 14, *de jure patronatus*; — L. 28, § 3, D., XLVIII, 19, *de pœnis*; — L. 4, C., VI, 1, *de fugitivis servis*; — L. unique, C., X, 20, *de superexactionibus.*

(2) « *Si quis autem exactorum in superexactionibus crimen fuerit confutatus, capitali periculo cupiditas ejus amovenda atque prohibenda est, si in iisdem sceleribus perseveret* » (L. un., C., X, 20, *de superexactionibus*).

(3) Farinacius, *Quæst.* 18, n° 16.

(4) *De irâ*, L. III, cap. III.

(5) .... *Servus, ab eo vinculorum pœna coercitus, inexpiabilique litterarum nota per summam oris contumeliam inustus...* (Valerii Maximi *Facta dictaque memorabilia*, L. VI, C. VIII, 7).

un ami leur donne le conseil suivant : « Mon valet, comme vous l'avez reconnu à sa trousse, est barbier ; il va sur-le-champ vous raser, non seulement la tête, mais encore les sourcils. Ensuite, je tracerai adroitement une inscription sur vos fronts, afin que vous paraissiez punis d'un stigmate. Ainsi, ces lettres, par l'apparence d'un supplice infligé, détourneront les soupçons de ceux qui vous cherchent et déguiseront vos visages » (1).

Nous savons que cette flétrissure était l'accessoire obligé des condamnations aux jeux et aux mines (2), peines qui, à l'origine, étaient prononcées exclusivement contre les esclaves, et qui, dans la suite, ne furent étendues qu'aux gens de basse condition. Nous ne connaissons qu'un cas où la marque paraît avoir été appliquée à tous les citoyens : c'est celui que prévoyait la loi Remmia (3). Cette loi ordonnait que tout condamné pour calomnie fût marqué d'un K, première lettre du mot *Kalumnia* : ceux qui avaient été ainsi flétris perdaient à l'avenir le droit de se porter accusateurs. C'est ce que Cicéron rappelait à Erucius, l'accusateur de Sextus Roscius d'Amérie : « *Sed si ego hos* (les jurés) *bene novi, litteram illam,* « *cui vos usque eo inimici estis, ut etiam Kalendas omnes* « *oderitis, ita vehementer ad caput affigent, ut postea ne-* « *minem alium nisi fortunas vestras accusare possitis* » (4).

---

(1) « .... *Sequar ego, frontes notans inscriptione sollerti, ut videamini stigmate esse puniti. Ita eædem litteræ, et suspicionem declinabunt quærentium, et vultus umbra supplicii tegent* » (T. Petronii *Satyricon*, cap. CIII).

(2) L. 2, C. Théod., IX, 40, *de pœnis*. — Voir aussi : Ferdinand Walter, *Hist. du dr. crim. chez les Romains* (trad. dè l'allemand par J. Picquet-Damesne), n° 822, p. 52.

(3) Loi dont la date est incertaine, mais à laquelle Cicéron fait allusion dans son discours pour Roscius d'Amérie (XIX, 55) : « *Quid ergo est? ita tamen* « *quæstus te cupidum esse oportebat, ut horum existimationem et legem* « *Remmiam putares aliquid valere oportere* » (Ciceronis *opera*, édit. Tauchnitz, n° 7, p. 56).

(4) *Orat. pro Sext. Roscio Amerino*, XX, 57 (Ciceronis *opera*, édit. Tauchnitz, n° 7, p. 57). — A la vérité, dit Mommsen (*Romisches Strafrechts*, 1899,

La marque se faisait au front à l'aide d'un fer chaud, afin qu'elle fût indélébile (1). Dans certains cas, elle consistait dans l'empreinte de la lettre initiale du mot qui qualifiait le délit commis (2) ; peut-être imprimait-on, pour certains faits, le mot tout entier, mais aucune certitude n'existe sur ce point (3). Pour dissimuler ces stigmates, les condamnés laissaient pousser leurs cheveux et les rabattaient sur le front (4).

Plus tard, l'empereur Constantin ordonna d'apposer la marque, non plus sur le visage, mais sur les mains ou sur les bras « *quo facies quæ ad similitudinem pulchritudinis cœ-* « *lestis est figurata, minime maculetur* » (5).

L'homme flétri par la marque était qualifié de *stigmatias* (6).

---

p. 494-495), l'application effective de cette lettre K ne nous est pas attestée. Cette peine n'était pas d'ailleurs homogène avec les institutions romaines.

(1) Lorsque Lycas découvre la ruse d'Encolpe et de Giton, qui ont cherché à le tromper *adumbrata inscriptione*, il apostrophe en ces termes une femme qui croit à la sincérité de la marque : « *O te, inquit, feminem simplicem ! tanquam vulnera, ferro præparata, litteras biberint* » (E. Petronii *Satyricon*, cap. CVI).

(2) Ciceronis *Orat. pro Sextio Roscio Amerino* (loc. cit.).

(3) Petrone emploie les expressions *litteræ* (cap. CIII), *notæ litterarum* (cap. CV); mais on ne peut en conclure que chaque inscription comprenait plusieurs lettres, car, chaque fois, ces expressions se rapportent à deux inscriptions.

(4) « *Jussi squalorem damnatis auferri : simul ut notæ quoque litterarum, non adumbratæ comarum præsidio, totæ ad occulos legentium accederent* » (C. Petronii *Satyricon*, cap. CV).

(5) L. 17, C. IX, 47, *de pœnis*.

(6) « *O miserum qui fideliorem et Barbarum et stigmatiam putaret, quam conjugem !* » (M. Tullii Ciceronis *de officiis*, L. II, § VII). — C'est à la marque que se rapportent les expressions *integræ frontis homo* et *inscriptiones frontis* que nous trouvons, la première dans Papinien (D. 22, 5, 13), la seconde dans Sénèque (*De irā*, III, 3, 6).

CHAPITRE II

FRANCE

—

SECTION PREMIÈRE. — **La Marque**

4. — **Les oreilles coupées.** — **La fleur de lys et les lettres tatouées.** — Devant les Cours féodales, la procédure était publique, orale et formaliste, et même les jugements n'étaient pas alors rédigés par écrit. Aussi, dans la plupart des cas, il ne restait aucune trace des décisions de justice.

Il était cependant nécessaire de reconnaître les malfaiteurs déjà frappés par la justice : le châtiment devait en effet être aggravé par la réitération des infractions, en vertu, non pas des règles de la récidive inconnues alors, mais du pouvoir propre du juge d'arbitrer la peine à raison des circonstances de la cause. Aussi, pour remédier à ce défaut absolu d'archives judiciaires, l'usage s'était introduit de faire sur la personne même du condamné une marque indélébile qui devait, à première vue, révéler son passé.

Tout d'abord, on coupait les oreilles de certains malfaiteurs (1), notamment de ceux qui étaient convaincus de crimes de faux. Mais cette peine disparut, à cause de certains inconvénients que la pratique avait révélés : « Aussi, dit Jean Imbert (2), la peine ordinaire des larrons attaints de larcin

---

(1) En Russie, la marque consistait à *fendre les narines* au condamné; mais, en 1818, l'empereur Alexandre supprima tout genre de flétrissure quelconque, « attendu, porte-son ukase, qu'une-pareille marque d'infamie pourrait empê- « cher les coupables de s'amender » (Carnot, *Commentaire sur le Code pénal* [2ᵉ édit.], sur l'art. 20, note 4, p. 104).

(2) *La pratique judiciaire civile et criminelle*, L. III, ch. XXI, n° 9 (Edition de Paris, 1627, p. 691).

falsifié est de fustigation, parfois la corde au col, et l'une ou les deux aureilles couppées. Toutesfois, parce qu'on a cognu par expérience qu'après qu'un homme avait une ou les deux aureilles couppées, il ne pouvait plus trouver à se mettre à servir, au moyen de quoy estait contrainct à se retirer ès bois et se mettre à voler, on a laissé ladite peine de coupper les aureilles ».

A cette peine des oreilles coupées, on avait substitué celle de la *marque* (1) : « Cette peine, écrit Muyart de Vouglans (2), suit ordinairement celle du fouet, quoiqu'elle soit souvent employée dans le cas de galères et de bannissement à temps : elle a été singulièrement introduite, afin qu'on puisse reconnaître à cette marque celui qui aurait subi l'un ou l'autre de ces supplices, et qu'on le punisse plus sévèrement en cas de récidive ». On appelait *flastrer* ou *flastrir* le fait d'imprimer cette marque sur la peau d'un criminel (3) ; cependant, dans certaines Coutumes, on trouve l'expression *marquer* (4).

La marque se faisait de deux manières : l'une avec le fer chaud, en forme de *fleur de lys*, l'autre en traçant certaines lettres avec un poinçon sur la chair, « ès endroicts où il y a poulpe et espaisseur de chair, après que la chair a été amortie, les pertuis que le poinçon a faits, s'emplissent de sang meurtri, et la figure représentée par ces points demeure à jamais » (5).

Tout d'abord, la marque de la *fleur de lys* se faisait au

---

(1) Jean Imbert, *La practique judiciaire civile et criminelle*, L. III, ch. XXI, nᵒˢ 7 et 9 (Edit. de 1627, p. 690 et 691).

(2) Muyart de Vouglans, *Institutes au droit criminel*, Part. VIII, titre II, chap. II (Edit. de 1757, p. 409).

(3) Eusèbe de Laurière, *Glossaire du droit français*, vᵒ *Flastrer*.

(4) Coutumes de Nivernais, titre I, art. XV ; — Coutumes d'Auxerre, ch. I, art. 1 ; — Coutumes du bailliage de Melun, ch. I, art. 1 ; — Coutumes de Sens, ch. I, art. 1 ; — etc...

(5) Guy Coquille, *Les coustumes du pays et duché de Nivernois* (Edit. de Paris, 1635, p. 43).

front (1). C'est ainsi que fut marqué d'une fleur de lys au front, par arrêt du 5 septembre 1537, Antoine de Ulmo, président à mortier au Parlement de Toulouse, pour avoir fait une fausse enquête contre MM. de Montauban (2). Mais cette pratique était contraire au droit canon : « Sçachez, disait Jean Bouteiller (3), que, selon la dicte loy, il n'est mie concédé de deffacer la face faicte à la semblance de la propre image de Nostre Seigneur ». Aussi, tant par respect pour les droits canons qu'à raison des inconvénients qui étaient évidemment les mêmes que pour les individus essorillés, cette coutume se modifia et, dès le milieu du XVIe siècle, le seing de la justice fut apposé sur le dos et ensuite sur l'épaule du condamné.

C'est ainsi que, dans leur article XXXIII, les *Ordonnances de la ville et cité de Metz et pays messin* portent : « Si au-
« cune personne esdites ville et pays est appréhendée par
« justice pour son forfaict, on ne pourra, pour quelque cas
« ou crime que ce soit, luy faire oster, couper ou autrement
« marquer les deux ou l'une des aureilles, ne pareillement luy
« faire aucun caractère ou marque en quelque partie que ce
« soit de la face du visage, et ce sur peine de 500 livres
« d'amende contre les juges qui les auraient condamnés et
« fait le contraire ; et, s'il est trouvé par justice que le cri-
« minel se doive marquer, cela se fera en lieu caché, sça-
« voir est sur l'une des espaulles ou au milieu du dos : à fin
« de n'oster à celui qui se voudra corriger et amender, l'es-
« poir et moyen de ce faire » (4).

---

(1) Jean Imbert, *op. cit.*, n° 7 (Edit. de 1627, p. 690).

(2) Bernard Automne, *Notes et commentaires sur Jean Imbert* (*La practique judiciaire*; Edit. de 1627, p. 690) ; — Dubédat, *Histoire du Parlement de Toulouse*, t. I, p. 180 et s.

(3) Jean Bouteiller, *Somme rurale ou le grand coustumier général de practique civil et canon*, L. II, t. XL (Edit. de 1603, p. 871).

(4) Ordonnances lues et publiées en la cité de Metz, le 18 janvier 1562, et enregistrées le 23 août 1563 (Bourdot de Richebourg, *Nouveau coutumier gé-*

C'est là incontestablement un des premiers textes, sinon le premier, où aient été émises ces idées nouvelles sur le devoir de faciliter le relèvement du condamné : en effet, nous ne trouvons rien de pareil dans les coutumes rédigées dans la première moitié du xvie siècle. Pour n'en citer qu'un exemple, les *loix, chartres et coutumes du noble pays et comté de Haynault*, rédigées, publiées et réformées de l'autorité de l'Empereur Charles-Quint en l'année 1534, portent encore : « Haute-justice et Seigneurie s'entend et comprend de faire « emprisonner, pilloriser, eschaffauder, faire exécution par « pendre, décapiter, mettre sur roue, bouillir (1), ardoir, en- « fouir, flestrir, exoriller, coupper poing, bannir.... » (2).

5. — Différentes empreintes prévues par la déclaration de 1724. — La déclaration du 4 mars 1724 avait réglé les différentes marques dont devaient être flétris les criminels relativement aux crimes qu'ils avaient commis.

On flétrissait d'une lettre en forme de V : — les femmes (3) qui avaient volé dans les églises et étaient condamnées à être enfermées dans une maison de force, à temps ou pour la vie ; — les hommes et les femmes qui se trouvaient, pour la première fois, convaincus de vol, autre que celui commis dans une église (art. 1 et 2). — Les femmes qui, après avoir été condamnées pour quelque autre crime que ce soit, étaient convaincues de *récidive en crime de vol*, étaient flétries d'un double V, si la première condamnation avait été encourue pour vol, et d'un simple V dans les autres cas (art. 3).

---

néral ou corps des coutumes générales et particulières de France, Paris, 1724, t. II, p. 376). Ces ordonnances, sous prétexte de dissiper la confusion que le siège de 1552 avait produit dans l'administration de la justice, avaient remplacé les anciennes Coûtumes de la ville de Metz et pays messin qui étaient ainsi abrogées.

(1) C'est faire mourir un criminel dans l'huile bouillante.

(2) Chap. CXXX, art. 1 (Bourdot de Richebourg, *op. cit.*, t. II, p. 145).

(3) Les hommes étaient condamnés aux galères et marqués des lettres GAL.

Ceux qui étaient condamnés aux galères à temps ou à perpétuité pour un crime quelconque étaient, avant d'y être conduits, marqués des trois lettres GAL, « pour, en cas de « récidive, en crime qui mérite peine afflictive, être punis de mort » (art. 4).

6. — Suppression et rétablissement de la marque. — Dès la fin du xviiie siècle, la suppression de la *marque* était énergiquement réclamée : il fallait rendre la loi plus humaine. On invoquait, en premier lieu, le sentiment de la dignité humaine ; il inspire de la répugnance pour ce châtiment qui inflige à une personne une empreinte d'esclavage et d'ignominie qui sera ineffaçable, alors même que la peine prononcée peut n'être que temporaire. On s'appuyait ensuite sur ce que cette flétrissure empêchait le condamné de songer sérieusement à revenir au bien et de parvenir à une réhabilitation accordée au repentir.

Le Code pénal du 6 octobre 1791 (1) parut donc répondre à un désir général en prononçant son abrogation.

Cependant, la satisfaction causée par cette mesure ne devait pas être de longue durée. Un arrêté du 7 germinal an IX avait formé une commission, composée de MM. Viellard, Target, Oudard, Treilhard et Blondel, qui était chargée de s'occuper de la refonte de la législation criminelle. Les Commissaires rédigèrent, sous le nom de *Code criminel, correctionnel et de police*, un projet où ils avaient réuni toutes les dispositions sur la répression des infractions et sur la procédure criminelle. Ce projet rétablissait la peine de la marque.

Voici d'ailleurs les observations que Target avait présentées sur ce point. Selon lui, depuis la Révolution, la marque n'avait été abandonnée que par de fausses considérations auxquelles on ne devait pas attacher beaucoup d'importance.

---

(1) Code pénal du 6 octobre 1791, part. I, titre I, art. 1 et 35.

En effet, disait-il, il faut remarquer que : « la vraie dégradation vient du crime, que la réhabilitation, fruit tardif d'une conduite pure et longtemps soutenue, serait d'autant plus honorable qu'elle succéderait à un plus profond abaissement, et que l'intérêt pour un coupable véritablement réformé croîtrait en proportion de la sévérité de la punition qu'il aurait subie ». — Il ajoutait que la flétrissure est l'un des châtiments qui font la plus vive impression sur des hommes grossiers et que, en donnant un moyen facile de reconnaître ceux qui ont déjà été frappés par la loi, elle est le plus puissant préservatif contre les récidives. — Il concluait en ces termes : « Le législateur ne doit pas balancer à rétablir cette peine et la société ne tardera pas à en recueillir les fruits. Pour un seul qui, sur dix mille peut-être, éprouvera l'amertume de porter encore, dans le sein des bonnes mœurs auxquelles il sera revenu sincèrement, un signalement de crime et de honte, la raison politique et l'intérêt général ne permettent pas de briser sans retour l'un des freins les plus salutaires qui aient été imaginés pour contenir les brigands qui désolent la société » (1).

Sur ces entrefaites, Berlier, au nom du Gouvernement, déposait, le 11 floréal an X, un projet de loi relatif aux délits emportant peine de flétrissure et aux tribunaux spéciaux qui devaient en connaître ; sur un vœu d'adoption du Tribunat, ce projet était adopté le 23 floréal an X par le Corps législatif. Cette loi du 23 floréal an X rétablissait la marque dans certains cas déterminés : 1° tout individu condamné pour crime qui était convaincu d'avoir, postérieurement à sa première condamnation, commis un second crime emportant peine afflictive, devait être flétri publiquement, sur l'épaule gauche, de

---

(1) *Observations sur le projet de Code criminel*, 1ʳᵉ partie, *Délits et peines*, présentées par M. Target, membre de la Commission chargée de la composition de ce projet, § VIII (Locré, *La législ. civ., comm. et crim. de la France*, t. XXIX, p. 22).

la lettre R (art. 1) ; — 2º tout individu condamné pour fausse monnaie, pour contrefaçon ou altération d'effets publics, du sceau de l'Etat, etc., ou pour faux en écritures publiques ou privées, était, dès la première fois, flétri publiquement, sur l'épaule droite, de la lettre F (art. 6).

Un peu plus tard, la loi du 12 mai 1806 ordonnait, par son article 1ᵉʳ, que serait flétri, sur l'épaule gauche, de la lettre S, tout individu convaincu d'avoir menacé une personne, par écrit anonyme ou signé, d'incendier son habitation ou toute autre propriété, si elle ne déposait pas une somme d'argent ou ne remplissait pas telle autre condition.

La discussion du projet de *Code criminel* avait commencé devant la Section de législation du Conseil d'Etat le 16 prairial an XII et s'était continuée jusqu'au 29 frimaire an XIII ; mais, à ce moment, les travaux se trouvèrent interrompus et ne furent repris qu'en 1808. A cette époque, la Section de législation sépara les dispositions pénales des dispositions relatives à la procédure et divisa le projet originaire en deux Codes distincts ; elle cessa dès lors d'appeler aux séances les membres de la commission qui avait élaboré ce projet originaire et s'occupa en premier lieu du *Code d'instruction criminelle*.

7. — Maintien de la marque par le Code pénal. — Ce fut le 4 octobre 1808 qu'on commença à s'occuper du Code pénal (1). Au cours de la discussion au Conseil d'Etat, tout le monde fut d'accord pour reconnaître qu'en principe la *marque* devait être maintenue : la discussion fut limitée au point de savoir si elle serait l'accessoire des condamnations à la déportation ou si elle pourrait être infligée aux individus condamnés à des peines temporaires (2).

---

(1) Locré, *La législation civile, commerciale et criminelle de la France*, t. I, p. 228.

(2) *Procès-verbaux du Conseil d'Etat*, séance du 8 octobre 1808, II, nº 8 (Locré, *op. cit.*, t. XXIX, p. 119) ; — Séance du 21 février 1809, III, nº 13 (*Ibid.*, p. 143) ; — Séance du 25 juillet 1809, V, nº 10 (*Ibid.*, p. 162).

L'*Exposé des motifs* (1) porte : « La peine de la marque
ou de la flétrissure fut proscrite par l'Assemblée Constituante,
parce qu'elle offre un caractère de perpétuité que l'opinion
d'alors repoussait ; vous avez déjà vu que la perpétuité de
quelques peines était nécessaire pour la perfection du système
pénal, et l'on ne peut se dissimuler que l'apposition publique
de la marque produit, et sur le coupable et sur les specta-
teurs, une impression qui ne peut être que vive et profonde.
— Je pourrais ajouter que la marque est un des moyens les
plus efficaces pour constater les récidives dont il est si important de s'assurer ; mais je ne crois pas qu'il soit nécessaire de
s'appesantir sur cet article, puisque déjà vous avez adopté le
rétablissement de la peine de la marque pour certains crimes et
que l'expérience a démontré les bons effets de cette mesure ».

Ces principes ont prévalu dans le Code pénal de 1810.

L'article 7 porte : « ... La marque et la confiscation géné-
« rale peuvent être prononcées concurremment avec une
« peine afflictive dans les cas déterminés par la loi ».

L'article 20 complète cette disposition et précise les conditions d'application et le mode d'exécution : « Quiconque aura
« été condamné à la peine des travaux forcés à perpétuité sera
« flétri, sur la place publique, par l'application d'une
« empreinte avec un fer brûlant, sur l'épaule droite. — Les
« condamnés à d'autres peines ne subiront la flétrissure que
« dans les cas où la loi l'aurait attachée à la peine qui leur
« est infligée. — Cette empreinte sera des lettres T P pour
« les coupables condamnés aux travaux forcés à perpétuité ;
« de la lettre T, pour les coupables condamnés aux travaux
« forcés à temps, lorsqu'ils devront être flétris. — La lettre F
« sera ajoutée dans l'empreinte, si le coupable est un faus-
« saire ».

---

(1) *Exposé des motifs*, par Treilhard, IX, n° 4 (Locré, *op. cit.*, t. XXIX,
p. 198).

8. — **Suppression définitive de la marque.** — La marque ainsi maintenue dans notre législation pénale a subsisté encore pendant plus de vingt ans.

Sa suppression a été proposée par le Gouvernement dans son projet de loi *tendant à introduire des modifications dans les lois pénales,* déposé par M. le Garde des Sceaux Barthe à la Chambre des députés, le 31 août 1831 (1) : « Le supplice de la marque, porte l'Exposé des motifs, flétrit l'âme du criminel, en même temps que son corps ; il lui inflige une sorte de mort morale et ne le laisse vivre que pour l'infamie ; il le pousse à l'impénitence et au désespoir. Parce qu'un homme fut coupable, peut-être un seul jour, on dirait que le législateur a voulu lui interdire tout retour à la vertu. Ce supplice frappe d'impuissance la réhabilitation. le droit de grâce et jusqu'au repentir. — On propose de le supprimer ».

Cette réforme fut immédiatement adoptée par la Commission (2), et, à la Chambre des députés, aucune voix ne s'éleva pour combattre la suppression proposée (3).

La Commission de la Chambre des Pairs estima également que cette mesure s'imposait : « Cette disposition, disait son rapporteur, le comte de Bastard, ne peut être conservée. Le but de toute législation est de développer dans l'homme le sentiment de cette dignité morale qui l'élève au-dessus de tous les autres êtres de la création, et une peine qui flétrirait ce sentiment jusque dans sa source, qui avilirait l'âme humaine en lui ôtant le pouvoir de se racheter, aux yeux de la société, du crime et de l'infamie, irait contre le but que se propose le législateur. Il peut condamner le coupable à de

---

(1) Chambre des députés, séance du 31 août 1831 (Mavidal et Laurent, *Archives parlementaires,* 2ᵉ série, t. LXIX, p. 434 et 436).

(2) Rapport de M. le député Dumon; Chambre des députés, séance du 11 novembre 1831 (*Ibid.,* t. LXXI, p. 481).

(3) Chambre des députés, séance du 25 novembre 1831 (*Ibid.,* t. LXXII, p. 49).

dures expiations ; il peut lui ôter la liberté et même la vie, quand l'intérêt de tous le commande ; mais il ne lui appartient pas de le faire descendre sans retour du rang où Dieu l'a placé. La peine de la marque ne flétrit pas seulement le corps du criminel, c'est son être moral qu'on abaisse et qu'on avilit : avec elle, le repentir devient stérile ; le droit de grâce est impuissant et illusoire ; rendu à la société, le condamné y portera, toute sa vie, le signe de la dégradation qui l'isole de ses semblables. Votre Commission est d'accord avec le Gouvernement pour la suppression de la marque (1) ». Ces considérations défient toute critique ; aussi, quand a été soumis à la Chambre des Pairs le texte proposé qui retranchait de l'ancien article 7 du Code pénal le paragraphe relatif à la marque et à la confiscation générale, la nouvelle rédaction a été adoptée sans discussion (2).

Les deux Chambres n'ont pas tardé à se mettre d'accord sur les autres dispositions qu'il s'agissait de compléter ou de modifier, et la loi du 28 avril 1832, par son article 12, a enfin aboli définitivement la marque.

SECTION II. — **Registres et relevés des condamnations**

§ 1ᵉʳ. — *Période antérieure à 1810*

9. — **Les registres du lieutenant de police.** — Dans ses Mémoires (3), M. le Préfet de police Gisquet déclare qu'il existait, vers 1830, à la préfecture de police, un bureau où l'on conservait une collection, remontant à près de cent vingt ans, de tous les jugements ou arrêts portant condamnation à des peines criminelles ou correctionnelles, rendus par les cours et tribunaux de France.

---

(1) Chambre des Pairs, séance du 8 mars 1832 (Mavidal et Laurent, *Archives parlementaires*, 2ᵉ série, t. LXXVI, p. 155 et 156).

(2) Chambre des Pairs, séance du 16 mars 1832 (*Ibid.*, p. 444 et 445).

(3) *Mémoires*, t. IV, p. 293.

De cette assertion, il faut conclure que, dès le commencement du XVIII° siècle, on avait senti la nécessité de créer un centre de renseignements à l'effet d'établir les antécédents des prévenus ; la marque permettait bien de reconnaître les grands criminels, mais il était indispensable d'être fixé sur le passé des repris de justice qui n'avaient pas subi cette flétrissure.

Il eût été intéressant de retrouver ces documents, de voir quelles catégories de condamnations y figuraient et de se rendre compte de la manière dont ces avis étaient envoyés et classés à la Lieutenance de police. Mais nos recherches sont demeurées infructueuses ; toutes ces pièces ont disparu, soit qu'elles aient été détruites, comme inutiles, vers 1832, après l'établissement des *Sommiers*, soit qu'elles aient été brûlées, en 1871, dans l'incendie de la Préfecture de police.

10. — Registres des mendiants tenus dans les hôpitaux. — La déclaration de 1724 voulait qu'il fût établi à l'Hôpital général de Paris un bureau général de correspondance avec tous les autres hôpitaux du royaume.

A ce bureau était tenu registre exact de tous les mendiants qui étaient arrêtés à Paris. Ce registre contenait leurs noms, surnoms, âge et pays et autres circonstances qu'ils avaient déclarés dans leurs interrogatoires, avec les principaux signalements de leurs personnes.

En même temps, les hôpitaux des provinces tenaient de leur côté un pareil registre des mendiants amenés en leurs maisons et ils devaient en envoyer une copie toutes les semaines au bureau général de Paris. Sur ces copies, on formait au bureau de Paris un registre général de tous les mendiants arrêtés dans toute l'étendue du royaume. Il était prescrit de porter au nom de chaque mendiant les notes et observations résultant de ses interrogatoires, ainsi que les autres découvertes qu'on avait faites à son sujet dans les copies des registres des autres hôpitaux.

Enfin il était établi un registre alphabétique de tous les mendiants et l'on devait faire imprimer, chaque semaine, la copie de ce qui avait été porté pendant le cours de la semaine écoulée sur le registre général et sur le registre alphabétique. Il devait en être envoyé un exemplaire à chacun des hôpitaux du royaume, ensemble à tous les officiers de police et de maréchaussée.

Toutes ces précautions avaient été prises, aux termes de la même déclaration de 1724, pour reconnaître plus facilement ceux des mendiants contre lesquels il y aurait des plaintes et autres faits qui mériteraient d'être approfondis et pourraient donner lieu à des châtiments plus sévères.

11. — **Bureau de renseignements créé à la police de Paris.** — Le 16 juillet 1789, la charge de lieutenant général de police avait été supprimée, et il avait été créé des comités de districts. Mais on avait reconnu la nécessité de centraliser tous les renseignements de nature à faire connaître les antécédents des inculpés ; aussi, dès 1790, il avait été établi un bureau central qui était chargé de recueillir et de noter les jugements et arrêts, même ceux portant acquittement, et les ordonnances de non-lieu, rendus dans le ressort de Paris.

12. — **Registres alphabétiques tenus dans les greffes.** — C'était la police qui, à Paris, centralisait ainsi les renseignements sur les condamnés. Le législateur n'a pas tardé à remarquer qu'il convenait que l'autorité judiciaire eût, elle aussi, à sa disposition les renseignements de cette nature, et que le bénéfice des dispositions qu'il s'agissait d'introduire, s'étendît à toute la France.

Aussi, par son article 29, § 1, la loi du 19 vendémiaire an IV a établi, dans chaque greffe de tribunal correctionnel, un bureau de renseignements où il devait être tenu, soit par le greffier, soit au besoin par un ou plusieurs commis sous la surveillance et la direction du greffier, un registre par ordre alphabétique de tous les individus appelés au tribunal correctionnel ou au jury d'accusation, avec une notice sommaire de leur affaire et des suites qu'elle avait eues.

A Bordeaux, à Lyon, à Marseille et à Paris, le greffier devait envoyer, chaque décade, un extrait de ce registre au bureau central où il était tenu un registre pareil (L., 19 vendémiaire an IV, art. 29, § 2).

A son tour, le bureau central l'envoyait, dans les communes de 50,000 âmes et au-dessus, aux administrations municipales où il devait être tenu un pareil registre (L., 19 vendémiaire an IV, art. 29, § 2).

§ 2. — Système du Code d'instruction criminelle

13. — **Dépôt général de la notice des jugements.** — En 1808, le législateur, tout en maintenant le système ainsi organisé par la loi du 19 vendémiaire an IV, a cherché à le compléter et à en améliorer le fonctionnement. — L'article 600 du Code d'instruction criminelle a prescrit aux greffiers des tribunaux correctionnels et des Cours d'assises de consigner, par ordre alphabétique, sur un registre particulier, les noms, prénoms, professions, âge et résidence de tous les individus condamnés à un emprisonnement correctionnel ou à une plus forte peine. Ce registre doit contenir une notice sommaire et la mention de la condamnation.

L'article 601 ajoute : « Tous les trois mois, les greffiers « enverront, sous peine de 100 francs d'amende, copie de « ces registres au Ministre de la Justice et à celui de la Police « générale ». Enfin, aux termes de l'article 602, ces deux Ministres doivent faire tenir dans la même forme un registre général composé de ces diverses copies.

14. — **Registre du Ministère de la Justice.** — Par suite de l'exiguïté des locaux du ministère de la Justice, les états trimestriels s'y amoncelèrent et ne furent pas régulièrement dépouillés ; par suite, le registre exigé par l'art. 602 cessa très rapidement d'être tenu.

15. — **Registres de la Préfecture de police.** — Les prescriptions des art. 600 à 602 furent au contraire très exactement observées à la Préfecture de police. Mais, au bout de quelques années, le nombre des condamnations prononcées atteignit un chiffre tellement considérable, que celui des registres destinés à les constater, s'éleva dans des proportions inquiétantes et que l'encombrement rendit bientôt les recherches impraticables.

Un nouveau progrès fut alors réalisé ; on créa à la Préfecture de police une *Table mobile perpétuelle*, consistant en des fiches mobiles classées par ordre alphabétique. Ces fiches portaient les noms et prénoms des condamnés avec renvoi aux numéros d'inscription sur les registres.

Mais, quelques années plus tard, les registres auxquels renvoyaient ces fiches, étaient devenus tellement encombrants que la moindre recherche exigeait un travail long et pénible. Ainsi, en 1832, il y avait quatre cents registres portant les notices de chaque condamnation inscrites les unes à la suite des autres dans l'ordre de réception.

On avait, il est vrai, établi un répertoire où étaient inscrits, par ordre alphabétique, les cinq cent mille noms de gens sur lesquels on avait recueilli des renseignements et des numéros de renvoi indiquant les registres et les pages où se trouvaient les notes relatives à chacun d'eux. Mais ce répertoire composé de feuilles volantes, enfermées dans quatre caisses, était devenu lui-même très difficile à consulter (1).

§ 3. — *Sommiers judiciaires*

16. — **Leur création par M. le préfet de police Gisquet.** — M. Gisquet, préfet de police, chercha alors le moyen d'amé-

____

(1) Henri Gisquet, *Mémoires*, t. IV, p. 292 et s.

liorer cette situation. Après une sérieuse étude de cette question, il apporta des modifications qui aboutirent à la création des *Sommiers judiciaires*. Voici d'ailleurs en quels termes il expose la réforme par lui accomplie :

« Tous les registres et le répertoire sont remplacés par de petites feuilles en carton léger qui, sous le titre de bulletins, contiennent chacun tout ce qui concerne un même individu. On a fait le dépouillement des anciens registres et transcrit sur les nouveaux bulletins tout ce qui pouvait être bon à conserver. Il a suffi, après cela, de placer ces bulletins dans des rayons par ordre alphabétique pour rendre les recherches excessivement faciles et promptes. La besogne est devenue aussi simple qu'elle était compliquée auparavant » (1).

17. — Encombrement des sommiers. — Réorganisation suivant la méthode Bertillon. — Cette organisation constituait un progrès réel. Elle donna immédiatement d'excellents résultats. Mais bientôt l'augmentation constante et extrêmement rapide du nombre des fiches amena des complications nouvelles (2). Dès 1893, le nombre total des fiches classées atteignait 8 millions ; il s'élevait, en 1899, à 11 millions.

C'est alors que M. Bertillon réorganisa le service des sommiers, de façon à simplifier les recherches et à prévenir les dangers de l'encombrement. Les fiches furent d'abord classées d'après l'année de la naissance de chacun des condamnés ; puis, à partir de 1830, elles furent divisées par séries comprenant chacune 10 années (1ʳᵉ : 1830 à 1839 ; — 2ᵉ : 1840 à 1849 ; — etc.). Dans chaque série, les fiches furent ensuite réparties par ordre alphabétique.

Un nouveau progrès ne tarda pas à être réalisé par l'annexion aux sommiers judiciaires du service anthropométrique.

---

(1) *Mémoires*, t. IV, p. 294.

(2) J. Arboux, *Les sommiers judiciaires* (*Bull. de la Société générale des prisons*, 1895, p. 272).

Mais nous ne pouvons, sans sortir de notre cadre, passer en revue les nouvelles réformes qui en ont été la conséquence ; bornons-nous à constater qu'elles ont donné les plus heureux résultats.

CHAPITRE III

—

SECTION PREMIÈRE. — Allemagne

18. — **Préliminaires.** — Nous verrons que, depuis le 1.ᵉʳ octobre 1882, il existe en Allemagne un casier judiciaire organisé sur les mêmes bases que le casier judiciaire français. Mais, avant cette époque, il n'y avait que des registres tenus dans chaque tribunal. — Dans certains Etats, chaque registre mentionnait seulement les condamnations émanant de la juridiction qui le tenait. — Dans d'autres Etats, il était donné avis à chaque tribunal des condamnations prononcées par les autres tribunaux de l'Etat contre les individus domiciliés dans sa circonscription. De cette façon, le registre contenait un relevé complet des antécédents, mais l'inscription de ces diverses mentions, à leurs dates respectives, sur des registres, rendait les recherches difficiles et entraînait des omissions et des erreurs.

19. — **Prusse.** — En Prusse, un arrêté du Ministre de la Justice du 12 septembre 1838 ordonnait qu'il serait tenu dans chaque tribunal pouvant procéder à des instructions pour crimes et délits des répertoires établis par ordre alphabétique. Ces registres devaient contenir des renseignements complets sur l'état civil des inculpés, sur l'époque et le lieu de l'infraction, sur l'instruction suivie, son objet et ses résultats. Lorsque l'instruction était suivie dans un tribunal autre que celui du domicile, au lieu du délit ou de l'arrestation, il était prescrit de demander au juge du domicile les indications nécessaires et, au besoin, un extrait de son registre pour compléter la notice (1).

---

(1) H. Marchand, *Das Strafregister in Deutschland unter besonderer*

Le ministère public était chargé de veiller à ce que chaque condamnation fût portée à la connaissance du tribunal de Prusse, dans la circonscription duquel le condamné était domicilié.

20. — Bade. — Dans le grand-duché de Bade, il était d'usage de déposer le dossier de toute affaire criminelle ou correctionnelle au chef-lieu du bailliage dans lequel était domicilié le condamné. Le greffier dressait un répertoire de ces dossiers qu'il inscrivait au fur et à mesure de leur réception. Lorsqu'il était nécessaire de connaître les antécédents d'un inculpé, il suffisait de faire vérifier le répertoire du bailliage dans le ressort duquel se trouvait son domicile. Cette organisation reposait seulement sur un vieil usage.

21. — Bavière. — En Bavière, il existait dans les parquets des registres où étaient inscrits : — 1° les noms, prénoms et état civil des condamnés ; — 2° les renseignements relatifs à leur domicile et à leurs moyens d'existence ; — 3° leur situation de famille ; — 4° leurs antécédents ; — 5° l'analyse de la condamnation prononcée. — Ces registres ne pouvaient être utilisés que par les magistrats du parquet ou par des fonctionnaires spécialement autorisés à les consulter.

22. — Wurtemberg. — L'organisation était sensiblement la même dans le royaume de Wurtemberg. Il était tenu, à la mairie de chaque commune, un registre où étaient inscrites, au fur et à mesure des avis reçus, les condamnations prononcées contre tous les individus domiciliés dans cette commune. Pour assurer la tenue de ces registres, les cours d'assises, les cours d'appel et les tribunaux de première instance ou tribunaux de bailliage envoyaient aux mairies des extraits de leurs décisions, dès qu'elles étaient devenues définitives.

Berüchsichtigung Preussens, nebst einer Zusammenstellung der im Auslande bestehenden Einrichtungen (Berlin, 1900), p. 13.

SECTION II. — **Angleterre et Danemark**

23. — **Angleterre.** — **Absence de toute organisation.** — **Rôle de la police.** — De tout temps, on s'est contenté, en Angleterre, des renseignements de police et des aveux des inculpés pour se renseigner sur les antécédents judiciaires des inculpés.

Une loi du 11 août 1869 (*The habituals criminal act*), complétée par celle du 21 août 1871, a créé des registres généraux des condamnations prononcées, mais ces registres ont été établis uniquement dans un but de statistique et non pour les besoins des services judiciaires.

Aussi actuellement encore, c'est à la police qu'il appartient de renseigner le juge, et elle puise où elle peut les éléments de la notice (*Calendar*) qu'elle lui remet (1).

Notons toutefois que le service anthropométrique a été introduit.

24. — **Danemark.** — Jusqu'en 1897, c'était, comme en Angleterre, la police qui fournissait tous les renseignements sur les antécédents des inculpés. Mais, depuis lors, il a été organisé un système qui a la plus grande analogie avec les casiers judiciaires.

SECTION III. — **Autriche**

25. — **Registres tenus par les municipalités.** — Le tribunal qui prononçait une condamnation envoyait une feuille de renseignements (*Auskunftstabelle*) à la mairie de la commune où le condamné était domicilié (*Zuständigkeitsgemeinde*). L'autorité municipale formait avec ces extraits des sortes de registres, munis de répertoires alphabétiques.

Lorsqu'un individu était poursuivi, le tribunal demandait

---

(1) « C'est une affaire de police », écrivait à M. Mironesco, M. Alfred Wills, juge à la Cour du Banc de la Reine (Mironesco, *Tr. théor. et prat. du casier jud.* [Paris, 1899], p. 135).

les renseignements sur ses antécédents à la municipalité de son domicile, quand on le connaissait (1).

Ce système a fonctionné jusqu'au 1er janvier 1898; mais, depuis cette date, le système des casiers judiciaires fonctionne en Autriche.

SECTION IV. — Belgique

26. — **Registres des bourgmestres et des commissaires d'arrondissement.** — Pour arriver à constater les antécédents judiciaires des prévenus, il devrait être tenu dans chaque commune un registre des condamnations encourues par les habitants de cette commune (Circ. du Min. de l'Int., 18 juillet 1853).

Pour permettre de tenir à jour ces registres, le Ministre de la Justice, M. Jaïder, avait prescrit par une Circulaire du 29 juin 1853 aux chefs des parquets d'aviser les bourgmestres des décisions intervenues : « Dans plusieurs arrondissements, les parquets ont soin d'informer les bourgmestres des communes où des délits ont été commis, ainsi que ceux des communes où les délinquants sont domiciliés, du résultat des jugements prononcés. — L'utilité de cette mesure étant reconnue depuis longtemps, il est convenable de la généraliser. — En conséquence, les parquets des cours d'appel et ceux des tribunaux de première instance enverront respectivement aux bourgmestres des communes intéressées, avis des condamnations prononcées : — 1° par les cours d'assises ; — 2° par les cours d'appel ; — 3° par les tribunaux de première instance. — Si, par suite d'un pourvoi en appel ou d'un recours en cassation contre le jugement ou l'arrêt de condamnation, le condamné venait à être définitivement acquitté, il en sera donné avis aux autorités locales intéressées, de la manière

---

(1) Discours de M. Zucker, professeur à l'Université de Prague, à la séance du 26 juillet 1894 du Congrès de l'Union internationale d'Anvers (*Bull. de l'Un. intern. de dr. pén.*, t. V, p. 123 et s.).

indiquée ci-dessus. — En ce qui concerne les condamnations prononcées par les tribunaux de simple police, les greffiers de ces tribunaux remettront des bulletins semblables à l'officier du ministère public, lequel les fera parvenir aux communes intéressées..... Provisoirement lesdits bulletins ne renseigneront que sur les faits qualifiés délits et dont la connaissance est attribuée aux juges de paix par la loi du 1ᵉʳ mai 1849 ».

Les commissaires d'arrondissement ayant été chargés de tenir un registre pareil à ceux des bourgmestres pour les communes placées sous leur autorité, le Ministre de la Justice avait, par une circulaire du 7 avril 1856, invité les magistrats des parquets à « vouloir bien soigner que les bulletins dont il s'agit, soient dorénavant transmis à ces mêmes communes par l'intermédiaire des commissaires d'arrondissement respectifs ».

27. — **Feuilles de renseignements.** — Lorsqu'un procès-verbal était dressé, le commissaire de police ou le bourgmestre, dans les communes où il n'y avait pas de commissaire de police, joignait à ce procès-verbal une feuille de renseignements, donnant l'état civil, les domiciles successifs, la profession, la situation de famille de l'inculpé. Elle indiquait en outre son degré d'instruction, ses moyens d'existence et sa conduite et sa moralité. Au bas du recto, figurait un tableau des plaintes et procès-verbaux antérieurs. Au verso, était dressé le relevé des condamnations antérieures.

Ce bulletin de renseignements était transmis au dernier domicile où il était complété, quant aux condamnations antérieures, à l'aide du registre tenu en vertu des circulaires précitées.

SECTION V. — Italie

28. — **Registre tenu dans chaque tribunal.** — En Italie, antérieurement à 1865, les condamnations étaient simplement transmises sur un registre tenu dans chaque tribunal. Naturellement, ce système était très défectueux, puisque, pour connaître les antécédents d'un individu, il fallait s'adresser aux tribunaux de toutes les villes où il avait pu résider. Le plus souvent, l'inculpé pouvait rendre vaines toutes les recherches, s'il y avait intérêt, en dissimulant son passé.

Ces inconvénients émurent le Garde des Sceaux, M. Cortese, et le décidèrent à établir un casier judiciaire, semblable à celui qui, quinze ans auparavant, avait été créé en France (1).

SECTION VI. — **Russie**

29. — Listes statistiques. — Bulletin des condamnations. — Il n'existe pas en Russie d'institution analogue au casier judiciaire. Aux termes de la loi du 11 novembre 1871, modifiée et complétée depuis lors par plusieurs autres dispositions législatives, toutes les juridictions criminelles, telles que justices de paix, tribunaux d'arrondissement siégeant en Cours d'assises, Cours d'appel, etc., doivent, dès qu'une condamnation par eux prononcée est devenue définitive, dresser une « *liste statistique* », contenant des renseignements détaillés sur la personne du condamné, sur le délit commis, sur le dispositif du jugement.

Cette liste est signée par un des juges et envoyée à la *Section statistique du Ministère de la Justice*. Un organe spécial de cette section (*Archives des condamnations*) s'occupe du classement de ces listes qui servent à rédiger le *Bulletin des condamnations*, recueil périodique paraissant tous les trois mois.

Chaque numéro du bulletin est établi par ordre alphabétique et muni d'un index ; il est expédié d'office à toutes les

---

(1) Voir l'étude que nous avons publiée dans le t. XII, fasc. 2, de la *Rivista penale*, sous le titre : *I Casellari giudiziali in Francia ed in Italia.*

juridictions de l'Empire, ainsi qu'aux parquets et aux juges d'instruction, qui sont tenus d'y puiser, au cours de la procédure, les renseignements sur les antécédents judiciaires des inculpés et d'en faire mention dans les dossiers.

SECTION VII. — Suède et Norvège

30. — Suède. — Bulletin de la police. — Depuis l'année 1874, il existe en Suède un journal spécial appelé « *Polisunderrättelse* » (*Bulletin de la police*). Aussitôt qu'une personne a été condamnée à la prison ou à une peine d'un degré supérieur, son nom est inscrit dans ce bulletin.

Cette publication paraît deux fois par semaine ; elle est distribuée aux autorités de police de chacune des villes de Suède, de Norvège, de Danemark et de quelques villes de l'Allemagne du Nord. Souvent le journal contient la photographie d'un ou de plusieurs condamnés.

Ce bulletin n'est communiqué qu'au haut personnel de la police de chaque ville ; les employés inférieurs ne doivent pas en avoir connaissance. On veut ainsi restreindre la publicité donnée au crime ou au délit aux justes exigences de la sécurité publique et ne pas marquer indistinctement tout coupable d'une flétrissure indélébile. On cherche de cette façon à rendre possible le relèvement moral des condamnés et à faciliter leur réintégration dans la société.

31. — Norvège. — Bulletin de la police. — Le système norvégien a la plus grande analogie avec celui que nous venons d'exposer. Depuis 1886, il est publié également à Christiania un *Bulletin de police* qui paraît tous les mardis et tous les vendredis ; il est conçu à peu près sur le même plan que celui de Stockholm et envoyé dans les mêmes conditions.

Il est toujours question d'introduire le casier judiciaire en Suède et en Norvège. Au congrès des juristes du Nord tenu à Christiania, dans l'été de 1899, on a discuté les bases communes d'un casier judiciaire pour les trois Etats de Danemark, Suède et Norvège (1).

----

(1) Marchand, *Das Strafregister in Deutschland*, p. 117.

TITRE II

Le Casier judiciaire en France

CHAPITRE PREMIER

—

32. — **Initiative de M. Bonneville de Marsangy.** — Nous avons
vu que, d'après le Code d'instruction criminelle, il existait
sur les antécédents des condamnés deux sources de renseignements constituées par les dépôts des états trimestriels des
condamnations prononcées, effectués au Ministère de la Justice et à la Préfecture de police. Mais, d'une part, nous savons
que le dépôt du Ministère de la Justice avait bientôt cessé de
fonctionner; d'autre part, le dépôt de la Préfecture de police,
malgré la création des Sommiers, ne pouvait répondre aux
besoins de tous les tribunaux de France.

Le service des Sommiers aurait permis d'assurer le service
judiciaire de la Seine et des départements adjacents, mais
elle était complètement impuissante à pourvoir aux exigences
journalières des Cours et tribunaux des départements. De
nouveaux progrès pouvaient être — et en fait ont été —
réalisés; mais il était évident que, quel que fût le degré de
perfection auquel pût parvenir son organisation, le travail
de recherche et d'envoi des renseignements demandés serait
toujours moins facile et moins rapide, étant concentré sur un

seul point, que si l'on parvenait à le diviser, en créant autant de dépôts partiels qu'il y a d'arrondissements administratifs et judiciaires.

La concentration de tous les renseignements à la Préfecture de police présentait aussi un réel danger. Ce n'était pas là une crainte chimérique : pendant la Commune, dans la nuit du 23 au 24 mai 1871, la Préfecture de police fut incendiée, et la plus grande partie des archives fut anéantie.

D'autres griefs étaient encore formulés. Notamment, il existait aux Sommiers une grave lacune : à raison de la source même de leurs éléments, ils ne pouvaient indiquer les déclarations de faillites et les jugements des tribunaux militaires et maritimes ; enfin ils ne mentionnaient pas les réhabilitations.

L'établissement du suffrage universel par la loi du 5 mars 1848 et la nouvelle composition du jury réglée par le décret des 7-12 août 1848 devaient faire sentir plus vivement encore l'insuffisance de cette organisation. En effet, les individus qui avaient encouru certaines condamnations, ne pouvant être ni électeurs, ni jurés, il devenait de plus en plus indispensable de connaître très exactement la situation de chaque individu au point de vue pénal.

Cette question de la constatation des antécédents judiciaires était, en 1848, l'une des sérieuses préoccupations des hommes d'Etat et des criminalistes. Ce fut alors que M. Bonneville de Marsangy, procureur de la République à Versailles, prononça, le 5 novembre 1848, à l'audience de rentrée de son tribunal, un discours devenu justement célèbre sur « *la localisation au greffe de l'arrondissement natal des renseignements judiciaires concernant chaque condamné* ».

Dans ce discours, après avoir exposé l'insuffisance et les dangers de l'organisation alors en vigueur, il démontrait la nécessité d'établir un système nouveau qui permît de rendre tout à la fois prompte et infaillible la recherche des antécédents judiciaires. En conséquence, il proposait de localiser au greffe du tribunal civil de chaque arrondissement les renseignements judiciaires concernant tous les individus nés dans cet arrondissement, et voici la formule juridique dans laquelle il condensait tout son système :

« Aussitôt qu'une condamnation à l'emprisonnement ou à plus forte peine sera devenue définitive, les greffiers des Cours et tribunaux seront tenus, sous peine d'une amende de cinq francs par chaque omission, d'adresser, suivant la forme et les dimensions prescrites, un extrait de ladite condamnation au greffe du tribunal civil du lieu de naissance du condamné.

« Pareil envoi sera fait, sous la même peine, de tous mandats d'amener ou d'arrêt, ordonnances de prises de corps, jugements ou arrêts concernant les prévenus ou accusés contumax, et généralement de toute décision judiciaire emportant incapacité civique.

« Ces extraits et mandats d'arrêts seront classés au greffe par ordre alphabétique, et il en sera délivré copie certifiée à toute réquisition de l'autorité ».

Le Garde des Sceaux, M. Odilon Barrot, déclara, dès le 26 décembre suivant, à M. Bonneville de Marsangy, qu'après avoir lu son mémoire avec beaucoup d'intérêt, il était « très disposé à penser que l'emploi de ce moyen faciliterait les recherches sur le passé des inculpés et fournirait à l'administration d'importants renseignements » (1).

L'année suivante, le 12 septembre 1849, le Conseil général de Seine-et-Oise émettait, à l'unanimité, un vœu pour demander l'accomplissement de cette réforme (2).

33. — **Création des casiers judiciaires par M. Rouher.** — Des changements politiques importants étaient survenus :

---

(1) Pierre Jouvenet, *Etude sur le casier judiciaire* (Paris, 1900), p. 59.

(2) Bonneville de Marsangy, *De l'amélioration des lois criminelles*, t. I, p. 673.

M. Rouher avait remplacé, le 31 octobre 1849, M. Odilon Barrot au ministère de la Justice. Dès le 24 novembre de cette même année, M. Bonneville de Marsangy lui adressait un exemplaire de son discours et lui signalait le vœu émis par le Conseil général; il insistait pour que son projet fût pris en considération. Son appel fut écouté : par dépêche du 10 décembre suivant, le nouveau Garde des Sceaux lui fit connaître qu'il allait soumettre la question à la Commission chargée de reviser certaines dispositions du Code d'instruction criminelle.

En effet, dans le projet primitif de M. Bonneville de Marsangy, il s'agissait d'établir les bases du casier judiciaire par un texte que nous avons reproduit plus haut qui devait prendre dans le Code d'instruction criminelle la place des articles 600 et suivants.

L'œuvre de la Commission s'élaborait lentement. Mais, le 3 juin 1850, la loi électorale était promulguée et M. Bonneville de Marsangy en profita pour faire de nouveau remarquer combien l'adoption de son projet faciliterait l'application de ces nouvelles dispositions. M. le Garde des Sceaux Rouher partagea cette appréciation et, le 12 juin, il répondit que « cette affaire serait traitée d'urgence, comme intimement liée à la bonne application de la loi nouvelle » (1).

Cette promesse ne tarda pas à être réalisée : dès le 6 novembre 1850, le Garde des Sceaux adressa à tous les procureurs généraux une circulaire qui a formé la première base de l'organisation des casiers judiciaires.

Cette circulaire précise tout d'abord le but des casiers : « L'un des premiers éléments d'une bonne administration de la justice en matière criminelle se rencontre dans la connaissance exacte que le juge peut avoir de la conduite, des mœurs

---

(1) Bonneville de Marsangy, *De l'amélioration des lois criminelles*, t. I, p. 675.

et des antécédents de l'homme qu'il doit juger. De tout temps, cette nécessité a été comprise, et tous les législateurs ont cherché à fournir à la justice les moyens de dresser, pour ainsi dire, la biographie de ceux qui comparaissaient devant elle ».

Le Garde des Sceaux montre ensuite que les lois nouvelles vont rendre cette nécessité plus impérieuse encore : « En effet, dit-il, le suffrage universel, devenu la base de nos institutions politiques et judiciaires, a singulièrement accru le nombre des citoyens appelés à faire partie du jury ; toutefois, en augmentant le personnel de cette institution, le législateur a voulu conserver toutes les garanties de moralité, et il a maintenu dans leur rigueur les dispositions de l'article 381 du Code d'instruction criminelle, qui veut, à peine de nullité, que tout individu appelé à remplir les fonctions de juré soit âgé de 30 ans et *ait la jouissance de ses droits civils et politiques*. Cette disposition, dont l'application avait déjà ses difficultés sous l'ancienne législation, alors cependant que l'on ne prenait le jury que parmi les électeurs censitaires et dans le cercle assez restreint des capacités, cette disposition est devenue aujourd'hui un véritable danger qui menace sans cesse la validité de nos procédures criminelles, et qui, comme conséquence, peut arriver à jeter la plus déplorable incertitude sur l'administration de la Justice et exposer le trésor public à des frais ruineux. Il n'était qu'un seul moyen de le prévenir : c'était de développer et de rendre plus efficaces les mesures déjà adoptées par le législateur pour arriver à connaître les antécédents de tous ceux qui non seulement seraient appelés à répondre de leurs actes devant la Justice, mais qui pourraient, pour une part quelconque, être appelés à prendre part aux débats judiciaires ».

Le § II de la circulaire détermine les moyens adoptés pour l'atteindre :

« Tel était le but à atteindre. J'ai pensé que nous y arriverions en multipliant les centres de renseignements judiciaires, de façon à les mettre plus facilement à la portée de tous, de façon à les rendre aussi plus exacts et plus complets sur chaque individu, par cela même qu'ils en comprendraient un plus grand nombre.

« Cette première pensée adoptée, j'ai dû me demander dans quel lieu je réunirais les renseignements judiciaires qui peuvent concerner chaque individu.

« Le lieu du domicile se présentait tout d'abord : c'est là, en effet, que toute personne peut le plus souvent être poursuivie ; c'est là qu'elle peut être appelée à faire partie du jury ou à exercer tout autre droit politique ; c'est là, en un mot, qu'il semble tout d'abord qu'il y ait le plus d'intérêt à connaître sa conduite, ses mœurs, ses antécédents ; mais une grave objection s'élevait contre ce système. Le domicile résulte, d'après notre législation même, d'éléments assez vagues, assez divers, et il n'est pas toujours facile de bien déterminer quel est le lieu du domicile réel de chaque individu ; de plus, le domicile est essentiellement mobile et changeant..... Le lieu du domicile devait donc être écarté ».

Le choix s'est alors tout naturellement porté sur le lieu de la naissance : « Pour celui-ci, porte la Circulaire, il n'y avait rien de vague, rien d'incertain, rien de mobile ; c'était un fait qui saisissait l'homme à son entrée dans la société et qui l'y suivait jusqu'à sa mort ».

Le lieu de la naissance étant admis comme celui où l'on devait réunir les renseignements judiciaires relatifs à chaque individu, on est arrivé tout naturellement à les concentrer au greffe du tribunal civil de chaque arrondissement : « C'est là, en effet, que se trouve déposé l'acte de naissance de toutes les personnes nées dans cette circonscription ; il était logique de faire conserver à ce même dépôt tous les actes modificatifs de l'existence de ces mêmes individus, de façon que toute personne intéressée à connaître leurs antécédents pût les suivre dans leur carrière en remontant jusqu'à leur naissance. Il est facile, au point de vue judiciaire, au point de vue politique, au point de vue même des simples relations des citoyens entre eux, de comprendre les avantages qui résulteront de cette espèce de compte moral ouvert au nom de chaque individu et qui, tenu sans cesse au courant, réfléchira avec une rigoureuse exactitude le passé de chaque citoyen : digne et noble encouragement pour les hommes de bien ; salutaire avertissement pour ceux que leur conscience seule ne retiendrait pas suffisamment dans la voie du devoir ; terrible châtiment pour le coupable, qui cherchera vainement à échapper par le vagabondage à la réprobation qui doit le frapper ».

En conséquence, il a été établi au greffe de chaque tribunal civil un casier divisé par compartiments. Ce casier est destiné à recevoir et à classer, par ordre alphabétique, des fiches, appelées *Bulletins n° 1,* constatant, à l'égard de tout individu né dans l'arrondissement : les condamnations prononcées par les tribunaux correctionnels, les cours d'assises et les tribunaux militaires ou maritimes ; — les mesures disciplinaires ; — les déclarations de faillite ; — la réhabilitation obtenue comme condamné ou comme failli.

A cet effet, chaque fois qu'un jugement correctionnel, qu'un arrêt correctionnel ou criminel, qu'une décision disciplinaire, qu'un jugement de faillite devenaient définitifs, le greffier du siège devait en dresser un bulletin, conforme au modèle annexé à la circulaire.

Ces différents bulletins, réunis par quinzaine, devaient être tous adressés au procureur général qui les vérifiait, les visait et les renvoyait ensuite au parquet de l'arrondissement où était situé le lieu de naissance de l'individu que concernait chaque bulletin.

Si le lieu de naissance était inconnu, le bulletin devait être placé dans le casier du greffe où la condamnation était intervenue, mais dans une case spéciale qui portait l'indication suivante : *Bulletins concernant les individus condamnés dans l'arrondissement et dont on n'a pu constater ni le lieu de naissance, ni le domicile en France.* Dans cette même case, on classait également les bulletins des étrangers dont on n'avait pu constater ni la naissance, ni le domicile en France. — Si, au contraire, il s'agissait d'un étranger établi en France, e bulletin était classé au greffe de l'arrondissement de son domicile dans une case spéciale portant : *Etrangers demeurant dans l'arrondissement.*

La Circulaire du 6 novembre 1850 indiquait ensuite comment seraient mis en œuvre les renseignements ainsi classés dans les casiers d'arrondissement.

Pour connaître le passé d'un individu, il faut s'adresser au greffier du lieu de naissance qui dresse un *Bulletin n° 2* ou *Extrait du casier judiciaire,* conforme à un modèle établi par la Chancellerie. S'il existe au casier des bulletins n° 1 concernant cet individu, ils sont tous récapitulés sur ce bulletin n° 2. Si, au contraire, les résultats de la vérification sont négatifs, le greffier porte le mot : *Néant.*

Ce nouveau système est entré en vigueur le 1er janvier 1851.

Les casiers judiciaires seraient restés bien longtemps encore sans utilité pratique, s'ils n'avaient dû se composer que des décisions à intervenir. Aussi, le Garde des Sceaux fit prescrire à tous les greffiers des cours d'appel et des tribunaux de première instance de dresser des bulletins n° 1, à dater du 1er janvier 1831, pour toutes les condamnations criminelles, correctionnelles et disciplinaires et pour tous les jugements de faillite intervenus à leur siège, ainsi que pour tous les arrêts ou décisions du Gouvernement, portant réhabilitation, soit en matière correctionnelle ou criminelle, soit en matière de faillite.

34. — **Développement de l'institution.** — **Régime des circulaires.** — Dès 1853, dans une circulaire du 23 mai, la Chancellerie constatait que l'établissement des casiers judiciaires avait donné d'excellents résultats.

Cette institution ainsi créée par une simple circulaire s'est peu à peu complétée et perfectionnée, sous un régime purement administratif et sans l'intervention du pouvoir législatif.

Le nombre des circulaires relatives aux casiers judiciaires est considérable (1). Sans entrer dans l'examen des améliorations de détail, il importe cependant d'indiquer trois innovations qui ont été successivement introduites.

La circulaire du 30 août 1855 a créé le *Casier central* ; ce casier a été établi à la Chancellerie même, dans le bureau des statistiques judiciaires. C'est là que doivent être réunis tous les bulletins qui n'ont pu être classés au lieu d'origine des condamnés, c'est-à-dire les bulletins concernant : 1° les condamnés d'origine étrangère ; 2° les condamnés originaires des colonies; 3° ceux dont le lieu de naissance n'a pu être découvert.

---

(1) Circulaires du ministre de la Justice, 6 novembre 1850 (*Rec. off.*, t. II, p. 146) ; 30 décembre 1850 (*Rec. off.*, II, 167) ; 4 juin 1851 (Gillet, n° 3493); 1ᵉʳ juillet 1851 (*Rec. off.*, II, 183) ; 23 mai 1853 (*Rec. off.*, II, 225) ; 30 août 1855 (*Rec. off.*, II, 319); 26 septembre 1855 (Gillet, n° 3779) ; 1ᵉʳ juillet 1856 (*Rec. off.*, II, 338); 10 décembre 1857 (*Rec. off.*, II, 385); 25 octobre 1859 (*Rec. off.*, II, 469); 10 décembre 1859 (*Rec. off.*, II, 479); 12 décembre 1860 (*Rec. off.*, II, 497); 1ᵉʳ décembre 1861 (*Rec. off.*, II, 515); 20 mai 1862 (*Rec. off.*, II, 520) ; 1ᵉʳ décembre 1862 (*Rec. off.*, II, 532) ; 3 décembre 1863 (*Rec. off.*, III, 32) ; 8 août 1867 (Gillet, n° 4237) ; 8 décembre 1868 (*Rec. off.*, III, 136); 29 novembre 1869 (*Rec. off.*, III, 147) ; 25 novembre 1871 (*Rec. off.*, III, 176) ; 26 février 1872 (*Rec. off.*, III, 194) ; 2 septembre 1872 (*Rec. off.*, III, 218) ; 30 novembre 1872 (*Rec. off.*, III, 233) ; 7 février 1873 (Gillet, n° 4391) ; 30 décembre 1873 (*Rec. off.*, III, 268) ; 19 février 1874 (*Rec. off.*, III, 282) ; 28 novembre 1874 (*Rec. off.*, III, 315); 15 décembre 1874 (*Rec. off.*, III, 318); 18 décembre 1874 (*Rec. off.*, III, 321); 28 avril 1875 (*Rec. off*, III, 347); 27 août 1875 (*Rec. off.*, III, 363); 8 octobre 1875 (*Rec. off.*, III, 407); 8 décembre 1875 (*Rec. off.*, III, 407) ; 14 août 1876, § 8 (*Bull. off.*, 1876, p. 145) ; 6 décembre 1876 (*Bull. off.*, 1876, p. 244) ; 5 mai 1877 (*Bull. off.*, 1877, p. 53) ; 3 décembre 1877 (*Bull. off.*, 1877, p. 140); 20 février 1878 (*Bull. off.*, 1878, p. 6); 20 juillet 1878 (*Bull. off.*, 1878, p. 68) ; 30 novembre 1878 (*Bull. off.*, 1878, p. 124) ; 21 décembre 1878 (*Bull. off.*, 1878, p. 132) ; 4 décembre 1879 (*Bull. off.*, 1879, p. 247) ; 15 novembre 1880 (*Bull. off.*, 1880, p. 264) ; 20 décembre

La circulaire du 19 février 1874 a créé le *Casier spécial du Recrutement*. A partir du 1ᵉʳ mars 1874, les greffiers ont dû délivrer aux commandants des dépôts de recrutement des duplicata des bulletins n° 1, destinés aux casiers judiciaires et constatant les jugements portant condamnation à des peines corporelles de tous les individus faisant partie de l'armée active ou de l'armée territoriale. Cette organisation a été complétée notamment par les circulaires du 28 novembre 1874, du 15 décembre 1874, du 28 décembre 1881, du 31 mai 1883, du 16 avril 1891.

Un peu plus tard, cette organisation a été étendue à la marine. Aux termes de la circulaire du 14 août 1876, § 8, des duplicata ont dû être dressés, toutes les fois qu'un jugement ou arrêt de condamnation est intervenu, soit contre un marin ou militaire de la marine en activité de service, soit contre un individu faisant partie de la réserve de l'armée de mer ou soumis à l'inscription maritime. Le mode d'envoi a

---

1880 (*Bull. off.*, 1880, p. 283) ; 7 décembre 1881 (*Bull. off.*, 1881, p. 153) ; 28 décembre 1881 (*Bull. off.*, 1881, p. 161) ; 2 décembre 1882 (*Bull. off.*, 1882, p. 228) ; 31 mai 1883 (*Bull. off.*, 1883, p. 53) ; 4 décembre 1884 (*Bull. off.*, 1884, p. 221) ; 17 avril 1885 (*J. des Parquets*, 86. 3. 2) ; 24 octobre 1885 (*J. des P.*, 86. 3. 22) ; 5 décembre 1885 (*J. des P.*, 86. 3. 61) ; 10 avril 1886 (*J. des P.*, 86. 3. 76) ; 18 mai 1886 (*J. des P.*, 86. 3. 102) ; 4 décembre 1886 (*J. des P.*, 87. 3. 20) ; 1ᵉʳ août 1887 (*J. des P.*, 87. 3. 81) ; 7 décembre 1887 (*J. des P.*, 88. 3. 4) ; 7 mai 1888 (*J. des P.*, 88. 3. 75) ; 4 juin 1888 (*J. des P.*, 88. 3. 79) ; 15 décembre 1888 (*J. des P.*, 89. 3. 15) ; 15 mars 1889 (*J. des P.*, 89. 3. 53) ; 6 avril 1889 (*J. des P.*, 89. 3. 60) ; 8 janvier 1890 (*J. des P.*, 90. 3. 69) ; 17 juin 1890 (*J. des P.*, 90. 3. 203) ; 13 mars 1891 (*J. des P.*, 91. 3. 88) ; 16 avril 1891 (*J. des P.*, 91. 3. 100) ; 21 juillet 1891 (*J. des P.*, 91. 3. 125) ; 19 décembre 1891 (*J. des P.*, 92. 3. 25) ; 31 décembre 1892 (*J. des P.*, 93. 3. 11) ; 26 mai 1893 (*J. des P.*, 93. 3. 112) ; 28 décembre 1893 (*J. des P.*, 94. 3. 83) ; 18 août 1894 (*J. des P.*, 95. 3. 42) ; 15 décembre 1895 (*J. des P.*, 96. 3. 38) ; 31 décembre 1896 (*J. des P.*, 97. 3. 204) ; 31 juillet 1897 (*J. des P.*, 98. 3. 16) ; 29 juillet 1899 (*J. des P.*, 99. 3. 171). — Il ne faut pas considérer ces circulaires comme entièrement abrogées. Toutes leurs prescriptions relatives aux détails de l'organisisation et du fonctionnement des casiers judiciaires et qui ne sont pas contraires aux dispositions des lois, décrets et instructions intervenus depuis lors, sont toujours en vigueur et doivent continuer à être observées.

été plus tard modifié par les circulaires du 13 mars 1891 et du 31 juillet 1897.

Enfin, la Chancellerie a, par une circulaire du 18 décembre 1874, créé un *Casier électoral :* « La formation des nouvelles listes électorales municipales, porte cette circulaire, a nécessité de nombreuses vérifications des casiers judiciaires, à l'effet de rechercher les personnes qui, frappées d'incapacité par suite de jugements, s'étaient frauduleusement fait inscrire sur ces listes. L'expérience a alors démontré que les états annuels de jugements entraînant la privation du droit de vote, transmis aux préfets par les soins des parquets, aux termes de la circulaire du 21 juillet 1856, étaient insuffisants pour éclairer l'administration sur la capacité des électeurs inscrits qui avaient changé de domicile. Pour obvier à ce grave inconvénient, j'ai décidé, de concert avec le département de l'Intérieur, qu'à partir du 1er janvier 1875, des duplicata des bulletins n° 1 seraient transmis aux sous-préfectures des lieux de naissance des condamnés, de manière à créer pour l'avenir un casier administratif des élections ». Les greffiers ont dû, en conséquence, établir un duplicata de tout bulletin n° 1 constatant une déclaration de faillite ou une condamnation entraînant privation du droit de vote.

La circulaire du 27 août 1875 porte que chaque duplicata sera transmis à la sous-préfecture du lieu de naissance du condamné ou du failli. — Une circulaire du 8 janvier 1890, § III, a mis les frais de ces duplicata à la charge des communes.

35. — **Attaques contre le casier. — Elaboration d'un projet de loi**. — A l'origine, le casier judiciaire était public : un simple particulier pouvait se faire délivrer l'extrait du casier judiciaire d'un tiers (1). — Un revirement se produisit dans le courant de l'année 1876. La non publicité devint la

____

(1) Circ. Chanc., 6 novembre 1850, § IV ; 30 décembre 1850, § XII ; 23 mai 1853.

règle ; il ne pouvait plus être délivré de bulletins n° 2 à des tiers que dans des cas exceptionnels laissés à l'appréciation des Procureurs généraux (1). — Par la suite, ces exceptions ont même disparu et il a été interdit d'une façon absolue de délivrer à des tiers des bulletins n° 2 (2).

Mais, quelque restreinte que fût ainsi devenue la publicité des renseignements contenus au casier judiciaire, puisque l'intéressé seul pouvait se faire délivrer et produire aux tiers son bulletin n° 2, elle n'en était pas moins le point de départ d'une violente campagne contre le casier judiciaire et le thème favori des orateurs dans les Congrès pénitentiaires (3). La presse n'était pas restée étrangère à ce mouvement, et notamment le savant professeur de la Faculté de droit de Paris, M. Léveillé, avait publié dans *Le Temps* une série d'articles très remarqués (4).

Des attaques de même nature se produisirent également au Parlement (5) et, à la séance de la Chambre des députés du 29 juin 1886, M. le Garde des Sceaux Demôle, tout en s'élevant contre les affirmations de M. Delattre, qui comparait le casier judiciaire à « une sorte de pilori à perpétuité », reconnaissait qu'il fallait « que les Chambres se prononçassent sur la question de savoir à la disposition de qui doit être le casier judiciaire ».

---

(1) Circ. Chanc., 14 août 1876, § 12 ; 6 décembre 1876, § XXV.

(2) Circ. Chanc., 4 décembre 1884, § VII ; 8 janvier 1890.

(3) Voir : Jean Appleton, *La réforme des casiers judiciaires* (Paris, 1893), p. 17 et s. ; Georges Mironesco, *Traité théorique et pratique du casier judiciaire* (Paris, 1899), p. 186 et s. ; Pierre Jouvenet, *Etude sur le casier judiciaire* (Paris, 1900), p. 208 et s. ; Le Poittevin, *La réforme du casier judiciaire* (Paris, 1891), p. 4 ; Rey, *Du casier judiciaire dans ses rapports avec la récidive* (Montpellier, 1891), p. 5 et s., p. 13 et s. ; Richaud, *Etude de la loi du 5 août 1899, sur le casier judiciaire* (Bourges, 1899), p. 15 et s.

(4) *Le Temps*, nᵒˢ des 3, 27 mars et 1ᵉʳ avril 1891.

(5) Chambre des députés, séance du 19 mai 1885 (*Journ. off.*, Déb. parlem., p. 842) ; séance du 29 juin 1886 (*Journ. off.*, Déb. parlem., p. 1244).

Enfin, à la séance de la Chambre des députés du 23 juin 1890, MM. Albert Chiché, Aimel, Jourde et F. Laur ont déposé une proposition de loi ayant pour objet d'effacer l'inscription des condamnations sur les casiers judiciaires au bout d'un certain temps et dans certaines conditions.

Les auteurs du projet demandaient que les condamnations cessassent d'être inscrites sur les casiers judiciaires, cinq ans après l'expiration de la peine, pour les délits, et dix ans après, pour les crimes, lorsque, pendant ce laps de temps, le condamné n'aurait encouru aucune nouvelle condamnation.

A cette époque, se discutait au Sénat la loi sur les condamnations conditionnelles, et il devenait incontestable que les délinquants primaires, condamnés antérieurement, allaient se trouver dans une situation très défavorable : leur condamnation était définitive, la loi nouvelle ne leur serait pas applicable et le casier judiciaire relaterait indéfiniment le jugement rendu contre eux. Aussi, à la séance du 27 juin 1890, en présence des inconvénients signalés, M. le Garde des Sceaux Fallières prenait l'engagement d'étudier la question et de déposer un projet de loi. Il ne tardait pas, d'ailleurs, à réaliser cette promesse : par arrêté du 24 juillet 1890, il instituait une Commission extraparlementaire, présidée par M. Cazot, et la chargeait d'examiner les modifications qui pourraient être apportées au fonctionnement des casiers judiciaires et de lui présenter un projet de réorganisation.

Cette Commission termina ses travaux au mois de juin 1891. Le 22 octobre suivant, le Garde des Sceaux déposa sur le bureau du Sénat le projet de loi ainsi élaboré. Une Commission, ayant M. Jules Cazot pour président, M. Morellet pour secrétaire, et composée de MM. Léopold Thézard, Mazeau, Ranc, Bérenger et Jules Godin, fut aussitôt chargée de l'examiner.

Mais M. Fallières avait quitté le Ministère de la Justice, et M. Ricard, qui lui avait succédé, avait jugé utile de prendre l'avis du Conseil d'Etat : la Section de législation d'abord, puis l'Assemblée générale du Conseil durent successivement se prononcer. Rappelons en passant que le Conseil d'Etat avait été d'avis de maintenir le *statu quo* ; il proposait « de l'introduire dans la loi destinée à régulariser, avec quelques modifications de détail participant des idées qui ont déjà dicté quelques exceptions, la pratique actuellement suivie (1) ».

Cette double consultation de la Section de législation et de l'Assemblée générale du Conseil exigea des délais fort longs, et les travaux de la Commission du Sénat furent suspendus pendant tout ce temps. Une autre cause que nous indique M. le sénateur Jules Godin, devait entraver encore l'œuvre de cette Commission : dans l'intervalle, s'était posée à la Chancellerie la question de savoir s'il y avait là matière à légiférer, et s'il n'était pas plus simple et plus pratique d'agir par voie de circulaires ministérielles. Pendant un certain temps, cette idée avait prévalu, mais elle finit par être abandonnée et, en 1898, M. le Garde des Sceaux Milliard déclara qu'il y avait lieu de statuer par une loi complète.

36. — **Loi du 5 août 1899.** — La Commission sénatoriale reprit et acheva rapidement son travail. — Dès le 10 mars 1898, M. Jules Godin déposa son rapport.

La discussion a commencé, au Sénat, le 8 juillet et a occupé les séances des 8 juillet, 8 et 9 décembre 1898 et du 7 mars 1899. Le projet ainsi voté a été adopté sans discussion par la Chambre des députés dans la séance du 3 juillet 1899.

Promulguée par décret du 5 août, la loi a été publiée au *Journal officiel* du 7 du même mois.

Un règlement d'administration publique, pris en vertu de l'article 13, a déterminé les mesures nécessaires pour réglementer les détails et assurer l'exécution de cette loi. — Enfin la Chancellerie, par une circulaire du 15 décembre 1899, a

---

(1) Rapport de M. le Conseiller d'Etat Jacquin (*Journ. off.*, Sénat, Documents parlem., 1898, p. 435 et s.).

donné des instructions très complètes et très précises sur l'application de la loi et du règlement.

37. — Modifications apportées par la loi du 11 juillet 1900. — A peine la loi du 5 août 1899 était-elle promulguée que déjà on était forcé de reconnaître qu'elle présentait des lacunes et des inexactitudes qui rendaient certaines de ses dispositions d'une application difficile et parfois même impossible. Ainsi, par exemple, aux termes de l'article 8, § 1, de la loi, on ne devait plus inscrire au bulletin n° 3, après l'expiration d'un délai d'un an, la condamnation unique à moins de six jours d'emprisonnement ou à une amende ne dépassant pas 25 fr. Toutefois, il n'en était ainsi qu'au cas où ces condamnations n'entraînaient aucune incapacité civile ou politique. Or, une partie de cette disposition était inapplicable en l'état actuel de la législation. En effet, aux termes de l'art. 2-11° de la loi du 21 novembre 1872, « sont incapables d'être jurés pour cinq « ans seulement, à dater de l'expiration de la peine, les « condamnés à un emprisonnement de moins de trois mois, « pour quelque délit que ce soit, même pour les délits poli- « tiques et de presse ».

De même, l'art. 12 contenait une erreur matérielle évidente : « L'étranger, portait ce texte, n'aura droit aux dispenses « d'inscription *sur le bulletin n° 2* que si, dans son pays « d'origine, une loi ou un traité réserve aux condamnés fran- « çais des avantages analogues ». Il était bien certain que le législateur avait voulu dire : *sur le bulletin n° 3*. En effet, pour les étrangers, comme pour les Français, les dispenses d'inscription ne peuvent jamais exister qu'en ce qui concerne le bulletin n° 3.

Une expérience de quelques jours avait suffi pour démontrer que la liste des autorités pouvant se faire délivrer des bulle-tins n° 2 avait été trop restreinte. Les prescriptions restrictives de l'art. 4 paraissaient, en effet, s'opposer à ce qu'il en fût délivré au préfet de police, aux présidents des tribunaux de commerce, pour joindre aux dossiers de faillites, et aux administrations publiques, pour l'instruction des demandes ou propositions relatives à des distinctions honorifiques.

Un remaniement immédiat s'imposait. Aussi, dès le 4 décembre 1899, M. le Garde des Sceaux Monis présentait au Sénat un projet de loi tendant à modifier la loi du 5 août 1899.

Ce projet a été rapidement discuté et adopté par les deux Chambres, avec quelques légères modifications, et un décret du 11 juillet 1900 a promulgué cette loi qui modifie un certain nombre d'articles de celle du 5 août 1899.

Un règlement d'administration publique, en date du 13 novembre 1900, commenté par une importante circulaire de la Chancellerie du 30 novembre 1900, est venu assurer l'exécution de la loi du 11 juillet, en modifiant le décret du 12 décembre 1899, de façon à mettre ses dispositions en harmonie avec les prescriptions de la loi nouvelle.

Les instructions contenues dans la circulaire du 30 novembre 1900 ont été depuis lors complétées par une série de nouvelles circulaires de la Chancellerie : — Circulaires du 29 mai 1901 (*J. des Parq.*, 01. 3. 87); — du 13 juin 1901 (*J. des Parq.*, 01. 3. 91) ; — du 30 décembre 1901 (*J. des Parq.*, 02. 3. 71); du 31 janvier 1902 (*J. des Parq.*, 02. 3. 37) ; — du 10 avril 1902 (*J. des Parq.*, 02. 3. 87); — du 15 avril 1902 (*J. des Parq.*, 02. 3. 91) ; — du 20 décembre 1904 (*J. des Parq.*, 04. 3. 172); — du 16 mai 1905 (*J. des Parq.*, 05. 3. 108); — du 30 juillet 1906 (*J. des Parq.*, 06. 3. 155). ; — du 10 septembre 1906 (*J. des Parq.*, 07. 3. 106); — du 21 décembre 1906 (*J. des Parq.*, 07. 3. 42) ; — du 5 février 1907 (*J. des Parq.*, 07. 3. 155) ; — du 23 février 1907 (*Bull. Off.*, 1907, p. 19) ; — du 16 mars 1907 (*J. des Parq.*, 07. 3. 167) ; — du 17 avril 1907 (*J. des Parq.*, 07. 3. 199).

Notons encore : — 1° les circulaires du Ministre de la Guerre du 20 avril 1901 (*J. des Parq.*, 01. 3. 87) ; — les arrêtés du Ministre de la Guerre du 10 mai 1901 (*J. des Parq.*, 01. 3. 88), du 4 juin 1901 (*J. des Parq.*, 01. 3. 117), du 28 novembre 1901 (*J. des Parq.*, 02. 3. 69), du 16 juin 1903 (*J. des Parq.*, 04. 3. 45) (1) et du 5 janvier 1907 (*J. des Parq.*, 07. 3. 156) ; — 2° les circulaires du Ministre de la Marine du 28 novembre 1901 (*J. des Parq.*, 02. 3. 72) ; — 3° la circulaire du Ministre de l'Intérieur du 1er décembre 1905 (*J. des Parq.*, 06. 3. 29) ; — 4° les circulaires du Directeur des Eaux et Forêts du 23 juillet 1900 (*J. des Parq.*, 01. 3. 113) et du 3 décembre 1906 (*J. des Parq.*, 07. 3. 127).

L'institution des casiers judiciaires a été organisée en Algérie par le décret du 24 juillet 1900 et en Tunisie par celui du 5 août 1901.

------

(1) L'arrêté du 16 juin 1903 a abrogé tous les arrêtés antérieurs.

CHAPITRE II

ORGANISATION ACTUELLE DU SERVICE

—

38. — **Eléments dont se compose le casier judiciaire.** — Le fonctionnement du casier judiciaire repose essentiellement sur la rédaction de deux catégories distinctes de bulletins.

Chaque fois qu'un arrêt ou jugement rentrant dans la catégorie des décisions qui doivent être constatées au casier judiciaire, a acquis l'autorité de la chose jugée, le greffier résume son dispositif sur un imprimé, conforme au modèle prescrit et désigné sous le nom de *Bulletin n°* 1. — Tous les bulletins n° 1 concernant un même individu sont centralisés et classés dans un même lieu.

Chaque fois qu'on désire connaître les antécédents d'un individu, on s'adresse au lieu où sont ainsi déposés les bulletins n° 1, et les énonciations de ces divers bulletins sont récapitulées, soit intégralement, soit partiellement, sur des imprimés spéciaux qui sont désignés sous les noms de *Bulletin n°* 2 (Extrait intégral) ou de *Bulletin n°* 3 (Extrait partiel).

39. — **Casiers d'arrondissement.** — Les renseignements judiciaires qui concernent un individu sont réunis à son lieu de naissance ; en conséquence, il est établi au greffe de chaque tribunal civil d'arrondissement, un casier destiné à contenir tous ces renseignements (L., 5 août 1899, art. 1). Il est sous l'autorité et la surveillance du procureur de la République et du procureur général (Décr., 12 décembre 1899, art. 1).

Ce casier doit être placé dans un lieu non accessible au public, et, autant que possible, dans la pièce où sont conservés les actes de l'état civil.

Dans chacun des compartiments de ce casier, répondant à chacune des lettres de l'alphabet, sont reçus et classés par ordre alphabétique (1) les bulletins n° 1 constatant les condamnations prononcées contre tout individu originaire de l'arrondissement (Décr., 12 décembre 1899, art. 6).

Les dépenses d'établissement et d'entretien des casiers judiciaires sont à la charge des départements (2).

40. — **Casier central**. — Un *Casier judiciaire central* est établi à la Chancellerie (L., 11 juillet 1900, art. 3). Il est dirigé par un agent spécial, sous l'autorité et la surveillance du Directeur des affaires criminelles et des grâces (Décr., 12 décembre 1899, art. 2).

Il est destiné à recevoir les bulletins n° 1 relatifs : — 1° aux personnes nées à l'étranger, sauf ceux des individus originaires de la Tunisie et des musulmans du Maroc, du Soudan et de la Tripolitaine ; — 2° aux individus originaires des colonies, sauf l'Algérie (Circ. Chanc., 30 novembre 1900, n° 2) ; — 3° aux individus d'origine inconnue (L., 11 juillet 1900, art. 3 ; — Décr., 13 novembre 1900, art. 1).

Tous les bulletins n° 1 concernant des étrangers sont envoyés au casier central, même lorsqu'il s'agit d'étrangers naturalisés.

41. — **Règles spéciales pour l'Algérie et la Tunisie**. — Sont centralisés au greffe de la Cour d'appel d'Alger les bulletins n° 1 concernant les musulmans du Maroc, du Soudan et de la Tripolitaine (L., 11 juillet 1900, art. 3, § 2 ; — Décr., 24 juillet 1900, art. 3 ; — Circ. Chanc., 30 novembre 1900, n° 2).

Les bulletins n° 1 des individus originaires d'Algérie sont dressés en simple exemplaire et, en vertu d'un usage établi, sont envoyés directement aux greffes des tribunaux des arrondissements d'origine, exactement comme si l'Algérie faisait partie du territoire continental français.

------

(1) Voir pour les détails du classement : *infra*, n° 63, p. 78.
(2) Circ. Chanc., 6 novembre 1850, § III, 1° et 2°.

Le décret du 5 août 1901 a rendu applicables à la Tunisie la loi du 5 août 1899, modifiée par celle du 11 juillet 1900, et les décrets des 12 décembre 1899, 7 juin et 13 novembre 1900. Toutefois certaines modifications de détail ont dû nécessairement être apportées et font l'objet des articles 2 à 10 de ce décret du 5 août 1901.

42. — **Vérification du casier par le procureur de la République.** — Le procureur de la République, lors de la vérification mensuelle du greffe, était tenu de dresser un procès-verbal spécial, concernant le casier judiciaire. Il devait, par un examen sérieux, s'assurer, chaque mois, de sa bonne tenue ; la Chancellerie recommandait de ne pas se borner à signer un procès-verbal, présenté tout rédigé par le greffier : ce qui cependant, en fait, était devenu la règle habituelle. Aussi la Chancellerie a supprimé purement et simplement cette formalité regardée comme inutile. Toutefois le procureur de la République doit, sans dresser de procès-verbal, exercer un contrôle incessant et effectif sur tous les bulletins : « Je crois, porte la circulaire du 15 décembre 1899, § 4, pouvoir, sans inconvénient, supprimer la rédaction du procès-verbal de vérification mensuelle qui était dressé par les procureurs de la République, en exécution des circulaires des 6 novembre 1850, § X, et 1er juillet 1856, § XXVII, et qui ne constituait, le plus souvent, qu'une formalité purement illusoire. En la faisant disparaître, j'insiste tout particulièrement sur la nécessité d'y substituer un contrôle effectif et incessant, et, le cas échéant, je n'hésiterai pas, lorsqu'un bulletin contiendra des erreurs regrettables qu'un examen un peu attentif aurait permis d'éviter, à rendre responsable le magistrat qui l'aura visé ».

CHAPITRE III

BULLETINS N° 1 ET DUPLICATA

—

SECTION PREMIÈRE. — **Bulletin n° 1**

§ 1er. — *Cas où il en doit être établi*

A. — DÉCISIONS CRIMINELLES ET CORRECTIONNELLES

43. — **Enumération de ces décisions.** — En premier lieu, doivent être relevées au casier judiciaire « les condamnations « contradictoires ou par contumace et les condamnations par « défaut non frappées d'opposition, prononcées pour crime ou « délit, par toute juridiction répressive » (L., 5 août 1899, art. 1-1°; — Décr., 12 décembre 1899, art. 3, § 1). Par suite, il y a lieu de constater par un bulletin n° 1 : — 1° tout jugement ou arrêt contradictoire ou par défaut, rendu en matière correctionnelle ; — 2° tout arrêt contradictoire ou par contumace, rendu par une Cour d'assises ; — 3° tout arrêt de la Haute-Cour de justice (1).

Un bulletin doit être également dressé pour constater :

1° tout jugement prononçant l'acquittement d'un mineur de seize ans, comme ayant agi sans discernement, même dans le cas où il est remis à ses parents (L., 5 août 1899, art. 1-2°) ;

2° les condamnations conditionnelles prononcées par application de la loi du 27 mars 1891 (L., 5 août 1899, art. 2) ;

3° l'arrêt rendu par la première chambre civile de la Cour, lorsqu'elle est saisie d'une poursuite exercée directement par

---

(1) Voir : Lettre du Garde des Sceaux au Procureur général de Paris, 13 mai 1853.

le procureur général, à raison d'un délit commis par un magistrat, un fonctionnaire, etc., conformément aux articles 479 et 485 du Code d'instruction criminelle. C'est ce qui résulte de l'expression : *condamnation pour crime ou délit, prononcée par toute juridiction répressive*, employée par l'article 1er de la loi ;

4° les condamnations prononcées pour infractions commises à l'audience d'une] juridiction civile : « les juridictions civiles prennent incontestablement le caractère de juridictions répressives, lorsqu'elles prononcent des peines pour infractions commises au cours de leurs audiences » (Circ. Chanc., 15 décembre 1899, § 7).

44. — **Cas où un délit a dégénéré en contravention.** — Il faut que la condamnation ait été prononcée pour « *crime ou délit* ». Donc, lorsqu'à la suite des débats d'audience, la prévention s'est modifiée et que le fait, considéré par la citation comme un délit, a dégénéré en une contravention de simple police, il ne doit pas être dressé de bulletin n° 1 pour constater la condamnation prononcée.

45. — **Cas où il s'agit d'une infraction fiscale.** — Antérieurement à la loi du 5 août 1899, il ne devait pas être établi de bulletin dans le cas de condamnation à une simple amende, prononcée par un tribunal correctionnel à la requête d'administrations publiques (Eaux et forêts, douanes, contributions indirectes, octrois, postes) (1). Il n'y avait d'exception que pour les condamnations à l'amende, encourues en matière de chasse et de pêche, quelles que fussent les parties poursuivantes (2). Aujourd'hui, en présence des termes généraux de l'article 1-1° de la loi de 1899, il semblait que ces

____

(1) Circ. Chanc., 6 novembre 1850, § IV ; 30 octobre 1856 ; 28 novembre 1874, § XIII.

(2) Circ. Chanc., 8 décembre 1868, § XII ; 30 décembre 1873, § XI ; 28 novembre 1874, § XIII.

distinctions dussent disparaître. Dès que le fait est de la compétence de la juridiction correctionnelle, il paraît évident qu'il doit être dressé un bulletin n° 1. Peu importe la peine prononcée : une condamnation même à une amende inférieure à 16 francs, en matière forestière, par exemple, devra figurer au casier.

C'est en ce sens que s'est tout d'abord prononcée la Chancellerie : « En ce qui concerne les jugements ou arrêts, l'article 1ᵉʳ, n° 1, de la loi oblige à constater par un bulletin n° 1 les condamnations prononcées pour crime ou délit par toute juridiction répressive. Cette formule doit être strictement appliquée. Il en résulte que, dorénavant, il devra être établi un bulletin n° 1, en cas de condamnation même à une amende, prononcée par un tribunal correctionnel à la requête d'une administration publique, notamment pour infractions aux lois sur les eaux et forêts, les douanes, les contributions indirectes, les octrois et la poste. — En dehors même du texte impératif de l'article 1ᵉʳ, n° 1, cette solution serait imposée, au moins pour les condamnations à une amende supérieure à 1,000 francs, par le n° 6 de l'article 2 de la loi du 8 décembre 1883, sur les élections des juges consulaires. Le rapporteur de la loi au Sénat a, d'ailleurs, déclaré formellement que l'article s'appliquait aux délits-contraventions. En conséquence, il y a lieu de considérer comme abrogées, sur ce point, les prescriptions des circulaires du 10 décembre 1850, § IV, et du 30 décembre 1873, § XI » (1).

Cette interprétation paraissait la seule conforme au texte et à l'esprit de la loi. Cependant la Chancellerie n'a pas persisté dans ce système très juridique, et un revirement complet n'a pas tardé à se produire : « Après un nouvel examen, porte la circulaire du 22 janvier 1900, j'ai été amené à penser qu'à raison du caractère des amendes qui, dans ces matières,

____

(1) Circ. Chanc., 15 décembre 1899, § VI.

sont considérées plutôt comme des réparations civiles que comme des peines proprement dites, les infractions dont il s'agit, ne doivent pas être assimilées à des délits, au sens de l'article 1ᵉʳ de la loi du 5 août 1899, lorsqu'elles ne sont pas réprimées par une peine corporelle. — Il convient, en conséquence, de revenir sur ce point à la pratique antérieure et de continuer à observer les prescriptions des circulaires des 10 décembre 1850, § IV, et 30 décembre 1873, § XI. — Il sera dressé, toutefois, comme par le passé, des bulletins nº 1, pour constater toutes les condamnations prononcées en matière de chasse et de pêche ».

Il est à remarquer que, d'après ces instructions, il ne devait plus jamais être dressé de bulletin nº 2, en matière d'infractions aux lois sur les contributions indirectes, les douanes, etc..., même au cas où, — pour emprunter à la Chancellerie les expressions de sa première circulaire, — la solution contraire s'imposait — c'est-à-dire pour les condamnations à une amende supérieure à 1,000 francs.

Cette solution était inadmissible, et, dans le *Journal des Parquets*, nous l'avons d'autant plus vivement critiquée qu'elle paraissait révéler une tendance de la Chancellerie à se substituer au législateur (1). Constatons que les instructions du 22 janvier 1900 n'ont pas tardé à être abrogées et qu'on est revenu à la première interprétation de 1899 : obligation de dresser des bulletins nº 1, même quand il s'agit de contraventions fiscales, pourvu qu'elles soient de la compétence des tribunaux correctionnels (2).

46. — **Obligation d'attendre que le jugement ou l'arrêt soit devenu définitif.** — Il est nécessaire que le jugement ou l'arrêt

-----

(1) Voir aussi notre *Rapport au Congrès de l'Union internationale de droit pénal de Hambourg* (*Bull. de l'Un. Int., 1906*, p. 113).

(2) « Après examen de la question, j'estime, dit le Garde des Sceaux, qu'il y a lieu de considérer comme non avenue la circulaire du 22 janvier 1900 et de revenir aux usages établis par celle du 15 décembre 1899, § 6, qui prescrit

soit devenu définitif par l'expiration : — des délais d'appel, s'il s'agit d'un jugement (1) ; — des délais de pourvoi en cassation, s'il s'agit d'un arrêt.

Cette seconde condition semble difficile à concilier avec la disposition de la loi du 27 juin 1866 qui permet aux condamnés par défaut de former opposition jusqu'à l'expiration des délais de la prescription de la peine, au cas où le jugement n'a pas été signifié *à personne*, à moins qu'il ne résulte d'actes d'exécution qu'ils ont eu connaissance de ce jugement. Antérieurement à la loi de 1899, la Chancellerie avait déjà prévu cette difficulté. Par une circulaire du 8 décembre 1868, elle a décidé qu'en pareil cas, le bulletin devait être rédigé le cinquième jour après la signification du jugement. Si, dit-elle, une opposition est admise dans les cinq années qui suivent et si un acquittement est prononcé, avis en est donné au procureur de la République de l'arrondissement d'origine qui ordonne l'extraction du bulletin ; si, au contraire, le nouveau jugement prononce une condamnation, un autre bulletin est dressé et envoyé aux lieu et place de l'ancien qui est annulé.

C'est cette même règle que consacre l'article 4 du décret du 12 décembre 1899, lorsqu'il dit que, relativement aux décisions par défaut, émanées des juridictions correctionnelles, le

----

l'établissement d'un bulletin n° 1 pour toutes les condamnations prononcées par une juridiction répressive » (Circ. Chanc., 20 décembre 1904). — Le Directeur général des Eaux et Forêts a en conséquence envoyé aux Conservateurs des Eaux et Forêts une circulaire du 3 décembre 1906, où nous relevons ce passage : « .... L'établissement des bulletins n° 1, obligatoire pour les délits de pêche et de chasse, n'avait lieu pour les délits forestiers que dans le cas où ces délits avaient entraîné une condamnation à l'emprisonnement. — Cette disposition n'est plus compatible avec une circulaire de M. le Garde des Sceaux en date du 20 décembre 1904, qui a prescrit d'établir désormais un bulletin n° 1 pour toutes les condamnations prononcées par une juridiction répressive. Il en résulte que toutes les condamnations en matière forestière donneront lieu à l'avenir à l'établissement d'un bulletin n° 1, sans distinguer si la peine d'emprisonnement a été ou non prononcée ».

(1) Voir aussi : *infra*, n° 54, p. 66.

délai pour rédiger le bulletin partira « du jour où elles ne
« peuvent plus être attaquées par la voie de l'appel ou du
« pourvoi en cassation ». En effet, le jugement par défaut,
tout en pouvant encore être attaqué par la voie de l'opposition, n'est plus susceptible d'appel à l'expiration du délai de
dix jours qui court de la signification du jugement, même
faite à domicile.

Si l'arrêt a été rendu par contumace, et si, dans la suite, il
intervient un arrêt contradictoire, il y a lieu d'opérer comme
nous venons de l'indiquer pour les jugements par défaut (1).

B. — Autres décisions qui doivent être constatées au casier

**47. — Condamnations prononcées par les tribunaux mili-
taires et maritimes.** — Un bulletin doit être dressé pour constater toute décision devenue définitive, émanant des tribunaux
militaires, conseils de guerre et tribunaux maritimes (L., 5 août
1899, art. 1-1°).

**48. — Jugements déclarant la faillite ou la liquidation judi-
ciaire.** — Il faut constater par un bulletin tout jugement déclaratif de faillite (L., 5 août 1899, art. 1-4°).

L'art. 4, § 1, du décret du 12 décembre 1899 exige que le
jugement ou l'arrêt soit devenu définitif. Ainsi donc le bulletin
ne doit être dressé qu'autant que, non seulement les affiches
et insertions ordonnées par l'article 442 du Code de commerce ont été faites, mais encore que sont expirés les délais
qui doivent s'écouler à partir, soit de l'affiche et de l'insertion,
soit de la signification, pour faire acquérir à la décision l'autorité de la chose jugée (C. comm., art. 580 et 582).

Le greffier de la Cour d'appel doit également rédiger un
bulletin n° 1, lorsqu'un arrêt de la Cour d'appel confirme un
jugement déclaratif de faillite.

Enfin, des bulletins n° 1 constatent tous les jugements et

---

(1) Circ. Chanc., 29 novembre 1869, § IX.

arrêts qui déclarent ouvertes des liquidations judiciaires par
application de l'article 4 de la loi du 4 mars 1889 (L., 5 août
1899, art. 1-4°).

49. — **Décisions disciplinaires émanant de l'autorité judiciaire.** — L'article 1-3° de la loi du 5 août 1899 porte qu'un
bulletin doit constater « les décisions disciplinaires pronon-
« cées par l'autorité judiciaire ou par une autorité administra-
« tive, lorsqu'elles entraînent ou édictent des incapacités ».
Il doit donc être dressé un bulletin n° 1, toutes les fois qu'une
décision disciplinaire, émanant soit de l'autorité judiciaire,
soit d'une autorité administrative, entraîne ou édicte des incapacités.

Par *décision judiciaire en matière disciplinaire,* il faut
entendre un jugement définitif ayant un caractère disciplinaire, rendu en audience publique contre un notaire ou contre
un avoué, un huissier, un commissaire-priseur ou un greffier,
par application des articles 102 et 103 du décret du 30 mars
1808, modifiés par la loi du 10 mars 1898. Mais toute décision de cette nature ne doit pas être constatée au casier ; une
condition est en outre exigée : il faut que la peine disciplinaire prononcée entraîne une déchéance ou une incapacité.
Par suite, seules les décisions prononçant la destitution peuvent faire l'objet d'un bulletin n° 1. La destitution figurera,
dans tous les cas, au casier, alors même que le tribunal n'aurait pas déclaré qu'elle entraînera l'incapacité électorale ; car
elle a toujours pour effet de rendre ceux qui en sont frappés,
incapables d'être jurés, conformément aux dispositions de
l'article 2 de la loi du 21 novembre 1872 (Circ. Chanc.,
15 décembre 1899, § VIII).

La déchéance de la puissance paternelle ne doit être mentionnée sur le bulletin n° 1 qu'autant qu'elle est l'accessoire
d'une condamnation criminelle ou correctionnelle. En dehors
de ce cas, lorsqu'elle est prononcée à titre principal, elle ne

peut être considérée, ni comme une condamnation, ni comme une mesure disciplinaire émanant de l'autorité judiciaire. Toute hésitation disparaît à cet égard, si on se reporte aux travaux préparatoires (Circ. Chanc., 15 décembre 1899, § IX).

50. — **Décisions disciplinaires émanant de l'autorité administrative.** — Quelles sont les décisions administratives disciplinaires qu'il faut constater par des bulletins n° 1 ? La loi ne le dit pas, et la question pourra être parfois délicate.

Légion d'honneur. — Par application du principe posé dans l'article 1-3° de la loi, il faut incontestablement mentionner au casier judiciaire les décisions qui portent privation temporaire ou définitive du droit de porter la croix de la Légion d'honneur, la médaille militaire ou des médailles commémoratives, telles que celles de Crimée, d'Italie, du Mexique, du Tonkin, etc. (Circ. Chanc., 15 décembre 1899, § X) (1).

Armées de terre et de mer. — La circulaire de la Chancellerie du 8 décembre 1868, § XI, décidait qu'il fallait constater à l'aide d'un bulletin n° 1 toute décision disciplinaire, rendue contre un militaire ou un marin, ayant un caractère judiciaire et entraînant des incapacités. Elle ajoutait que de simples mesures administratives ne doivent pas donner lieu à l'établissement d'un bulletin. — Ces prescriptions sont en parfaite harmonie avec les dispositions de la loi nouvelle ; la Chancellerie le déclare dans sa circulaire du 15 décembre 1899, § X. Mais il importe de déterminer à quelles décisions disciplinaires elles s'appliquent. Il est tout d'abord incontestable que ne rentrent pas dans les prévisions de cette circulaire et

---

(1) Voir aussi : Circ. Chanc., 30 novembre 1872, § X ; 10 avril 1886 ; 15 décembre 1888. — Toutefois, en ce qui concerne cette dernière circulaire, la Chancellerie fait très justement observer, dans le § 10 de sa circulaire du 15 décembre 1899, qu'il y a lieu de considérer comme abrogée l'obligation pour le greffier : « de délivrer aux intéressés des bulletins n° 2 ne portant pas la « mention des dites décisions disciplinaires ».

de la loi nouvelle, les peines, telles que l'envoi dans les compagnies de discipline, l'envoi dans les bataillons d'infanterie légère d'Afrique et dans les compagnies disciplinaires des colonies, prévus par les ordonnances du 12 mai 1834 et le décret du 23 mai 1860. Ce sont de simples punitions qui n'influent en rien sur les droits du militaire à qui elles sont infligées.

Il en est de même de la mise en non-activité par retrait d'emploi, en vertu de l'article 13 de la loi du 19 mai 1834. C'est une mesure de rigueur qui a un caractère essentiellement temporaire et qui n'entraîne aucune incapacité.

La solution nous paraît différente en ce qui concerne la mise en réforme par mesure disciplinaire. Cette peine est prononcée par décret, sur l'avis conforme d'un conseil d'enquête (L., 19 mai 1834, art. 13). Elle a des conséquences très graves : les officiers en réforme ne sont plus susceptibles d'être rappelés à l'activité ; ils ne peuvent même, en aucun cas, être nommés officiers dans la réserve ou dans l'armée territoriale. Il en résulte donc une véritable incapacité (1).

Les mêmes règles doivent être appliquées aux marins (2).

Enseignement. — Des bulletins doivent également être dressés pour constater les mesures de discipline prises contre les membres de l'enseignement, émanant soit du Conseil supérieur, soit du Conseil académique ou du Conseil départemental, pourvu qu'elles entraînent ou édictent une incapacité. Mais la seule qui nous paraisse remplir cette condition, est

---

(1) Nous ne parlons pas de la destitution : c'est, non pas une mesure disciplinaire, mais une véritable peine destinée à réprimer certains délits (C. Just. mil., art. 186). Par suite, un bulletin n° 1 doit incontestablement être dressé, toutes les fois qu'elle est prononcée.

(2) Il importe de remarquer que les peines de la destitution, de la privation de commandement, de l'inaptitude à l'avancement, de la réduction de grade ou de classe, prononcées par les tribunaux de la marine, constituent, non des mesures disciplinaires, mais de véritables peines, destinées à réprimer certains délits (C. Just. marit., art. 238).

l'interdiction temporaire ou perpétuelle du droit d'enseigner, prononcée contre un professeur de l'enseignement supérieur, par jugement du conseil académique (L., 27 février 1880, art. 7), — contre un professeur de l'enseignement secondaire, par jugement du conseil académique (L., 27 février 1880, art. 7); — contre un répétiteur, membre de l'enseignement secondaire, par jugement du conseil académique (Décr., 28 août 1891, art. 30); — contre un membre de l'enseignement primaire, par jugement du conseil départemental (L., 30 octobre 1886, art. 30).

La suspension et même la révocation ne privent d'aucun droit celui qui en est frappé : l'instituteur ou le professeur révoqué peut ouvrir un établissement libre d'enseignement ; celui qui n'est que suspendu, a également ce droit et, au bout du temps fixé, il reprendra même ses fonctions. Au contraire, l'interdiction d'enseigner constitue une déchéance, une véritable *incapacité*, au sens de la loi du 5 août 1899 : celui qui en est frappé, est privé d'un droit qui appartient à tous les autres citoyens ; il ne jouit plus de la plénitude de ses droits de citoyen français.

51. — **Arrêtés d'expulsion**. — Le département de la Justice reçoit, tous les mois, de celui de l'Intérieur un état nominatif des étrangers expulsés du territoire français par décision, soit ministérielle, soit préfectorale. Des copies individuelles sont immédiatement faites et classées dans le casier central (L., 5 août 1899, art. 1-5°).

52. — **Arrêts de réhabilitation**. — Le greffier était tenu de rédiger, dès que l'arrêt était rendu, un bulletin n° 1, pour constater toute réhabilitation prononcée en matière criminelle, correctionnelle ou commerciale (1). La loi du 5 août 1899

---

(1) Circ. Chanc., 6 novembre 1850, § III-3° ; 5 décembre 1885 ; 28 décembre 1893, § IX.

n'exige plus qu'il soit ainsi dressé des bulletins n° 1. Il suffit que, dès que la réhabilitation est prononcée, le procureur général en avise le procureur de la République du lieu d'origine ; ce magistrat le fait aussitôt mentionner par le greffier sur les bulletins n° 1 qui relatent les condamnations effacées par la réhabilitation (1).

§ 2. — *Rédaction des bulletins n° 1*

53. — **Format. Papier.** — Le format des bulletins n° 1 doit être uniforme pour toute la France. Le décret du 12 décembre 1899 (Mod. Bull. n° 1) a adopté la dimension de la feuille de papier timbré de 60 centimes (2).

Afin de faciliter le classement dans les casiers et d'assurer, au moyen de l'uniformité des mentions, la stricte exécution des prescriptions de la loi, l'article 14 du décret impose un modèle unique pour la rédaction des bulletins n° 1.

Tous les bulletins n° 1 doivent être établis conformément à ce modèle et sur *papier blanc* (3).

54. — **Par qui et quand les bulletins n° 1 sont rédigés.** — *Décisions judiciaires.* — Les bulletins n° 1 sont dressés par le greffier de la juridiction qui a rendu la décision dont il

---

(1) Voir *infra*, n°ˢ 66 et 67, pp. 82 et 83.

(2) La Chancellerie recommande de n'employer que du papier fort et de bonne qnalité (Circ. Chanc., 6 novembre 1850, § III-4° ; 30 août 1855 ; 28 novembre 1874 ; 15 novembre 1880, § X).

(3) Par suite, il n'y a plus lieu, ainsi que l'exigeait la circulaire du 8 décembre 1868, § XVII, de rédiger sur papier rouge les bulletins relatifs aux décisions prononcées par application de l'article 66 du Code pénal. Cette mesure était destinée à attirer l'attention des greffiers qui ne devaient relever ces décisions que sur les bulletins n° 2 destinés au ministère public. Mais, dorénavant, un certain nombre d'autres décisions devant également, en vertu des articles 7 et 8 de la loi, cesser, dès l'origine ou après l'expiration d'un certain délai, de figurer au bulletin n° 3, il est inutile de maintenir une disposition spéciale qui n'a plus de raison d'être (Circ. Chanc., 15 décembre 1899, § XIV).

s'agit de constater l'existence et qui est dépositaire de la minute de l'arrêt ou du jugement (Décr., 15 décembre 1899, art. 4). Par suite, sont dressés : — les bulletins nº 1 constatant des condamnations criminelles par le greffier de la Cour d'assises; — les bulletins nº 1 constatant des condamnations correctionnelles par le greffier du tribunal de première instance, et, au cas d'appel, par le greffier de la Cour d'appel ; — les bulletins nº 1 constatant des déclarations de faillite ou de liquidation judiciaire par les greffiers des tribunaux de commerce ou des tribunaux civils, jugeant commercialement, et, au cas d'appel, par le greffier de la Cour ; — les bulletins nº 1 constatant des condamnations émanant des conseils de guerre ou des tribunaux maritimes par les greffiers de ces juridictions.

Le bulletin nº 1 doit être rédigé dans la quinzaine, à partir du jour où la décision est devenue définitive. — Ce délai part : — en ce qui touche les jugements et arrêts par défaut, du jour où ils ne peuvent plus être attaqués par la voie de l'appel ou du pourvoi en cassation (1); — en ce qui concerne les arrêts par contumace, du jour de l'arrêt (Décr., 12 décembre 1899, art. 4). — Quant aux condamnations contradictoires prononcées par la juridiction correctionnelle, le délai de quinzaine a pour point de départ le moment où expire le délai de dix jours fixé par l'article 203 du Code d'instruction criminelle, sauf à en opérer le retrait immédiatement dans le cas où le procureur général userait ensuite de son droit d'appel (Circ. Chanc., 20 décembre 1904).

Ce sont là des délais maxima (Circ. Chanc., 15 décembre 1899, §§ 12 et 13). En effet, à raison des mentions multiples qui figurent sur les bulletins nº 1 et des droits que confère aux intéressés l'expiration de certains délais à partir de l'exécution des peines, il est absolument indispensable que le

---

(1) Voir *supra*, nº 46, p. 59.

casier judiciaire soit très exactement tenu à jour et que les bulletins n° 1 y parviennent dans le plus bref délai possible, dès que la condamnation est devenue définitive.

Décisions disciplinaires administratives. — En ce qui concerne les décisions disciplinaires émanées d'une autorité administrative et entraînant ou édictant des incapacités, telles que les décisions privant du droit de porter les insignes de la Légion d'honneur ou de toute autre décoration, le bulletin doit être établi, suivant le cas, soit au greffe du tribunal du lieu d'origine de celui qui en est l'objet, soit au greffe de la Cour d'Alger (pour les musulmans du Maroc, du Soudan et de la Tripolitaine), soit au service du Casier central (pour les étrangers, les individus nés aux colonies et les individus d'origine inconnue).

A cet effet, l'autorité administrative de qui émane la décision, doit, dans le plus bref délai, la porter à la connaissance du parquet du lieu d'origine ou à la Chancellerie, qui fait dresser aussitôt le bulletin n° 1 (Décr., 13 novembre 1900, art. 5, § 1).

Arrêtés d'expulsion. — Les arrêtés d'expulsion sont notifiés par le Ministre de l'Intérieur au Ministère de la Justice. Les bulletins destinés à les constater sont dressés au service du Casier central ou au greffe de la Cour d'Alger, suivant le cas.

Dans le cas où l'expulsé est né en France, le casier central transmet un duplicata du bulletin n° 1 au casier judiciaire du lieu d'origine (Décr., 13 novembre 1900, art. 5, § 2).

55. — **Eléments des bulletins.** — Les éléments des bulletins n° 1 relatifs à l'état civil et de famille du condamné sont recueillis par le ministère public, au cours de la procédure, avec le concours des magistrats instructeurs et des divers auxiliaires de la police judiciaire.

Les indications relatives à la décision même qui fait l'objet

du bulletin nº 1 (Juridiction qui a statué, — date de la condamnation, — nature et taux ou durée de la peine; — date
du mandat de dépôt) sont fournies au greffier par la minute
même de la décision, et, au cas de peine disciplinaire prononcée par une autorité administrative, par la lettre d'avis ou
l'expédition de la décision envoyée au parquet.

56. — **Enonciations qu'ils doivent contenir.** — *Modèle.* —
Chaque bulletin nº 1 doit contenir :

1º Indication en gros caractères et en tête du bulletin, du
nom de famille du condamné (Décr., 12 décembre 1899) (1).

2º Prénoms et surnoms (2).

3º Noms et prénoms du père et de la mère (Décr., 12
décembre 1899 [Mod. ann.]).

4º Age; date et lieu de naissance (Décr., 12 décembre 1899
[Mod. ann.]) (3).

5º Domicile (*id.*).

6º Profession, et nationalité (*id.*).

7º Etat civil et de famille (célibataire, marié ou veuf;
nombre d'enfants) (*id.*).

8º Signes particuliers auxquels l'examen de sa personne
peut donner lieu (*id.*). Il en résulte que le bulletin nº 1 doit
faire mention de tous les renseignements fournis par le service
anthropométrique, dans les villes où il fonctionne ; mais —
et cela est très regrettable — cette prescription n'est pas
généralement observée.

9º Désignation de la juridiction qui prononce (*id.*). — Les

______

(1) La première lettre du nom doit être très distinctement formée (Circ.
Chanc., 6 décembre 1876, § XVI).

(2) Il faut aussi que les pseudonymes sous lesquels les prévenus ont été
condamnés soient recherchés et constatés (Circ. Chanc., 23 mai 1853, § XI ;
1er juillet 1856, § XXIV; 30 décembre 1873, § VII; 8 décembre 1876, § XVIII).

(3) Pour les individus originaires de Paris, il y a lieu d'indiquer le numéro
de l'arrondissement dans lequel ils sont nés (Circ. Chanc., 19 décembre 1891,
§ V; 28 décembre 1893, § XI).

bulletins constatant des condamnations prononcées par la Chambre des appels correctionnels doivent indiquer de plus le nom du tribunal qui a statué en premier ressort et la date de ce jugement (Décr., 12 décembre 1899 [Mod. ann.]).

10° Mention du caractère définitif du jugement (1).

11° Mention de ce fait que le jugement est contradictoire ou par défaut (Décr., 12 décembre 1899 [Mod. ann.]) (2).

12° Date de la condamnation, nature et durée de la peine prononcée (Décr., 12 décembre 1899 [Mod. ann.]) (3). Lorsque la Cour ou le tribunal a appliqué les dispositions de la loi du 26 mars 1891, la condamnation est inscrite au bulletin n° 1, mais avec la mention expresse de la suspension accordée (L., 26 mars 1891, art. 4; — L., 5 août 1899, art. 2, § 1).

13° Crime ou délit qui motive la condamnation (Décr., 12 décembre 1899 [Mod. ann.]).

14° Date précise (quantième, mois et année) des infractions qui ont motivé la condamnation (*id.*).

15° Les articles et paragraphes du Code ou des lois spéciales visés par le jugement ou l'arrêt (*id.*).

16° La mention du refus de l'imputation de la détention préventive, lorsqu'il a été prononcé, ou, lorsqu'il y a lieu à une imputation totale ou partielle, la date de la transcription du mandat de dépôt ou d'arrêt ou de l'ordonnance de prise de corps (*id.*).

---

(1) Cfr. : Circ. Chanc., 1ᵉʳ juillet 1856, B, § XII. — Voir aussi : *supra*, n° 46, p. 59, et n° 54, p. 67.

(2) Le mot *contradictoire* ne doit pas être imprimé d'avance sur les formules (Circ. Chanc., 15 novembre 1880, § X). — Quand le jugement est rendu par défaut, on doit indiquer s'il a été signifié et à quelle date (Circ. Chanc., 30 décembre 1873, § X; 8 décembre 1875, § XV). Il faut de plus mentionner le mode de signification : *à personne*, *à domicile* ou *au parquet*; en effet, ces circulaires, en imposant les formalités prescrites ci-dessus, ont visé l'article 187 du Code d'instruction criminelle.

(3) Les bulletins n° 1 doivent toujours constater si l'interdiction de séjour qui a remplacé la surveillance de la haute police, a été appliquée aux condamnés (Circ. Chanc., 21 février et 26 mars 1874; 6 décembre 1876, § XV).

17° La date de la délivrance et la signature du greffier (Décr., 12 décembre 1899 [Mod. ann.]).

18° Le bulletin doit être revêtu du timbre de la juridiction qui a prononcé (*id.*) (1).

19° Dans l'angle de gauche, en chiffres d'un centimètre de hauteur, l'année de la naissance du condamné (*id.*). Cette indication a pour but de faciliter le travail des greffiers qui doivent, tous les dix ans, extraire des casiers les bulletins concernant des condamnés de plus de quatre-vingts ans.

20° En haut et à gauche, au-dessous de l'année de la naissance, mention de la juridiction qui a condamné et du tribunal au greffe duquel le bulletin doit être classé (*id.*).

21° Si le bulletin s'applique à une personne pour laquelle il existe un bulletin n° 1 antérieur, il doit porter la mention manuscrite (2) « *récidive* » (Décr., art. 3, § 2). Ce mot est inscrit d'une manière apparente dans l'angle de droite.

Il ne faut évidemment pas prendre *récidive* dans le sens des articles 56, 57, 58 du Code pénal. En effet, le texte du décret et des instructions de la Chancellerie est formel : la mention doit être portée toutes les fois qu'un individu a déjà encouru une condamnation pour quelque cause que ce soit, pourvu qu'elle soit constatée par un bulletin (3).

---

(1) Il est interdit aux greffiers de faire imprimer à l'avance l'empreinte du timbre du tribunal sur les bulletins (Circ. Chanc., 1ᵉʳ décembre 1862 ; 8 décembre 1868, § XIX ; 15 novembre 1880, § X).

(2) Le décret interdit de faire imprimer sur les formules le mot « *Récidive* ». En effet, lorsque le greffier oublie de l'effacer, l'employé chargé du classement dans le casier, ne trouvant pas d'autres bulletins applicables au condamné, est obligé de demander des explications au parquet du tribunal de la condamnation (Cfr. : Circ. Chanc., 29 novembre 1869, § VII ; 15 novembre 1880, § X).

(3) Cette disposition ne fait que reproduire les prescriptions contenues dans les circulaires antérieures de la Chancellerie (Circ. Chanc., 1ᵉʳ juillet 1856, B, § XIII ; 1ᵉʳ décembre 1862), avec cette seule différence que le mot *récidive* est substitué, avec raison, à l'expression *récidiviste* qui pouvait amener quelque confusion. Cette expression était, en effet, de nature à laisser supposer que le condamné était récidiviste au sens précis du mot, alors que la mention ins-

Enfin nous verrons qu'il faut ajouter au fur et à mesure que le greffier en est avisé : — 1° la grâce ou la commutation ou la réduction de peine ; — 2° l'arrêté de mise en libération conditionnelle ou de révocation de la libération conditionnelle ; — 3° l'arrêt de réhabilitation ; — 4° le jugement relevant de la relégation ; — 5° la décision qui rapporte l'arrêté d'expulsion. — Mais ne nous arrêtons pas, pour le moment, à ces diverses mentions, car elles ne peuvent être inscrites que postérieurement à la rédaction des bulletins et après leur classement au greffe du lieu d'origine.

Les bulletins n° 1 doivent être établis conformément au modèle ci-contre, donné par le décret de 1899.

---

crite au bulletin n° 1 est simplement destinée à indiquer au greffier qu'il existe déjà au casier au moins un autre bulletin et à lui faciliter ainsi le classement. — Par application de cette règle et par une note du mois d'octobre 1901 (*J. des Parq.*, 1902. 3. 30), le Garde des Sceaux a invité les procureurs généraux à rappeler aux greffiers des tribunaux de commerce que le mot « *Récidive* » doit être inscrit sur tout bulletin n° 1 par eux dressé, alors que celui que concerne ce bulletin n'avait pas été antérieurement déclaré en état de faillite ou de liquidation judiciaire, si des condamnations pour crimes ou délits avaient été précédemment encourues par lui. — Cette mention doit même être inscrite sur les bulletins n° 1 applicables à des mineurs de seize ans qui ont été antérieurement remis à leurs parents (Circ. Chanc., 8 décembre 1868, § XVII; 30 novembre 1878, § II). Il y a lieu de l'inscrire également, même lorsque les condamnations antérieures ont été prononcées à l'étranger (Circ. Chanc., 1er juillet 1856, § XIII; 4 décembre 1879, § VII). — Elle ne doit cependant être inscrite qu'en connaissance de cause, et si la récidive ne résulte que de la déclaration du prévenu, il convient de le mentionner sur le bulletin (Circ. Chanc., 30 décembre 1873, § VIII).

18. . . (2)

BULLETIN Nº 1 à classer

au. . . . . (1)

. . . . (3)

TRIBUNAL
DE PREMIÈRE INSTANCE
DE LA SEINE

Date du mandat de dépôt

. . . .

RENSEIGNEMENTS :

Célibataire.
Marié.
Veuf.
Nombre d'enfants : . . . . .
Signes particuliers :. . . . .

MENTIONS POSTÉRIEURES
A LA RÉDACTION DU BULLETIN

Peine expirée le. . . . . . .
Amende payée le . . . . . .
Contrainte par corps exécutée
le.. . . . .

Timbre de la juridiction
qui a statué.

Le nommé. . . . . .
. . . . (4)

fils de { . . . . . } âgé de. . ans

né le. . . . ., à. . . . .
arrondissement de. . . . .
département de . . . .
domicile. . . . .
profession. . . . .
nationalité.. . . . .

A ÉTÉ CONDAMNÉ :

par jugement (*contradictoire* ou *de
défaut*)
de la   ᵉ Ch. du Trib. corr. de la Seine
du. . . . . . . 190 .

à {
. . . . d'emprisonnement
. . . . . francs d'amende
. . . . (5)
. . . . (6)
. . . . (7)
} et aux dépens

Pour . . . .
commis le. . . . .

par application { . . . . du Code pénal
des articles { . . . . du Code d'instr. crim.
. . . .

Vu au Parquet : (8)
Le Procureur de la République,

Pour extrait conforme :
A. . . . . ., le . . . . .190 .
Le Greffier,

---

(1) *Greffe du Tribunal civil de.* . . . . ou *Casier central.*
(2) Année de la naissance en chiffres d'un centimètre de hauteur.
(3) Mention : *Récidive*, s'il y a lieu.
(4) Nom, surnom et prénoms.
(5) Pénalités accessoires, disciplinaires, etc.
(6) Mention du *sursis à l'exécution de la peine*, s'il y a lieu.
(7) S'il s'agit d'un arrêt rendu par une Cour d'appel ajouter la mention :
« *Sur appel d'un jugement du tribunal de.* . . . . *en date du.* . . . . ».
(8) Le visa du procureur général qui figurait sur le modèle prescrit par le
décret a été supprimé par la circulaire du 20 décembre 1904 (Voir : *infra*, nº 58,
p. 76).

57. — **Bulletins concernant des étrangers ou des individus originaires des colonies et d'origine inconnue.** — *Étrangers.* — Quand le condamné est d'origine étrangère, il faut mentionner exactement le lieu d'origine et la province à laquelle il appartient. Comme nous le verrons, des conventions diplomatiques ont, en effet, établi entre la France et plusieurs pays limitrophes, un échange mensuel des bulletins n° 1, concernant les nationaux respectifs, et, si les indications ne sont pas assez précises, l'identité des condamnés ne pouvant être constatée, les bulletins sont retournés à la Chancellerie.

L'inscription du pays d'origine doit être faite en marge, à la place qu'occupe d'ordinaire le nom de l'arrondissement dans le casier duquel le bulletin doit être classé (1).

Pour les bulletins concernant des individus d'Alsace-Lorraine, il doit être fait mention de l'option ou de la non-option des condamnés pour la nationalité française.

Les bulletins destinés à la Suisse doivent mentionner, autant que possible, non seulement le lieu de naissance du condamné, mais encore la commune dont il est citoyen ou ressortissant (*Lieu de bourgeoisie*) (2).

Quand il est constaté, soit par les déclarations des inculpés, soit par toute autre voie d'information, qu'ils ont subi des condamnations à l'étranger, ces condamnations antérieures doivent être exactement relevées sur le bulletin n° 1, rédigé à l'occasion de la condamnation prononcée en France. — Pour ces condamnés, comme pour ceux qui ont été antérieurement condamnés en France, le mot *Récidive* doit être inscrit à droite et en tête du bulletin (3). — Le relevé est fait au verso du bulletin (4).

---

(1) Circ. Chanc., 8 décembre 1875, § XIII ; 30 novembre 1878 ; 4 décembre 1879, § IX ; 2 décembre 1882, § VIII.

(2) Circ. Chanc., 20 décembre 1880 ; 7 décembre 1881, § III.

(3) Voir : *supra*, n° 56, note 3, p. 71.

(4) Circ. Chanc., 1ᵉʳ juillet 1856, B, § XIII ; 4 décembre 1871, § VII.

Si l'étranger est naturalisé, le bulletin doit être rédigé comme s'il s'agissait d'un Français, et on le classe au greffe du lieu où les lettres de naturalisation ont été enregistrées (1).

Individus originaires des colonies. — Pour les condamnés originaires des colonies, on doit inscrire le nom de la colonie, à la place réservée au nom de l'arrondissement d'origine.

Individus d'origine inconnue. — Lorsque l'origine du condamné est inconnue, le greffier doit porter, à la place réservée pour l'indication du lieu de naissance, la mention : « *Pas d'acte de naissance applicable* », et à celle où figure le lieu de classement : « *Casier central* » (2).

§ 3. — *Vérification et envoi*

58. — **Bulletins rédigés par les greffiers des Cours et des tribunaux civils.** — Les bulletins nº 1, dressés par le greffier dans les délais que nous avons précisés (3), sont remis immédiatement au Procureur de la République (4) qui les examine au point de vue tant du fond que de la forme et les revêt de son visa.

Il devait les adresser, le jour même, au parquet général (5), où ils étaient l'objet d'un nouvel examen ; après qu'ils avaient été ainsi vérifiés, le procureur général les visait et les adressait, soit aux greffiers des divers tribunaux, soit au casier central, suivant le cas. Cet envoi devait être fait dans la quinzaine au plus tard (6). Mais ce mode de procéder, maintenu par le

---

(1) Circ. Chanc., 6 novembre 1850, § III, 8º, G.

(2) Il ne suffit pas de mettre devant le lieu d'origine la mention « *Se disant né à.....* » (Circ. Chanc., 30 décembre 1873, § IX).

(3) Voir : *supra*, nº 54, p. 66.

(4) Circ. Chanc., 1ᵉʳ juillet 1856, § XIV.

(5) Circ. Chanc., 6 novembre 1850, § III, 7 ; 1ᵉʳ juillet 1856, A, §§ I et XIV ; 3 décembre 1863 ; 30 décembre 1873, § V.

(6) Circ. Chanc., 1ᵉʳ juillet 1856, § XVI.

décret du 12 décembre 1899 et par la circulaire du 15 décembre 1899, § 3, avait le grave inconvénient de retarder les transmissions ; or les bulletins n° 2 et n° 3 ne peuvent être rédigés avec toute l'exactitude nécessaire que si l'envoi des bulletins n° 1 a lieu à une date aussi rapprochée que possible, de celle du jugement de condamnation. Aussi, par sa circulaire du 20 décembre 1904, le Garde des Sceaux a décidé que la formalité du visa, ainsi que la transmission des bulletins n° 1 aux parquets généraux n'auraient plus lieu à l'avenir. Par suite, le Procureur de la République adresse directement ces bulletins, soit au parquet de l'arrondissement où est situé le lieu de naissance des condamnés, soit au casier central (1).

Les bulletins transmis au casier central sont divisés en deux séries : l'une, pour les condamnés étrangers ou originaires des colonies ; l'autre, pour les condamnés d'origine inconnue (2). — Cette dernière série est classée par ordre alphabétique. — Les bulletins concernant des étrangers et des individus originaires des colonies sont classés par ordre de nationalité et par colonie, puis par ordre alphabétique dans chaque catégorie (Circ. Chanc., 15 décembre 1899, § 16 ; — 20 décembre 1904).

59. — **Bulletins rédigés par les greffiers des tribunaux de commerce.** — A la fin de chaque mois, le greffier du tribunal de commerce doit adresser au procureur général, par l'intermédiaire du président de ce tribunal, les bulletins constatant

---

(1) Il eût été beaucoup plus régulier de faire cette modification par décret. En effet, le modèle de bulletin n° 1 annexé au décret du 12 décembre 1899 porte la mention du visa du procureur général et, par suite, on peut dire que ce visa est exigé par le décret. Par suite, la Chancellerie modifie en réalité un décret par une simple circulaire. Elle n'a pu s'habituer encore à l'organisation nouvelle et se croit toujours sous le régime des circulaires : il a duré si longtemps, il est vrai !

(2) Circ. Chanc., 1er juillet 1856, § XVII ; 30 décembre 1873, § V.

tous les jugements déclarant des faillites ou des liquidations judiciaires, devenus définitifs dans le mois (1).

60. — Bulletins rédigés par les greffiers des conseils de guerre. — Les bulletins sont rédigés par quinzaine, sur des formules identiques à celles employées pour les condamnations ordinaires ; ils sont revêtus du timbre du conseil, de la signature du greffier et de celle du commissaire du gouvernement (2).

La circulaire du Ministre de la Guerre du 30 janvier 1851 exigeait que toutes les prescriptions de la circulaire de la Chancellerie du 6 novembre 1850 fussent exactement observées. Les greffiers auraient donc dû remettre, chaque quinzaine, leurs bulletins aux commissaires du gouvernement qui, après les avoir visés, les auraient transmis au procureur général du ressort dans lequel siège le conseil. Ce magistrat les aurait ensuite fait parvenir aux greffes auxquels ils étaient destinés. Mais les greffiers ont pris l'habitude d'envoyer les bulletins au procureur de la République de l'arrondissement où siège le conseil, et c'est ce magistrat qui en fait la répartition dans les divers casiers. La Chancellerie et le Ministre de la Guerre ont définitivement consacré cet usage (3).

61. — Bulletins rédigés par les greffiers des conseils de guerre maritimes, des tribunaux maritimes et des tribunaux maritimes commerciaux. — Chaque conseil de guerre ou tribunal maritime adresse périodiquement ses bulletins n° 1 au procureur de la République de l'arrondissement où il siège, et celui-ci en opère la répartition. Toutefois, si le condamné est étranger ou si son origine est inconnue, le bulletin doit être envoyé directement au Ministre de la Marine qui se charge de

---

(1) Circ. Chanc., 6 novembre 1850 (toujours en vigueur).
(2) Circ. Guerre, 30 janvier 1851.
(3) Lettre du Garde des Sceaux au Procureur général de Paris, 14 mai 1853

le faire parvenir au Garde des Sceaux, pour dépôt au casier central (1).

62. — **Bulletins rédigés par les greffiers des conseils de guerre et des prévôtés des corps expéditionnaires.** — Les bulletins, constatant des condamnations prononcées par les conseils de guerre et les prévôtés des corps expéditionnaires et des corps d'occupation, sont dressés au ministère de la Guerre ou au ministère de la Marine, suivant le cas, et envoyés au procureur général de Paris qui en opère la répartition entre les différents casiers.

§ 4. — Classement des bulletins n° 1

63. — **Classement au greffe.** — Le procureur de la République remet au greffier les bulletins, aussitôt qu'ils lui sont parvenus. Celui-ci doit vérifier immédiatement sur les registres de l'état civil si les individus qu'ils concernent, sont bien nés au lieu et à l'époque indiqués ; puis il fait sur chaque bulletin mention de cette vérification (2).

Plusieurs cas peuvent se présenter :

1° *L'individu figure sur les registres de l'état civil.* — Le greffier classe le bulletin au casier, en se conformant aux règles que nous avons rappelées. Puis, afin de faciliter les recherches, il constate sur le registre par un signe la présence d'un bulletin au casier (3).

Lorsqu'il reçoit un bulletin constatant une peine prononcée avec sursis, il s'assure que le casier ne contient pas de bulletin relatif à une condamnation précédente à l'emprisonnement pour crime ou délit de droit commun. S'il en

____

(1) Circ. Marine et Colonies, 23 novembre 1850 ; 13 octobre 1862.
(2) Circ. Chanc., 6 novembre 1850, § III-8° ; 23 mai 1853, § X ; 1ᵉʳ juillet 1856, A, § X, et E, § XVII.
(3) Circ. Chanc., 6 novembre 1850, § III-8°.

existe, il doit en prévenir le procureur de la République près
son tribunal, qui en informe son collègue du lieu de la condamnation nouvelle pour laquelle le sursis a été accordé. Ce
dernier ainsi averti pourra faire usage, s'il en est temps encore,
des voies de recours que la loi met à sa disposition. — De
même, lorsque, en classant dans le casier un bulletin n° 1
de condamnation à l'emprisonnement ou à une peine plus
grave pour crime ou délit de droit commun, il s'aperçoit que
le condamné avait, dans les cinq années, bénéficié d'un sursis
accordé à l'occasion d'une condamnation à l'emprisonnement
ou à l'amende, il en avertit le parquet pour que la peine
conditionnelle soit exécutée (1).

Après que ces opérations préliminaires ont été accomplies,
le greffier classe ce bulletin dans le casier, à la place qu'il
doit occuper d'après les premières syllabes du nom de famille.
S'il s'agit d'une femme mariée ou d'une veuve, le bulletin est
classé d'après son nom de fille ; mais il est établi une fiche
de renvoi au nom du mari, pour le cas où, à l'occasion de
nouvelles poursuites, elle ne donnerait que ce dernier nom (2).

Tous les bulletins relatifs à un même individu sont réunis
et classés par ordre chronologique dans une chemise portant
le nom du condamné (Décr., 12 décembre 1899, art. 6).

2° *La naissance n'est pas constatée sur les registres, mais,
en fait, elle est constante.* — Le greffier doit classer le bulletin
au casier, en prenant soin d'indiquer cette omission par une
mention sommaire (3).

3° *Il n'existe pas d'acte de naissance applicable et rien
ne fait supposer d'omission dans les registres.* — Le greffier
porte sur le bulletin la mention : « *Pas d'acte de naissance
applicable* », et le remet au procureur de la République, qui

(1) Circ. Chanc., 19 décembre 1891, §§ VII et VIII.
(2) Circ. Chanc., 1er juillet 1856, E, § XXI.
(3) Circ. Chanc., 6 novembre 1850, § III, 8°-B.

le renvoie à son collègue du lieu de la condamnation. Ce magistrat se livre à des investigations nouvelles pour arriver à découvrir le lieu de naissance de l'individu qui a évidemment donné de fausses indications (1). Si ces recherches restent sans résultat, le bulletin est envoyé au casier central (2).

64. — Conservation au casier des bulletins qui y sont classés. — Tout bulletin n° 1 doit demeurer classé au casier. Il en est ainsi pour le bulletin constatant une condamnation prononcée avec sursis, même après l'expiration d'une période de cinq années et alors qu'aucune poursuite, suivie de condamnation dans les termes de l'article 1ᵉʳ, § II, de la loi, n'est intervenue dans ce délai. En effet, si cette condamnation conditionnelle ne figure plus sur les extraits du casier judiciaire *délivrés aux parties*, dits bulletins n° 3, elle doit au contraire continuer à figurer sur les extraits délivrés au ministère public et aux administrations publiques (L., 26 mars 1891, art. 4, § 2 ; — L., 5 août 1899, art. 7-2°).

De même, le bulletin n° 1 constatant une condamnation effacée depuis par la réhabilitation est également conservé au casier : nous verrons que, malgré la réhabilitation obtenue, cette condamnation doit être relevée sur le bulletin n° 2. Il n'y a pas à distinguer entre la réhabilitation judiciaire et la réhabilitation de droit.

Mais il en est autrement, quand le condamné a bénéficié d'une amnistie. — L'amnistie entraîne avec elle cette conséquence que le fait auquel elle s'applique ne peut plus être

---

(1) Cette situation ne devrait jamais se produire. Si en effet le prévenu a donné dans ses interrogatoires de fausses indications sur son lieu d'origine, ces inexactitudes ont été nécessairement constatées, lorsque le bulletin n° 2 a été demandé pour être joint au dossier : le greffier auquel cette pièce a été réclamée a dû renvoyer la lettre avec la mention : « *Pas d'acte de naissance applicable dans la commune de..... »*.

(2) Circ. Chanc., 6 novembre 1850, § III, 8°-c ; 8 décembre 1868, § XV ; 30 décembre 1873, § IX.

relevé contre celui qui s'en est rendu coupable. Il importe donc qu'il n'en reste plus de traces au casier judiciaire (L., 5 août 1899, art. 2, § 2 ; — Circ. Chanc., 30 juillet 1906).

En conséquence, les circulaires du 25 novembre 1871 et du 20 juillet 1878 avaient prescrit aux greffiers d'établir des *fiches individuelles* (1) pour tous les individus auxquels s'appliquait l'amnistie ; ils les soumettaient au visa du procureur de la République et celui-ci les dirigeait, comme des bulletins nᵒ 1, soit sur les parquets des tribunaux d'origine, soit sur le casier central.

La circulaire du 30 juillet 1906 a modifié ce mode de procéder. Elle invite les procureurs généraux à faire dresser d'urgence l'état des condamnations prononcées par les Cours d'assises et les tribunaux correctionnels de leur ressort pour crimes et délits bénéficiant de l'amnistie. Elle ajoute : « Il conviendra ensuite de donner avis de ces condamnations, soit au casier central, soit au greffe du parquet de l'arrondissement d'origine de chaque intéressé ». Les bulletins de condamnation sont alors extraits des casiers et classés dans les archives des greffes.

65. — Elimination des bulletins pour empêcher l'encombrement des casiers. — Pour éviter l'encombrement des casiers, les greffiers doivent extraire à des époques périodiques, les bulletins des individus décédés. De plus, la Chancellerie a ordonné par la circulaire du 8 décembre 1868, qu'en 1869, tous les bulletins concernant des individus âgés de plus de quatre-vingts ans seraient extraits des casiers.

Aux termes de cette même circulaire, ce travail d'extraction doit être renouvelé tous les dix ans (2) : c'est pour le faci-

---

(1) Ces fiches étaient rédigées de la même façon et sur les mêmes formules que les bulletins; toutefois, il fallait avoir soin de porter en tête et à l'encre rouge cette mention : « *Rédigé par application de la loi d'amnistie du..... »*.

(2) En exécution de cette disposition, les circulaires du 15 novembre 1880, § XXII, et du 19 décembre 1891, § XI, ont rappelé qu'il fallait procéder à

liter que la Chancellerie prescrit de mettre, en tête des bulletins, la date de la naissance.

§ 5. — *Mentions à insérer après le classement des bulletins*

66. — **Enumération de ces mentions.** — Le greffier doit ajouter, au fur et à mesure qu'il en est avisé, sur le bulletin classé au casier de son tribunal (L., 5 août 1899, art. 2, § 1) :

1° la date de l'expiration de la peine corporelle ;

2° la date du payement de l'amende ;

3° la grâce ou la commutation ou la réduction de peine ;

4° l'arrêté de mise en libération conditionnelle ;

5° l'arrêté de révocation de la libération conditionnelle ;

6° l'arrêt de réhabilitation, tant en matière criminelle qu'en matière commerciale ;

7° la réhabilitation de droit que le greffier mentionne, lorsqu'il est amené à constater qu'elle est acquise (1) ;

8° le jugement relevant de la relégation ;

9° la décision qui rapporte un arrêté d'expulsion.

67. — **Eléments de ces mentions.** — Aux termes de l'article 7 du décret du 13 novembre 1900, les mentions prescrites par l'article 2 de la loi doivent être portées par le greffier du lieu d'origine, sur l'avis donné au parquet dans le plus bref délai et à l'aide de fiches individuelles :

---

cette extraction en 1881 et en 1892. — Aucune circulaire n'a rappelé ces prescriptions en 1903, mais l'extraction n'en a pas moins dû être effectuée à cette époque.

(1) « Sans doute, porte la Circulaire du 15 décembre 1899, § 54, les greffiers ne sauraient être astreints à rechercher d'office les personnes qui peuvent, dès maintenant, profiter de la réhabilitation de droit. Mais, lorsque, à l'occasion de la délivrance d'un bulletin n° 2 ou n° 3, ils s'apercevront qu'elle est acquise, *ils devront en faire mention sur le bulletin n° 1*, l'inscrire sur le bulletin n° 2 qui est le relevé intégral des bulletins n° 1, ou rédiger en conséquence le bulletin n° 3 ».

1° pour les grâces, commutations ou réductions de peine, — par le Ministre sur la proposition duquel la mesure gracieuse a été prise ;

2o pour les arrêtés de mise en libération conditionnelle et de révocation, — par le département de l'Intérieur (1) ;

3° pour les arrêts portant réhabilitation et les arrêts et jugements relevant de la relégation, — par le procureur général ou le procureur de la République près la juridiction qui a statué (2) ;

4° pour les décisions rapportant des arrêtés d'expulsion, — par le Ministre de l'Intérieur ;

5° pour les dates de l'expiration des peines corporelles et l'exécution de la contrainte par corps, — par les agents chargés de la direction des prisons et établissements pénitentiaires et par l'intermédiaire du procureur de la République de leur résidence ;

6o pour le paiement intégral des amendes, — par les agents chargés du recouvrement et par l'intermédiaire du procureur de la République de leur résidence ;

7° pour les déclarations d'excusabilité en matière de faillite et pour les homologations de concordat, — par le greffier de la juridiction qui a prononcé.

En ce qui concerne les personnes nées en pays étranger ou

---

(1) A dater du 25 avril 1901, le Ministre de l'Intérieur a cessé d'informer des arrêtés de mise en libération conditionnelle les parquets des juridictions qui avaient statué ; il les porte à la connaissance du procureur de la République du lieu d'origine, ou du procureur général près la Cour d'Alger pour les Musulmans du Maroc, du Soudan ou de la Tripolitaine, ou du Ministre de la Justice pour les étrangers. — Dès la réception de cet avis, mention de la libération conditionnelle est faite au bulletin n° 1 et l'avis est immédiatement transmis au parquet du lieu de la condamnation, pour qu'il en soit pris note en marge du jugement ou de l'arrêt (Décis. du Garde des Sceaux, avril 1901 ; *J. des Parq.*, 01. 3. 113).

(2) Cet avis doit être transmis en double exemplaire au casier central pour les individus nés à l'étranger ou aux colonies (Circ. Chanc., 15 décembre 1899, § 17).

dans les colonies et celles dont l'acte de naissance n'est pas retrouvé, les mêmes mentions sont inscrites au bulletin n° 1 par les soins, suivant le cas, soit du greffier de la Cour d'Alger, soit de l'agent du casier central, sur l'avis donné au Ministre de la Justice par les mêmes autorités.

SECTION II. — Duplicata de bulletins n° 1

68. — **Règles générales.** — Il doit être établi un duplicata pour tout bulletin n° 1, constatant :

1° une condamnation prononcée, contre un individu originaire, soit des colonies françaises, soit d'un pays étranger avec lequel l'échange des bulletins a lieu ;

2° un jugement entraînant la privation du droit de vote ;

3° un jugement pouvant apporter certaines modifications à la situation du prévenu au point de vue du service militaire ;

4° une condamnation prononcée contre un marin ou un militaire de la marine.

Tous ces duplicata sont établis sur des formules imprimées sur papier blanc du format du papier timbré et conformes aux modèles donnés par le décret du 12 décembre 1899. — Ils sont visés par le procureur de la République et transmis directement par lui à l'autorité à laquelle ils sont destinés (Circ. Chanc., 15 décembre 1899, § 19) (1).

69. — **Bulletins concernant les étrangers.** — **Modèle.** — L'échange des bulletins n° 1 existe avec l'Autriche, l'Allemagne (pour l'Alsace-Lorraine), la Bavière, la Belgique, le Grand-Duché de Bade, le Grand-Duché de Luxembourg, l'Italie, le Pérou, le Portugal et la Suisse (Circ. Chanc., 15 décembre 1899, § 19 ; — 20 décembre 1903, § I-4°) (2).

---

(1) Cfr. : Circ. Chanc., 18 décembre 1874 ; 14 août 1876 ; 5 mai 1877 ; 3 décembre 1877.

(2) Voir aussi : Circ. Chanc., 20 décembre 1880 ; 28 décembre 1893, § VII.

DUPLICATA DE BULLETIN N° 1

(Echange international) pour l . . . . . .

18. . . (1)

. . . . (3)

RENSEIGNEMENTS :

Célibataire.
Marié.
Veuf.
Nombre d'enfants :. . . . . . .

SIGNES PARTICULIERS :

. . . .
. . . .

Timbre de la juridiction
qui a prononcé.

. . . . (2)

Le nommé. . . . .

. . . . (4)

fils { de. . . . . . . { âgé de. . ans,
{ et de . . . . . {

né le . . . ., à. . . . . ,
arrondissement de . . . . ,
département de . . . . ,
domicile. . . . . ,
profession. . . . . ,
nationalité. . . . . ;

A ÉTÉ CONDAMNÉ :

par. . . . . (5)
d. . . . . (6)

 { . . . . (7) }
 { . . . . . . francs d'amende { et aux
à {   { dépens
 { . . . . (8) {
 { . . . . (9) }

. . . . (10)
pour. . . . .
. . . . commis le. . . . .
par application { . . . . . du Code pénal
des articles { . . du Code d'inst. crim.

Pour extrait conforme :

. . . ., le. . . . .

Le Greffier,

Vu au Parquet :

Le. . . . . (11)

(1) Année de la naissance.
(2) Mention : *Récidive*, s'il y a lieu.
(3) Juridiction qui a prononcé.
(4) Nom, surnoms et prénoms.
(5) Arrêt ou jugement (mentionner s'il est *contradictoire* ou *par défaut*).
(6) Juridiction qui a prononcé.
(7) Peine corporelle.
(8) Pénalités accessoires, disciplinaires, etc.
(9) Mention du sursis à l'exécution de la peine (s'il y a lieu).
(10) S'il s'agit d'un arrêt rendu par une juridiction d'appel, mentionner :
« *Sur appel d'un jugement du tribunal d.* . . . *en date du.* . . . ».
(11) Qualité de l'officier du ministère public, suivant la juridiction qui a
prononcé.

Pour les individus originaires de ces pays, les bulletins n° 1 sont transmis à l'Etat étranger, par les soins de la Chancellerie. Ces bulletins sont adressés en conséquence au casier central avec un duplicata (Décr., 12 décembre 1899, art. 8). Les procureurs de la République les transmettent directement, chaque quinzaine, à la Chancellerie, en ayant soin de les classer par pays et d'énoncer sur la lettre d'envoi le nombre et la destination (1).

Les bulletins constatant les déclarations de faillites doivent être compris dans ces envois (2).

Ces duplicata sont établis conformément au modèle ci-avant (page précédente).

70. — **Bulletins concernant les individus originaires des colonies.** — Il doit être établi un duplicata pour tout bulletin n° 1, constatant une condamnation prononcée contre un individu originaire des colonies françaises, à l'exception de l'Algérie (Circ. Chanc., 20 décembre 1904, § I-4°) (3).

Ces duplicata sont envoyés au Garde des Sceaux, en même temps que ceux relatifs aux étrangers. — Ils doivent faire l'objet d'un envoi distinct de celui des bulletins n° 1 destinés à être classés au casier central (Circ. Chanc., 20 décembre 1904, § I-4°).

Le modèle des duplicata relatifs aux individus originaires des colonies est identique à celui des duplicata concernant des étrangers, sauf qu'en tête on supprime la mention « *Echange international* » et qu'on la remplace par l'indication de la colonie.

71. — **Casier électoral.** — Il importe, pour la formation des listes électorales, de connaître les personnes frappées d'in-

______

(1) Circ. Chanc., 5 mai 1877, §§ IV et VI ; 3 décembre 1877, § IX.
(2) Circ. Chanc., 3 décembre 1877, § X.
(3) Voir aussi : Circ. Chanc., 23 mai 1853, § IX ; 29 novembre 1869, § VIII.

capacité par suite de condamnations ; aussi les greffiers doivent établir des *duplicata* de tous les bulletins nº 1, constatant des décisions entraînant la privation des droits électoraux (L., 11 juillet 1900, art. 5, § 2). — Le procureur de la République vise chaque duplicata, puis le transmet à « l'autorité administrative » du *domicile* du condamné, s'il est Français ou étranger naturalisé (L., 11 juillet 1900, art. 5, § 2). — C'est donc au préfet ou au sous-préfet du domicile électoral que l'envoi doit être fait. Par exception, en ce qui concerne les condamnés qui n'ont pas de domicile connu, c'est à la préfecture ou à la sous-préfecture du lieu d'origine qu'il est nécessaire d'adresser, dès le principe, le duplicata (Circ. Chanc., 30 novembre 1900, nº 9).

L'envoi est effectué, non pas directement, mais par l'intermédiaire du procureur de la République de l'arrondissement dans lequel le duplicata doit être classé. La circulaire de la Chancellerie du 30 novembre 1900 porte, en effet, que la correspondance relative à la transmission des duplicata destinés aux casiers administratifs, doit s'opérer de parquet à parquet (Circ. Chanc., 30 novembre 1900, nº 9).

La Chancellerie recommande de délivrer à l'administration des *duplicata* des bulletins constatant : — 1º des condamnations pour infraction à interdiction de séjour (1) ; — 2º des déclarations de faillites ou des mises en liquidation judiciaire (2) ; — 3º des réhabilitations (3).

Le préfet ou le sous-préfet qui a reçu le *duplicata*, dressé par le greffier, prend les mesures nécessaires en vue de la rectification de la liste électorale. Ensuite, si le condamné est

---

(1) La Note visait les condamnations pour rupture de ban ; mais ces prescriptions s'appliquent, pour les mêmes motifs, à l'interdiction de séjour qui a remplacé cette peine. En effet, ces condamnations supposent une incapacité électorale préexistante qui a pu rester ignorée de l'administration.

(2) Circ. Chanc., 27 août 1875.

(3) Circ. Chanc., 27 août 1875.

né en France, il renvoie cette pièce à la sous-préfecture d'origine où elle reste classée (L., 11 juillet 1900, art. 5, § 3). La loi ne dit pas où le *duplicata* doit être classé, lorsque le lieu de naissance est inconnu ou lorsqu'il s'agit d'un individu né à l'étranger ou aux colonies. Il aurait fallu évidemment créer pour cette catégorie de bulletins un casier électoral central au Ministère de l'Intérieur. Mais cette création n'a pas eu lieu. En fait, ces duplicata sont actuellement renvoyés à la Chancellerie où ils font double emploi avec les bulletins n° 1.

Ces duplicata doivent être conformes au modèle ci-contre (page suivante).

72. — **Recrutement.** — Il importe que l'autorité militaire connaisse exactement la situation pénale des hommes qui sont soumis aux obligations du service militaire. Ces renseignements lui sont nécessaires, en vue des nominations des officiers et sous-officiers de l'armée de réserve et de l'armée territoriale, de l'accomplissement des périodes d'exercices en temps de paix et de la préparation d'une mobilisation. En conséquence, l'article 5, § 1, de la loi du 5 août 1899, de même que les anciennes circulaires de la Chancellerie, a prescrit d'envoyer aux commandants des bureaux de recrutement des *duplicata* en cas : — 1° de condamnation; — 2° de faillite ou de liquidation judiciaire; — 3° de destitution d'un officier ministériel (1).

Le parquet doit de plus faire connaître au bureau du lieu de la condamnation : — 1° les réductions ou commutations relatives aux peines corporelles encourues par des hommes

---

(1) La Chancellerie a signalé spécialement l'omission par les greffiers des tribunaux de commerce des duplicata de bulletins n° 1 relatifs à des déclarations de faillite ou à des mises en liquidation judiciaire concernant des commerçants jouissant d'un grade d'officier dans l'armée territoriale (Circ. Chanc., 15 avril 1902),

DUPLICATA DE BULLETIN Nº 1

à classer au casier électoral

de la. . . . . Préfecture d. . . . .

. . . . (2)

18. . . (1)

. . . . (3)

RENSEIGNEMENTS :

Célibataire.
Marié.
Veuf.
Nombre d'enfants :. . . . . .

SIGNES PARTICULIERS :

. . . .
. . . .

Timbre de la juridiction
qui a prononcé.

Le nommé. . . . .
. . . . (4)
fils { de. . . . . . . } âgé de. . ans,
     { et de . . . . . }
né le. . . . . 18. ., à. . . . . ,
arrondissement de . . . . ,
département de . . . . ,
domicile. . . . . ,
profession. . . . . ,

A ÉTÉ CONDAMNÉ :

par. . . . . (5)
d. . . . . (6)
      { . . . . (7) }
à   { . . . . . francs d'amende { et aux
      { . . . . (8) { dépens
      { . . . . (9) }

. . . . (10)
pour. . . . .
. . . . commis le. . . . .
par application { . . . . . du Code pénal
des articles   { . . du Code d'inst. crim.

Pour extrait conforme :

A . . . . , le. . . . .

Vu au Parquet :   *Le Greffier,*

Le. . . . . (11)

(1) Année de la naissance.
(2) Mention : *Récidive*, s'il y a lieu.
(3) Juridiction qui a prononcé.
(4) Nom, surnoms et prénoms.
(5) Arrêt ou jugement (mentionner s'il est *contradictoire* ou *par défaut*).
(6) Juridiction qui a prononcé.
(7) Peine corporelle.
(8) Pénalités accessoires, disciplinaires, etc.
(9) Mention du sursis à l'exécution de la peine (s'il y a lieu).
(10) S'il s'agit d'un arrêt rendu par une juridiction d'appel, mentionner :
« *Sur appel d'un jugement du tribunal d.* . . . *en date du.* . . . ».
(11) Qualité de l'officier du ministère public, suivant la juridiction qui a
prononcé.

liés au service militaire ; — 2° les réhabilitations prononcées par arrêts (1).

Aux termes des anciennes circulaires, il devait être dressé un *duplicata* pour toute condamnation prononcée contre un homme âgé de vingt à quarante ans (2). Mais, la loi du 15 juillet 1889 ayant prorogé de cinq années la durée du service militaire, il était devenu nécessaire de notifier au recrutement les condamnations de tous les hommes jusqu'à l'âge de quarante-six ans accomplis (3). Cette règle est encore en vigueur. En effet, aucune modification n'a été introduite à cet égard par la loi du 21 mars 1905, sur le recrutement de l'armée. Aux termes des articles 32 et 33 de cette loi, la durée du service est de vingt-cinq ans, et elle compte du 1ᵉʳ octobre de l'année de l'inscription sur les tableaux de recensement.

Aux termes des circulaires du 1ᵉʳ octobre 1879 et du 31 mai 1883, ces *duplicata* mentionnaient : 1° pour les hommes de la disponibilité et de la réserve, la classe, le canton et le numéro du tirage ; — 2° pour ceux de l'armée territoriale, la classe à laquelle ils appartenaient et la subdivision dans laquelle ils étaient inscrits sur les contrôles de cette armée. — Mais, depuis 1891, tous les bulletins indistinctement, qu'ils soient applicables à l'armée territoriale ou à l'armée active, doivent mentionner simplement la classe, le canton et le numéro du tirage au sort (4). Aucune modification n'a été apportée depuis la mise en vigueur de la loi du 21 mars 1905.

Ces duplicata sont transmis par le procureur de la République au bureau de la subdivision de la région où siège le

----

(1) Circ. Chanc., 16 avril 1891.
(2) Circ. Chanc., 19 février 1874.
(3) Circ. Chanc., 16 avril 1891.
(4) Circ. Chanc., 16 avril 1891. — Voir aussi : Circ. Chanc., 15 avril 1902.

tribunal qui a prononcé la condamnation. Les parquets n'ont ainsi à correspondre qu'avec un seul et même commandant de recrutement. Cet officier conserve les bulletins des hommes inscrits sur ses contrôles et transmet à ses collègues les bulletins des hommes dépendant de leurs subdivisions respectives. Quant aux bulletins se rapportant aux individus dont le lieu de naissance est inconnu ou qui sont nés hors de France et dont le domicile est également inconnu, ils sont adressés, comme par le passé, au casier central et transmis, chaque mois, par les soins de la Chancellerie, au ministère de la Guerre (1). Pour éviter toute confusion avec les bulletins destinés à être classés au casier central, ces duplicata doivent porter en marge le mot « *Recrutement* », et être transmis à la Chancellerie avec une lettre spéciale indiquant leur destination (2).

La Chancellerie signale, d'une façon toute particulière, l'intérêt qu'il y a à ce que ces envois soient faits exactement. Pour faciliter le contrôle qui doit être exercé sur les greffiers, les parquets doivent veiller à ce que tout jugement ou arrêt de condamnation concernant un homme lié au service militaire, porte en marge une mention sommaire indiquant à quelle date le duplicata du bulletin n° 1 ou l'avis de la décision gracieuse a été transmis au bureau de recrutement. Par ce moyen, la vérification des minutes permet de constater les omissions qui auraient été commises.

Les duplicata de bulletins de condamnation qui parviennent aux commandants des bureaux de recrutement, sans contenir les renseignements nécessaires, sont par eux renvoyés aux parquets, afin d'être complétés.

Enfin les commandants de recrutement établissent, chaque année, à l'époque de l'inspection générale, la liste nominative

---

(1) Circ. Chanc., 16 avril 1891.
(2) Circ. Chanc., 19 décembre 1891, § XII.

des individus qui leur ont été signalés comme ayant été condamnés depuis la dernière inspection générale, et pour lesquels ils n'ont pas reçu de bulletins n° 1 ou ont reçu tardivement les bulletins. Les listes réunies sont transmises à la Chancellerie qui peut ainsi s'assurer du soin que les parquets mettent à se conformer aux instructions qui précèdent (1).

Les duplicata destinés au recrutement sont établis conformément au modèle ci-après (page suivante).

73. — Ministère de la marine. — Il doit être établi un duplicata du bulletin n° 1 pour le ministère de la Marine, chaque fois qu'un jugement ou un arrêt a été prononcé, soit contre un militaire de la marine en activité de service, soit même contre tout individu faisant partie de la réserve de l'armée de mer ou soumis à l'inscription maritime (L., 5 août 1899, art. 5, § 1). Ces documents doivent contenir, autant que possible, l'inscription du grade et du quartier d'inscription du marin, ainsi que son numéro matricule (2).

Les duplicata de bulletins n° 1 destinés au ministère de la marine sont établis sur les mêmes formules que ceux destinés au recrutement. Toutefois, à la place qu'occupe d'ordinaire le nom de l'arrondissement dans le casier duquel le bulletin doit être classé, il faut porter ces mots « *Ministère de la Marine* ». De plus, ces duplicata devaient porter en tête la mention : « *Rédigé par application du paragraphe VIII de la Circulaire du 14 août 1876* » (3). Mais, bien qu'aucune instruction nouvelle ne l'ait prescrit, il est évident qu'il faut remplacer cette formule par la suivante : « *Rédigé par application de l'article 5, § 1, de la loi du 5 août 1899* ».

Les procureurs de la République près les tribunaux de première instance situés dans l'étendue des départements mari-

---

(1) Circ. Chanc., 16 avril 1891.
(2) Circ. Chanc., 14 août 1876, § 8; 31 juillet 1897.
(3) Circ. Chanc., 14 août 1876 ; 31 décembre 1892.

DUPLICATA DE BULLETIN N° 1

à classer au bureau de recrutement

du département de . . . .

18. . . (1)

| Classe |
| N° de tirage |
| Canton |
| Département |
| Subdivision |

. . . . (2)

Le nommé. . . . .

. . . . (4)

fils { de. . . . . . . } âgé de. . ans,
     { et de . . . . . }

né le . . . ., à. . . . . ,
arrondissement de . . . . ,
département de . . . . ,
domicile. . . . . ,
profession. . . . . ,

A ÉTÉ CONDAMNÉ :

par. . . . . (5)
d. . . . . (6)

. . . . (3)

Date du mandat de dépôt

. . . .

RENSEIGNEMENTS :

Célibataire.
Marié.
Veuf.
Nombre d'enfants :.. . . . . .

SIGNES PARTICULIERS :

. . . .
. . . .

   ⎧ . . . . (7) ⎫
   ⎪ . . . . . francs d'amende ⎪ et aux
à ⎨ . . . . (8) ⎬ dépens
   ⎪ . . . . (9) ⎪
   ⎩ . . . . (10)

pour. . . . .
. . . . commis le. . . . .
par application { . . . . . du Code pénal
des articles   { . . du Code d'inst. crim.

Pour extrait conforme :

A . . . . , le. . . . .

Timbre de la juridiction
qui a statué.

Le Greffier,

Vu au Parquet :

Le. . . . . (11)

(1) Année de la naissance.
(2) Mention : *Récidive*, s'il y a lieu.
(3) Juridiction qui a prononcé.
(4) Nom, surnoms et prénoms.
(5) Arrêt ou jugement (mentionner s'il est *contradictoire* ou *par défaut*).
(6) Juridiction qui a prononcé.
(7) Peine corporelle.
(8) Pénalités accessoires, disciplinaires, etc.
(9) Mention du sursis à l'exécution de la peine (s'il y a lieu).
(10) S'il s'agit d'un arrêt rendu par une juridiction d'appel, mentionner :
« *Sur appel d'un jugement du tribunal d. . . . . en date du. . . . .* ».
(11) Qualité de l'officier du ministère public suivant la juridiction qui a
prononcé.

times font parvenir directement à l'administrateur de l'inscription maritime de la localité la plus proche les duplicata des bulletins n° 1. Ce fonctionnaire transmet à l'administrateur compétent les bulletins qui ne sont pas afférents aux inscrits qu'il administre (1).

Pour tous les tribunaux hors des départements maritimes, le procureur de la République envoie ces documents directement à la Chancellerie; celle-ci les transmet au ministère de la Marine qui les adresse au port intéressé (2).

SECTION III. — Prix des bulletins n° 1 et des duplicata

74. — **Fixation du prix.** — Le prix des bulletins n° 1 et des duplicata a été fixé ainsi qu'il suit, par l'article 12 du décret du 12 décembre 1899 :

Bulletins n° 1 destinés à être classés dans les casiers judiciaires. . . . . 0 fr. 40

Dressés en duplicata . . . . 0 fr. 15

75. — **Imputation de la dépense.** — Qu'il s'agisse de bulletins ou de duplicata, cette dépense rentre dans les frais de justice criminelle; elle est comprise parmi les frais de justice à recouvrer sur les condamnés (Décr., 12 décembre 1899, art. 13).

76. — **Mode de paiement.** — Pour en obtenir le paiement, les greffiers comprennent le montant des droits dus pour la rédaction des bulletins n° 1 et des duplicata dans le mémoire qu'ils remettent, tous les mois, au procureur de la République. Par exception à la règle, en vertu de laquelle ils doivent porter dans leurs mémoires la date, la cause et la nature des actes, il leur suffit de mentionner le nombre des bulletins délivrés (3).

---

(1) Circ. Chanc., 13 mars 1891 ; 31 juillet 1897 ; 15 avril 1902.
(2) Circ. Chanc., 14 août 1876 ; 13 mars 1891 ; 31 juillet 1897.
(3) Décis. Chanc., 21 juin 1851.

Les greffiers des conseils de guerre et des tribunaux maritimes ont droit à la même rétribution. — Ils sont payés sur ordonnance émise par le Garde des Sceaux, après envoi d'un état récapitulatif adressé au département de la Justice et certifié par les Ministres de la Guerre ou de la Marine (Décr., 12 décembre 1899, art. 13).

CHAPITRE IV

BULLETINS N° 2 ET N° 3

—

77. — Objet de ces bulletins. — Les *bulletins n° 2 et n° 3* ou *extraits du casier judiciaire* sont des relevés, les uns complets, les autres partiels, des condamnations prononcées contre un même individu et constatées par les bulletins n° 1. — « La dénomination de bulletin n° 2, porte la circulaire du 15 décembre 1899, § 22, a désormais un sens différent et plus restreint que par le passé. Cette expression ne désigne plus, d'une façon générale, tout relevé des bulletins n° 1, mais seulement l'extrait qui doit être délivré aux magistrats, aux autorités militaires ou maritimes et aux administrations publiques. — L'extrait délivré aux particuliers est rédigé dans des conditions spéciales et porte le nom de bulletin n° 3 ».

78. — Papier et format. — Pour empêcher toute confusion entre le bulletin n° 2 et le bulletin n° 3, l'article 14 du règlement décide que ces bulletins devront être conformes aux modèles annexés, sur papier bulle, pour le premier, et sur papier gris-bleu, pour le second (Circ. Chanc., 15 décembre 1899, § 23) (1).

Le format prescrit est 25 centimètres de hauteur sur 20 de largeur (Décr., 15 décembre 1899 [Mod. ann.]).

79. — Recherches au greffe. — **Rédaction des bulletins.** — Qu'il s'agisse d'un bulletin n° 2 ou d'un bulletin n° 3, la

---

(1) La Chancellerie exige que les greffiers emploient pour leur rédaction du papier fort et de bonne qualité (Circ. Chanc., 20 mai 1862 ; 7 décembre 1887).

demande doit toujours être adressée au procureur de la République. Dès qu'elle lui parvient, il la transmet au greffe.

Le greffier consulte tout d'abord les registres des actes de naissance de la commune d'origine.

S'il trouve un acte de naissance applicable, il vérifie le casier. — Si le casier contient des bulletins de condamnation, il en fait le relevé, conformément aux règles que nous allons tracer dans les numéros 81, 100 à 115. — S'il n'existe aucun bulletin n° 1, le greffier, après avoir rempli les diverses énonciations du bulletin n° 2, inscrit au milieu du tableau *Néant* (L., 5 août 1899, art. 4, § 5). Lorsqu'il s'agit d'un bulletin n° 3, il se borne à oblitérer ce bulletin par une barre transversale (Décr., 12 décembre 1899, art. 11).

Si aucun acte de naissance n'est trouvé et si l'individu paraît inconnu dans l'arrondissement, le greffier porte sur la lettre de demande la mention : « *Pas d'acte de naissance applicable* ». S'il s'agit d'une demande de bulletin n° 2, il ajoute : *Néant au casier*.

Quand le procureur de la République reçoit du greffier de son tribunal, avec cette annotation, la demande de bulletin n° 2 qu'il lui avait remise, il réclame immédiatement à la Chancellerie un extrait du casier central, en faisant connaître à quel parquet il y a lieu de l'envoyer directement (1).

80. — **Vérification et envoi.** — Lorsque les bulletins n° 2 ou n° 3 sont terminés, le greffier les soumet à la vérification du procureur de la République. Ce magistrat les examine avec soin et les vise. Il expédie lui-même les bulletins n° 2 et remet au greffier les bulletins n° 3 (2).

---

(1) Circ. Chanc., 6 décembre 1876, § XXIV. — Cette prescription est très souvent négligée par les parquets.

(2) A ce sujet, rappelons que la Chancellerie recommande aux greffiers de ne pas envoyer les extraits comme papiers d'affaires, soit sous bandes, soit sous enveloppes non fermées (Circ. Chanc., 15 novembre 1880, § XVII).

Lorsqu'une demande de bulletin n° 2 est faite par le ministère public, par un juge d'instruction ou par tout autre magistrat dans l'exercice de ses fonctions, le bulletin n° 2 doit être délivré dans le plus bref délai. La Chancellerie prescrit de l'expédier dans les quarante-huit heures au plus tard (1).

SECTION II. — Bulletins n° 2

§ 1er. — Énonciations qu'ils doivent contenir

81. — **Indication de ces énonciations.** — **Modèle.** — Le bulletin n° 2 est le relevé intégral des bulletins n° 1 applicables à la même personne (L., 11 juillet 1900, art. 4, § 1).

Il doit donc porter, non seulement les mentions qui ont dû être inscrites sur le bulletin n° 1 au moment de sa rédaction primitive, mais encore toutes celles qui ont été ajoutées successivement conformément aux dispositions de l'art. 2 de la loi du 5 août 1899 et de l'art. 7 du règlement d'administration publique du 12 décembre 1899.

Il doit en conséquence contenir les énonciations suivantes (Décr., 12 décembre 1899 [Mod. ann.]) :

1° En tête et dans l'angle de gauche, le nom de la Cour d'appel et celui du tribunal par le greffe duquel le bulletin est délivré ;

2° Les nom, prénoms et surnoms de l'individu qu'il concerne ;

3° Les noms et prénoms de ses père et mère ;

4° La date et le lieu de sa naissance ;

5° Son domicile ;

6° Son état civil et de famille ;

7° Sa profession ;

8° Sa nationalité ;

---

(1) Circ. Chanc., 1er juillet 1856, C, § XXIII ; 10 décembre 1859, § XIV ; 8 décembre 1868, § XVIII ; 30 décembre 1873, § XV ; 4 juin 1888.

9° Le relevé des condamnations prononcées contre lui. — Le greffier doit les indiquer toutes, d'une façon sommaire et par ordre chronologique, en ayant soin de mentionner : la date de la condamnation, la Cour ou le tribunal qui l'a prononcée, la nature des crimes ou délits, la nature et la durée de la peine.

Certaines mentions nouvelles ont été de plus nécessitées par l'application des lois sur la relégation et sur l'imputation de la détention préventive. — C'est ainsi qu'il faut : — indiquer la date des faits ayant motivé chaque condamnation (1) ; — faire connaître si les condamnations, prononcées pour vagabondage ou mendicité, l'ont été en vertu des articles 277 et 279 du Code pénal (2) ; — indiquer, au cas où l'imputation de la détention préventive a été refusée, le refus du tribunal ; — mentionner, au cas où l'imputation a eu lieu, la date de la transcription du mandat de dépôt ou d'arrêt, ou de l'ordonnance de prise de corps (3) (Décr., 15 décembre 1899 [Mod. ann.]).

Il y a lieu en outre de mentionner dans la colonne d'*Observations :* 1° les décisions gracieuses intervenues ou la libération conditionnelle dont a bénéficié le condamné (4) ; — 2° ces circonstances que le jugement de condamnation a été prononcé par défaut ou que l'arrêt a été rendu par contumace (5) ; — 3° l'exécution ou la non exécution de la peine au cas de condamnation par défaut (6) ; — 4° au cas où la

---

(1) Voir : Circ. Chanc., 8 janvier 1890.

(2) Les cas d'application de ces articles étant d'ailleurs fort rares, il n'en résulte pas pour les greffiers un grand surcroît de travail (Circ. Chanc., 4 décembre 1886, § VII.

(3) Voir : Circ. Chanc., 18 août 1894.

(4) Circ. Chanc., 28 avril 1875 ; 28 juin 1888.

(5) Circ. Chanc., 30 décembre 1850, § IX ; 1ᵉʳ juillet 1856, § XII ; 8 décembre 1868, § XIII ; 29 novembre 1869, § IX ; 30 novembre 1872, § XI ; 30 décembre 1873, § X ; 8 décembre 1875, § XV.

(6) Circ. Chanc., 8 décembre 1875, § XV ; 4 juin 1888.

condamnation a été prononcée sur appel par la Cour, le nom du tribunal qui a statué en premier ressort, et la date du jugement (1).

En un mot, tout renseignement judiciaire porté sur les bulletins n° 1 doit en principe (2) figurer sur le bulletin n° 2 (L., 11 juillet 1900, art. 4). Ces bulletins doivent comprendre notamment :

1° les condamnations effacées par la réhabilitation de droit ou par des arrêts de réhabilitation ;

2° les applications de l'article 66 du Code pénal, c'est-à-dire les acquittements de mineurs de seize ans, pour cause de non-discernement (3), sauf dans certains cas (4) ;

3° les condamnations prononcées par des tribunaux étrangers. Il en est ainsi, même quand la condamnation a été prononcée pour un fait non prévu par les lois pénales françaises ; c'est ce qui résulte de l'article 7-3° de la loi de 1899, qui ne prohibe cette inscription que sur les bulletins n° 3 ;

4° les condamnations conditionnelles, même si le délai de cinq ans imparti par la loi s'est écoulé sans qu'aucune poursuite suivie de condamnation à l'emprisonnement soit intervenue (L., 27 mars 1891, art. 4) ;

5° les interdictions temporaires ou définitives du droit de porter la croix de la Légion d'honneur ou des médailles commémoratives (5).

Enfin le bulletin est daté et revêtu de la signature du gref-

---

(1) Circ. Chanc., 6 novembre 1850, § IV ; 8 décembre 1868, § XIV ; 30 novembre 1872, § XI.

(2) Voir toutefois : *infra*, n° 83, p. 101.

(3) Circ. Chanc., 25 novembre 1871, § XII ; 6 décembre 1876 ; 4 décembre 1879, § XI ; 5 décembre 1885 ; 7 décembre 1887, § III ; 28 décembre 1893, § IX.

(4) Voir : *infra*, n° 83, p. 101.

(5) Le Garde des Sceaux l'avait antérieurement décidé, sur l'avis conforme du Conseil de l'Ordre de la Légion d'honneur (Circ. Chanc., 15 décembre 1888). Cette prescription est formellement confirmée par la loi nouvelle.

fier et du timbre du tribunal, puis il est visé par le procureur de la République, qui doit s'assurer que les mentions sont complètes et légales (1).

82. — **Modèle des bulletins n° 2.** — Le modèle des bulletins n° 2 (voir page suivante) a été donné par le décret du 12 décembre 1899. Ces bulletins doivent toujours être établis sur des formules imprimées (2) sur papier bulle.

83. — **Enonciations qui ne doivent pas figurer dans certains cas.** — Les règles que nous venons d'exposer comportent deux exceptions.

1re exception. — Avant la loi du 5 août 1899, les décisions prononcées par application de l'article 66 du Code pénal, c'est-à-dire les décisions acquittant les mineurs de seize ans comme ayant agi sans discernement et les remettant à leurs parents ou les renvoyant en correction, ne devaient être relevées que sur les bulletins n° 2 délivrés au ministère public (3).

La loi de 1899 avait fait disparaître toute différence, au point de vue des énonciations, entre les bulletins n° 2 délivrés aux magistrats et ceux délivrés aux administrations publiques. Mais la pratique n'a pas tardé à révéler les inconvénients de ce mode de procéder, et la loi du 11 juillet 1900 a rétabli l'ancien système. L'article 4, § 5, porte : « Toutefois la mention des décisions prononcées en vertu de l'article 66 du Code pénal n'est faite que sur les bulletins délivrés aux *magistrats* et au *préfet de police* ».

2e exception. — Aux termes de l'article 4, § 4, de la loi du 11 juillet 1900, les bulletins n° 2, réclamés pour l'exer-

---

(1) Circ. Chanc., 1er juillet 1856, § XXVI ; 3 décembre 1863 ; 4 juin 1888.

(2) La Chancellerie interdit expressément aux greffiers de rédiger les bulletins n° 2 sur des feuilles en blanc (Circ. Chanc., 15 novembre 1880, § XIX ; 2 décembre 1882, § XII).

(3) Circ. Chanc., 30 décembre 1850, § V ; 30 novembre 1859, § XII ; 8 décembre 1868, § XVII ; 30 novembre 1878, § II ; 2 décembre 1882, § XI.

COUR D'APPEL

d. . . . .

CASIER JUDICIAIRE

de l'arrondissement

d. . . . .

BULLETIN n° 2

RELEVÉ *des Bulletins n° 1 concernant*

le nommé

fils { de (père)
{ et de (mère)

né le

à

D'après
le dernier
Bulletin n° 1 { Domicilié à
Etat civil de la famille :
Profession :
Nationalité :

DATES des CONDAMNATIONS	COURS ou TRIBUNAUX	NATURE des CRIMES OU DÉLITS	DATE PRECISE des CRIMES ET DÉLITS ci-contre (quantième, mois et année)	NATURE et DURÉE DES PEINES	DATES DES MANDATS DE DÉPÔT	OBSERVATIONS

Timbre du tribunal :

VU AU PARQUET

par le Procureur de la République,

POUR RELEVÉ CONFORME

Le   19 .

Le Greffier,

cice des droits politiques, notamment par les préfets et les maires, ne comprennent que les décisons entraînant des incapacités prévues par les lois relatives à l'exercice des droits politiques (1). Mais ces bulletins ont surtout pour but de faire connaître si la réhabilitation de droit est ou non acquise (2). Par suite, il pouvait arriver que des condamnations dont la connaissance est indispensable pour l'appréciation des conditions requises en vue de la réhabilitation de droit, ne fussent pas signalées à l'administration préfectorale ou municipale. Pour remédier à cet inconvénient et rester en même temps dans l'esprit de la loi, le Garde des Sceaux, par sa circulaire du 16 mai 1905, a décidé qu'à l'avenir les bulletins n° 2 délivrés en matière électorale contiendront toujours dans la colonne réservée aux observations une indication des plus nettes sur la situation pénale des électeurs et ainsi formulée : *Réhabilitation de droit non acquise* ou *Sursis révoqué*. En cas de réhabilitation acquise ou de sursis non révoqué dans le délai de cinq ans, le bulletin n° 2 délivré, soit en blanc, soit avec la mention « *Néant* », fait connaître que le condamné est réintégré dans ses droits politiques.

§ 2. — *Demande et délivrance des bulletins n° 2*

A. — DEMANDE DE BULLETINS N° 2

84. — **Forme des demandes.** — Les bulletins n° 2 doivent être délivrés exclusivement : — 1° aux magistrats du Parquet et de l'instruction ; — 2° aux présidents des tribunaux de commerce ; — 3° aux juges de paix ; — 4° au préfet de police ; — 5° aux autorités militaires ou maritimes ; — 6° aux administrations publiques de l'Etat ; — 7° aux sociétés de patronage reconnues d'utilité publique ou spécialement auto-

---

(1) Voir : *supra*, n° 71, p. 86.
(2) Voir : *infra*, n° 92, p. 114.

risées à cet effet. — Il ne peut jamais en être délivré à de simples particuliers, pour quelque motif que ce soit (L., 11 juillet 1900, art. 4. §§ 2, 3 et 4).

La demande est faite par lettre ou par télégramme (Décr., 13 novembre 1900, art. 9). Le bulletin n° 2 doit toujours être demandé par télégramme, au cas où la poursuite est exercée en vertu de la loi de 1863 sur les flagrants délits (1). — Les procureurs de la République sont autorisés à user de la voie télégraphique, même pour demander des extraits au casier central (2).

Elle doit préciser l'état civil et énoncer le motif pour lequel le bulletin est réclamé (Décr., 13 novembre 1900, art. 9 ; — Circ. Chanc., 15 décembre 1899, § XXXIII). — Il faut donc qu'elle contienne : — 1° l'indication très exacte des nom, prénoms, date et lieu de naissance ; — 2° tous les renseignements propres à faciliter les recherches. C'est ainsi qu'elle doit indiquer si l'individu a déjà été condamné (3). De même, quand la demande est adressée au Parquet de la Seine, il y a lieu de mentionner le numéro de l'arrondissement d'origine de l'inculpé (4).

Enfin, il importe de faire connaître si l'individu que concerne le bulletin n° 2 réclamé, est ou non détenu (5). En effet, les bulletins relatifs à des détenus doivent être expédiés d'urgence.

85. — **Envoi des demandes.** — Lorsque le lieu d'origine est connu, la demande doit être envoyée au Parquet de cet

---

(1) Circ. Chanc., 23 mars 1853, § V ; 1er juillet 1856, A-V ; 10 décembre 1857 ; 10 décembre 1859, § IX ; 8 décembre 1868, § XVIII ; 19 novembre 1869, § X ; 30 décembre 1873.

(2) Circ. Chanc., 8 décembre 1868, § XVIII ; 30 décembre 1873, § XV.

(3) Circ. Chanc., 1er juillet 1856, A-IX.

(4) Circ. Chanc., 28 décembre 1893, § XI.

(5) Circ. Chanc., 29 novembre 1869, § XI ; 30 novembre 1878, § IX ; 15 novembre 1880, § XV ; 7 décembre 1881, § IV.

arrondissement. — Si l'individu que concerne le bulletin nᵒ 2
est un musulman originaire du Maroc, du Soudan ou de la
Tripolitaine, elle est faite au greffe de la Cour d'Alger. —
Enfin, si l'origine du prévenu est inconnue, la demande est
adressée au casier central (Décr., 13 novembre 1900, art. 9).

B. — Délivrance des bulletins nᵒ 2

86. — **Ministère public et juges d'instruction**. — Les magistrats du ministère public ont le droit de se faire délivrer
des bulletins nᵒ 2 toutes les fois qu'ils le jugent utile (L.,
11 juillet 1900, art. 4, § 2).

Ils sont tenus de joindre un bulletin nᵒ 2 : — à toute procédure criminelle ou correctionnelle ; — à tout dossier de cession
d'un office public ou ministériel (Décis. du G. des Sc., juin
1902 ; *J. des Parq.*, 03. 3. 38) (1). — Il est plusieurs autres
cas où ils ont besoin de vérifier les antécédents de certaines
personnes. Mais alors, pour éviter des frais à la charge du
Trésor, ils ne doivent faire délivrer de bulletins nᵒ 2 que
lorsque l'examen du casier montre qu'il a été prononcé des
condamnations antérieures ; la délivrance d'un bulletin négatif
est en effet complètement inutile. C'est ainsi que, dans un but
d'économie (2), il n'est délivré de bulletins nᵒ 2 qu'au cas de
condamnations : — 1ᵒ en matière d'ouverture de débits de
boissons ; — 2ᵒ lorsqu'on procède à la formation de la liste du
jury et à la vérification de la capacité des jurés ; — 3ᵒ lorsque
le parquet examine la demande d'une personne qui veut ouvrir
un établissement libre d'enseignement primaire, secondaire

---

(1) Au cas de cession d'office, le bulletin ne peut être délivré qu'au procureur de la République chargé de l'examen du dossier, mais les frais restent
à la charge de l'intéressé, qui doit joindre à sa requête la somme de 25 centimes
en timbres-poste.

(2) Si le greffier n'a procédé qu'à de simples recherches, il n'a droit à
aucune rémunération,

ou supérieur (Décis. du Garde des Sceaux, 1903 ; *J. des Parq.*, 03. 3. 118).

La loi du 11 juillet 1900, dans son article 4, § 2, déclare que le bulletin n° 2 est délivré « aux magistrats du parquet et de l'instruction ». Cette disposition doit être prise dans son sens le plus large et s'applique à toutes les juridictions. Par suite, les juges d'instruction, les juges et les conseillers chargés d'un supplément d'information, les présidents d'assises ont le droit de se faire délivrer les bulletins n° 2 qui leur sont nécessaires ; il en est de même des commissaires du Gouvernement et des rapporteurs près les conseils de guerre et les tribunaux maritimes.

Il doit même être délivré des bulletins n° 2 aux autorités judiciaires étrangères, appartenant à un pays avec lequel il a été conclu des conventions diplomatiques permettant cette délivrance. — Ainsi, en vertu d'une convention récemment conclue entre le Gouvernement des Pays-Bas et le Gouvernement français, les autorités judiciaires néerlandaises ont été autorisées, à charge de réciprocité, à s'adresser directement aux parquets français pour obtenir la délivrance de bulletins n° 2 concernant nos nationaux qui sont l'objet de poursuites en Hollande (Circ. Chanc., 20 décembre 1904, § II-5°).

Les bulletins délivrés aux magistrats du parquet et de l'instruction contiennent, dans tous les cas, sans aucune restriction, le relevé intégral des bulletins n° 1.

87. — **Présidents des tribunaux de commerce.** — Antérieurement à la loi du 5 août 1899, les présidents des tribunaux de commerce étaient autorisés par la Chancellerie à se faire délivrer des bulletins n° 2 destinés à être joints aux procédures de faillites et de liquidations judiciaires (1). La loi du 5 août 1899 avait gardé le silence sur ce point ; mais l'art. 4,

---

(1) Circ. Chanc., 1ᵉʳ décembre 1861 ; 2 décembre 1882, § XIII ; 31 décembre 1892, § II.

§ 2, de la loi du 11 juillet 1900 est venu combler cette lacune. Cet article porte en effet que le bulletin n° 2 est délivré « aux présidents des tribunaux de commerce, pour être joint aux procédures de faillites et de liquidations judiciaires ». C'est qu'en effet, comme le constate la circulaire de la Chancellerie du 30 novembre 1900 (n° 4), « les dispositions des articles 510 et 540 du Code de commerce refusent le bénéfice du concordat ou la faveur de l'excusabilité aux faillis ayant encouru certaines condamnations ; celles de l'article 19 de la loi du 4 mars 1889 imposent la déclaration de faillite des débiteurs en état de liquidation judiciaire, lorsqu'ils ont été condamnés pour banqueroute simple ou frauduleuse ».

Les bulletins n° 2 ainsi délivrés doivent, comme ceux délivrés aux procureurs de la République, contenir le relevé intégral des bulletins n° 1 ; en conséquence, ils relatent même les décisions acquittant des mineurs comme ayant agi sans discernement. D'une part, en effet, l'article 4, § 5, dispose que la mention des décisions prononcées en vertu de l'article 66 du Code pénal est faite sur les bulletins délivrés « aux magistrats », sans distinguer entre les magistrats du ministère public et les autres magistrats. D'autre part, le rapporteur de la loi, M. le sénateur Bérenger, a déclaré qu' « il est indispensable qu'en matière de faillite et de liquidation judiciaire, les présidents des tribunaux de commerce connaissent le *passé exact* des individus pour s'éclairer sur les mesures qu'ils peuvent avoir à prendre à leur égard » (2).

88. — **Juges de paix.** — Au cours de l'examen au Sénat du projet devenu la loi du 11 juillet 1900, M. Monsservin a déposé un amendement tendant à ajouter à l'article 4 un paragraphe permettant au juge de paix, saisi d'une contestation en matière d'inscription sur les listes électorales, de se

---

(2) Sénat, séance du 15 juin 1900.

faire délivrer le bulletin n° 2 de la personne dont l'inscription est discutée.

La Commission avait repoussé cet amendement comme inutile : selon elle, il était impossible que le juge de paix ignorât les condamnations prononcées, puisque l'autorité administrative en avait connaissance par son *casier électoral* et avait dù nécessairement lui en faire part. Même, si elle refusait cette communication, il serait resté au juge la ressource de se renseigner par l'intermédiaire du parquet et même du Garde des Sceaux. A cette argumentation, M. Monsservin a répondu qu'à la veille des élections, l'autorité administrative est débordée ; qu'elle a ses préoccupations et qu'il se peut très bien que, malgré les injonctions de la loi, elle oublie de saisir le juge de paix de tous les bulletins n° 1 constatant des condamnations pouvant constituer des cas d'indignité électorale. Il a montré ensuite qu'on ne peut songer à obliger le juge de paix à recourir au Garde des Sceaux pour obtenir les renseignements qui lui font défaut.

Après une discussion assez vive, le Sénat s'est rangé à l'avis de M. Monsservin ; il a estimé qu'on ne pouvait refuser à un magistrat le droit de demander et de recevoir directement un document qu'on reconnaissait lui être indispensable (1). En conséquence, l'article 4, § 3, de la loi du 11 juillet 1900 dispose que le bulletin n° 2 « est aussi délivré aux juges de paix qui le réclameront, pour le jugement d'une contestation en matière d'inscription sur les listes électorales ».

Cette faculté est donc accordée aux juges de paix, mais seulement quand ils statuent en appel sur les décisions des commissions municipales, conformément aux articles 22 du décret organique du 2 février 1852, et 3 de la loi du 7 juillet 1874, et des commissions instituées par l'article 3 de la loi du 8 décembre 1883 (L., 8 décembre 1883, art. 5),

____

(1) Sénat, séance du 15 juin 1900.

Le bulletin n° 2 ainsi délivré ne comprend pas le relevé intégral des bulletins n° 1 ; il est limité, comme tous les bulletins n° 2 réclamés par les administrations publiques de l'Etat pour l'exercice des droits politiques, aux décisions entraînant des incapacités prévues par les lois relatives à l'exercice des droits politiques. C'est ce qu'a déclaré M. Mousservin au cours de la discussion : « Ce que nous demandons est d'autant moins dangereux que le même article 4 contient la disposition suivante : *Les bulletins n° 2 réclamés par les administrations publiques de l'Etat pour l'exercice des droits politiques...* Donc, tout ce qui est étranger à la question qui intéresse le juge de paix, disparaît ; on ne le lui communique pas » (1).

89. — **Préfet de police**. — Les prescriptions restrictives de l'article 4 de la loi du 5 août 1899 s'opposaient à ce que des bulletins n° 2 fussent délivrés au préfet de police. Cependant, pour assurer l'exacte rédaction des sommiers et en faciiter le contrôle, il était indispensable qu'il pût obtenir des bulletins n° 2.

Aussi le projet déposé par le Ministre de la Justice et tendant à modifier la loi du 5 août 1899 a proposé « d'assimiler le préfet de police aux magistrats du parquet et de l'instruction et de lui conférer les mêmes droits ». Cette disposition a été adoptée par le législateur : l'article 4, § 2, de la loi du 11 juillet 1900 porte que le bulletin n° 2 est « délivré au préfet de police ».

Ce bulletin n° 2 comprend le relevé intégral de tous les bulletins n° 1, même de ceux relatifs à des mineurs acquittés comme ayant agi sans discernement.

90. — **Autorités militaires ou maritimes**. — **Etats nominatifs annuels**. — Les autorités militaires ou maritimes peuvent réclamer des bulletins n° 2 : — 1° pour les appelés des

____

(1) Sénat, séance du 15 juin 1900.

classes ou de l'incription maritime ; — 2° pour les jeunes gens qui demandent à contracter un engagement (L., 11 juillet 1900, art. 4, § 2) (1). Ces bulletins ne doivent pas mentionner les décisions acquittant des mineurs, comme ayant agi sans discernement (2).

1° *Appel des classes.* — En ce qui touche les appelés des classes et de l'inscription maritime, il est procédé conformément aux dispositions de l'arrêté du Ministre de la Guerre du 5 janvier 1907.

Chaque année, au cours des opérations de la révision, les commandants des bureaux de recrutement préparent des états distincts pour chaque arrondissement de naissance des jeunes soldats de la classe et des ajournés des classes précédentes inscrits sur les 1re, 2e et 7e partie de la liste de recrutement cantonal.

Chacun de ces états, arrêté définitivement après la clôture de la révision et établi suivant l'ordre alphabétique est envoyé, le 1er juin au plus tard, par le commandant de recrutement au procureur de la République de l'arrondissement duquel dépendent les communes où sont nés les jeunes gens. — Dans le cas où un jeune soldat est né hors de France, l'état qui le concerne est envoyé directement au Ministre de la Justice.

Le procureur de la République, après avoir prescrit les recherches nécessaires, fait porter la mention *Néant*, en regard du nom des jeunes gens qui n'ont subi aucune condamnation,

----

(1) Comme toutes les autres administrations publiques de l'Etat, les autorités militaires et maritimes peuvent en outre réclamer des bulletins n° 2 pour les adjudications publiques, pour les nominations (notamment pour la nomination des gendarmes, des officiers de réserve, des officiers de l'armée territoriale), etc., etc. — En ce cas, l'autorité militaire qui a besoin d'un bulletin n° 2 adresse directement sa demande, soit au procureur de la République du lieu d'origine, soit au casier central. — En cas d'urgence, la demande peut être faite par télégramme (Arrêté du Min. de la Guerre, 16 juin 1903). — Voir : *infra*, n° 91, p. 113.

(2) Voir : *supra*, n° 83, p. 101.

puis il fait établir des bulletins nᵒ 2 pour tous les jeunes soldats qui ont été l'objet d'une condamnation quelconque. — Il
les adresse, le plus tôt possible et le 15 juillet au plus tard,
au commandant de recrutement par l'intermédiaire de la sous-
intendance militaire, en même temps qu'il lui envoie les états
nominatifs annotés comme il est dit ci-dessus.

Il est opéré de la même manière par les quartiers d'inscription maritime relativement aux inscrits maritimes atteints par
la levée permanente ; les états complétés, auxquels sont joints
les bulletins nᵒ 2, sont retournés aux administrateurs de l'inscription maritime (1).

2ᵒ *Engagements volontaires.* — Aux termes de l'article 4,
§ 2, de la loi du 5 août 1899, les bulletins nécessaires à ceux
qui veulent contracter un engagement volontaire, sont délivrés
désormais, non plus sur la demande des intéressés, mais à la
requête des autorités militaires ou maritimes.

En conséquence, tout Français, ayant l'intention de s'engager, à un titre quelconque et pour quelque corps que ce
soit (même pour les régiments étrangers), doit s'adresser,
pour obtenir son bulletin nᵒ 2, au commandant du bureau de
recrutement et lui donner très exactement les indications
nécessaires. — Le commandant établit la demande de bulletin nᵒ 2, en spécifiant qu'elle est faite pour un homme qui
demande à s'engager. Il l'adresse, suivant le cas, au procureur de la République du lieu d'origine ou au casier central
(Arrêté du Ministre de la Guerre, 16 juin 1903).

3ᵒ *Disposition commune à tous les envois de bulletins nᵒ 2
à l'autorité militaire.* — En dehors des cas où ils ont été
demandés par la voie télégraphique, les bulletins nᵒ 2 doivent
parvenir aux autorités militaires qui les ont demandés, par
l'intermédiaire de la sous-intendance de la localité où se trouve

____

(1) Voir : Circ. du Min. de la Marine, 6 nov. 1885 (*Bull. off. de la marine*,
p. 948).

le parquet auquel on s'est adressé ou, à défaut, de la sous-intendance avec laquelle la communication postale est la plus rapide (Arr. du Min. de la Guerre, 16 juin 1903 ; Circ. Chanc., 23 février 1907).

91. — **Administrations publiques.** — Les administrations publiques peuvent également se faire délivrer des bulletins n° 2; mais seulement dans les cas limitativement fixés par l'article 4 de la loi du 11 juillet 1900.

Il y a donc lieu de délivrer des bulletins n° 2 aux administrations publiques de l'Etat quand elle sont saisies : — 1° de demandes d'emplois publics (1); — 2° de propositions relatives à des distinctions honorifiques (2); — 3° de soumissions pour les adjudications de travaux ou de marchés publics; — 4° de poursuites disciplinaires (L., 11 juillet 1900, art. 4, § 4).

Il doit en être également délivré aux fonctionnaires qui reçoivent une demande d'ouverture d'école privée, conformément à la loi du 30 décembre 1886 (L., 11 juillet 1900, art. 4, § 4).

La Chancellerie estime que les emplois publics pour l'accès desquels les administrations publiques de l'Etat sont autorisées à vérifier les antécédents des candidats, en faisant délivrer le bulletin n° 2, ne sont pas seulement les fonctions publiques ressortissant directement de l'Etat, mais aussi toutes les fonc-

---

(1) La Circulaire du Directeur des Eaux et Forêts du 23 juillet 1900 porte : « En dehors des instances forestières, il peut être délivré à l'Administration, pour l'instruction des demandes d'emploi ou en vue de poursuites disciplinaires, des bulletins n° 2 spéciaux qui seront directement réclamés et payés aux greffiers ».

(2) Dans sa circulaire du 1er décembre 1905, le Ministre de l'Intérieur dit aux Préfets : « Vous n'aurez plus désormais à réclamer des intéressés le bulletin n° 3; au contraire, vous devrez provoquer vous-même la production par les greffes des tribunaux du bulletin n° 2 que je considérerai à l'avenir comme la pièce indispensable du dossier de tout candidat à une distinction honorifique, quelle qu'elle soit ».

tions instituées en vue du maintien de l'ordre public, comme celles notamment de gardes champêtres, de gardes des particuliers, de gardes des compagnies de chemins de fer, de préposés d'octroi. Bien qu'ils ne soient pas des fonctionnaires de l'Etat, tous ces agents sont des officiers de police judiciaire et tiennent cette qualité de la puissance publique qui la leur confère, après les avoir nommés ou agréés, par la solennité de la réception et du serment (Circ. Chanc., 15 décembre 1899, § 31).

La Chancellerie étend encore cette mesure aux agents de police. Il est vrai qu'ils ne prêtent pas serment et qu'ils ne sont pas officiers de police judiciaire ; mais ils doivent être agréés par l'administration, et, dans l'exercice de la surveillance que leur confient les municipalités, ils sont de véritables agents de l'autorité publique et des auxiliaires de la police judiciaire (1).

On doit aussi, pour les mêmes motifs, continuer à délivrer des bulletins n° 2 : — aux proviseurs qui demandent directement les bulletins des gens de service de leurs lycées (2) ; — aux chefs de corps de troupe pour joindre aux dossiers des militaires qui demandent à être admis dans la gendarmerie (Arr. du Min. de la Guerre, 16 juin 1903) ; — aux autorités militaires ou maritimes, pour les aspirants aux emplois d'officiers de réserve ou de l'armée territoriale (3) ; — aux autorités militaires ou maritimes, pour tous les ouvriers, manœuvres ou employés qui travaillent dans les établissements

---

(1) « Les uns et les autres, prêtant un concours permanent à la justice pour la recherche et la constatation des crimes, des délits et des contraventions, doivent présenter des garanties particulières d'honorabilité. Aussi n'est-il pas douteux que les candidats à ces emplois publics soient de ceux au sujet desquels les administrations publiques de l'Etat ont le droit et le devoir de se renseigner autrement que par l'examen d'un simple bulletin n° 3 » (Circ. Chanc., 15 décembre 1899, § XXXI).

(2) Circ. Chanc., 20 février 1878.

(3) Ces bulletins sont considérés comme réclamés par une administration publique saisie d'une demande d'emploi (Circ. Chanc., 15 décembre 1899, § XXIX).

militaires ou maritimes (1) ; — aux directeurs des manufactures de l'Etat pour les ouvriers ou employés de ces établissements (2).

Nous avons vu (3) que les bulletins n° 2 délivrés aux administrations ne comprennent pas les décisions acquittant des mineurs, comme ayant agi sans discernement.

92. — **Préfets et Maires (Révision des listes électorales).** — Le casier administratif électoral, institué en vue de permettre à l'administration de se renseigner rapidement et sans frais sur la capacité politique des citoyens, doit, en principe, être utilisé pour la vérification des antécédents judiciaires des électeurs. — Mais les indications fournies par ce casier sont parfois insuffisantes ; aussi l'art. 4, § 6, de la loi du 11 juillet 1900 permet la délivrance de bulletins n° 2 aux préfets ou aux maires pour la révision des listes électorales (4).

A la suite d'un accord intervenu entre le Garde des Sceaux et le Ministre de l'Intérieur, il a été décidé par une circulaire de la Chancellerie du 16 mai 1905 que les maires pourront demander des bulletins n° 2 du casier judiciaire dans les trois cas suivants :

1° lorsqu'une contestation quelconque ou un doute se produit lors de l'établissement des listes électorales ;

2° chaque fois que l'expiration de l'un des délais prescrits par l'article 10 de la loi du 5 août 1899 permet de supposer qu'une ou plusieurs condamnations peuvent bénéficier de la réhabilitation de droit ;

3° quand un délai de cinq ans au moins s'est écoulé à partir du jour où une condamnation avec sursis, entraînant incapacité, a été prononcée.

---

(1) Circ. Chanc., 28 avril 1875 ; 1er août 1887.
(2) Circ. Chanc., 8 janvier 1890, § II.
(3) *Supra*, n° 83, p. 101.
(4) En ce qui concerne les énonciations que doivent contenir ces bulletins, voir : *supra*, n° 83, p. 101.

93. — **Sociétés de patronage**. — A raison du silence gardé par la loi du 5 août 1899 à l'égard des sociétés de patronage, il avait fallu considérer comme abrogées les circulaires (1) qui antérieurement avaient autorisé certaines de ces sociétés à se faire délivrer des bulletins n° 2, à titre de renseignement administratif (Circ. Chanc., 15 décembre 1899, § 31).

Mais, quand la commission du Sénat a examiné le projet de réforme déposé par le gouvernement, elle a constaté qu'il y avait là une lacune qui devait être comblée : « Il importe, a dit son rapporteur, que la liste entière des condamnations prononcées contre les malheureux qui s'adressent à ces sociétés, leur soit connue, soit pour pouvoir les aider en connaissance de cause dans la recherche du travail, soit encore pour les diriger dans les demandes en réhabilitation qu'ils peuvent avoir à faire ».

Cette réforme a été adoptée et l'article 4, § 2, de la loi du 11 juillet 1900 porte que le bulletin n° 2 est délivré « aux « sociétés de patronage reconnues d'utilité publique ou spécia- « lement autorisées à cet effet, pour les personnes assistées « par elles ».

Ainsi donc, le droit de réclamer des bulletins n° 2 est accordé à deux catégories de sociétés de patronage (2) : — 1° à celles qui sont reconnues d'utilité publique ; — 2° à celles qui, sans être reconnues d'utilité publique, sont spécialement autorisées à se faire délivrer des bulletins n° 2.

Parmi les sociétés rentrant dans l'une ou l'autre de ces deux catégories, nous mentionnerons : — la *Société de protection*

---

(1) Voir notamment les circulaires des 25 février 1884, 15 décembre 1895, 31 décembre 1896, et aussi la circulaire du 6 décembre 1876, § XXVII, qui permettait aux préfets et aux maires de réclamer des bulletins n° 2 relative- ment aux candidats qui sollicitent leur admission dans une société de secours mutuels.

(2) Ce droit est limité aux *sociétés de patronage* ; par suite, des bulletins n° 2 ne sauraient être demandés en vue d'admission dans des *sociétés de secours mutuels*.

des engagés volontaires élevés dans des maisons d'éducation correctionnelle (Circ. Chanc., 25 février 1884) ; — la *Société de patronage des jeunes détenus et des jeunes libérés du département de la Seine* (Circ. Chanc., 15 décembre 1895) ; — la *Société de patronage des libérés et adolescents de Marseille* (Circ. Chanc., 31 décembre 1896) ; — la *Société de patronage des libérés et de l'enfance en danger moral de la Mayenne* (Décis. du Garde des Sceaux, 20 février 1904 ; *J. des Parq.*, 05. 3. 23) ; — la *Société de patronage des libérés du département du Nord* (Décis. du Garde des Sceaux, 12 mai 1906 ; *J. des Parq.*, 07. 3. 65).

Il serait désirable que les décisions rendues par application de l'article 66 du Code pénal figurassent sur les bulletins délivrés aux sociétés de patronage ; mais, en présence des termes formels de l'article 4, § 5, de la loi, il ne saurait en être fait mention (1).

Ajoutons que les sociétés de patronage doivent, dans tous les cas, pour obtenir la délivrance des bulletins n° 2 des individus qu'elles assistent, adresser leur demande, non pas directement au greffe du lieu d'origine des intéressés, mais au Procureur de la République de l'arrondissement dans lequel est situé leur siège social. Ce magistrat se charge de leur faire parvenir les extraits (Décis. du Garde des Sceaux, 12 mai 1906 ; *J. des Parq.*, 07. 3. 65).

§ 3. — *Prix et paiement des bulletins n° 2*

94. — **Fixation du prix**. — Les bulletins n° 2 sont dispensés du timbre (L., 26 janvier 1892, art. 5).

Les droits alloués aux greffiers pour la rédaction des bulletins n° 2 ont été fixés, ainsi qu'il suit, par l'article 12 du décret du 13 novembre 1900 :

------

(1) Voir : *supra*, n° 83, p. 101.

Bulletin n° 2 réclamé par les magistrats du parquet ou de
l'instruction, par les juges de paix, par les autorités militaires ou maritimes pour les jeunes gens qui demandent à
contracter un engagement volontaire, par les administrations publiques de l'Etat, par le préfet de police, par les
présidents des tribunaux de commerce, par les sociétés de
patronage reconnues d'utilité publique ou spécialement
autorisées à cet effet. . . . .   0 fr. 25

Bulletin n° 2, réclamé pour l'exercice des droits
politiques :

    S'il est affirmatif . . . .   0 fr. 25
    S'il est négatif . . . .   0 fr. 15

Bulletin n° 2, réclamé par les autorités militaires
ou maritimes, pour les appelés des classes et
de l'inscription maritime :

    S'il est affirmatif . . . .   0 fr. 15
    La mention *néant*, mise en regard des noms
    portés sur les états transmis par les mêmes
    autorités, donne lieu au paiement d'un
    droit de recherches de . . . . . .   0 fr. 05

95. — **Paiement des bulletins n° 2 délivrés aux magistrats.** — Les bulletins n° 2 délivrés aux magistrats du parquet ou de l'instruction, aux juges de paix et aux présidents
des tribunaux de commerce sont payés sur les crédits affectés
aux frais de justice criminelle. Ce prix est compris, s'il y a
lieu, dans les frais de justice à recouvrer sur les condamnés
ou dans les frais de faillite ou de liquidation judiciaire (Décr.,
13 novembre 1900, art. 13, § 1).

Le prix en est payé aux greffiers de la même façon que
celui des bulletins n° 1, sauf toutefois que le mémoire doit
contenir le détail des bulletins n° 2 délivrés (1).

______

(1) Si le Garde des Sceaux, par une lettre en date du 21 juin 1851, a pu
dispenser les greffiers de donner, dans leurs mémoires, le détail des bulletins

Toutefois, pour les bulletins n° 2 joints aux procédures de faillite ou de liquidation judiciaire, afin d'éviter des difficultés de recouvrement, le coût doit en être réglé directement par le syndic au greffier qui doit s'abstenir de le comprendre dans son mémoire de frais de justice criminelle : « On ne peut que recommander, dit la Chancellerie, la pratique qui consiste à joindre à chaque demande de bulletin n° 2 le coût de ce bulletin (25 cent.) en timbres-poste » (1).

96. — **Paiement des bulletins délivrés pour la révision des listes électorales.** — Par application de l'article 13, § 3, du décret du 13 novembre 1900, la dépense occasionnée par la délivrance de ces bulletins doit être supportée par les communes.

La Circulaire de la Chancellerie du 21 juillet 1891 a tracé les règles suivant lesquelles le paiement en est effectué.

Chaque semestre, avant le 1er juin et le 1er décembre, les greffiers des tribunaux de première instance doivent envoyer aux maires, par l'intermédiaire des préfets, l'état des extraits ou bulletins n° 2 délivrés, avec le montant des droits de 15 ou 25 centimes en regard. Cet état, dressé sur papier libre, si le total est inférieur à 10 francs, et sur timbre, s'il est supérieur à cette somme, est transmis au maire par le préfet compétent.

Le maire établit alors, avec la suscription *Droits de greffe*, un mandat général de paiement contenant, dans le texte, en marge ou au verso du mandat, l'indication des greffiers créan-

---

délivrés pour les casiers judiciaires, détail inutile, puisqu'il s'agit d'une dépense incontestablement à la charge de son département, cette dispense ne saurait, aux yeux de la Chancellerie, être appliquée aux bulletins n° 2, attendu que cette mesure serait préjudiciable aux intérêts du Trésor, et qu'elle serait en opposition avec les termes de l'article 49 de l'Ordonnance du 30 septembre 1826 et de l'article 2 de l'Ordonnance du 28 novembre 1838, qui prescrivent de délivrer deux exemplaires entièrement semblables de tous mémoires de frais de justice *non réputés urgents* (Circ. Dir. gén. de la compt. publ., 29 février 1888).

(1) Note de la Chancellerie, décembre 1901 (*J. des Parq.*, 1902. 3. 74).

ciers et des sommes qui leur sont respectivement dues.
D'après ces indications, le receveur municipal remplit autant
de mandats-cartes qu'il y a d'officiers ministériels portés sur
le mandat général, et il a soin, en remettant les fonds au
bureau de poste, de réclamer sur ce mandat l'acquit pour
ordre du receveur des postes. Avec ce mode de paiement, le
receveur municipal n'a pas à remplir la formalité de la lettre
d'envoi au destinataire, ni à réclamer un avis de réception
du mandat-carte. Le receveur des postes du bureau payeur
à qui parvient ce mandat, invite le greffier qui en est bénéfi-
ciaire, à venir en toucher le montant.

97. — Paiement des bulletins délivrés au recrutement. —
A la suite d'un accord intervenu entre le département de la
Guerre et celui de la Justice, les sommes dues aux greffiers
des tribunaux civils pour frais d'établissement des extraits du
casier judiciaire sont payés, tous les six mois, par les soins
du service de l'intendance, à raison de 0 fr. 25 par extrait et
dans les conditions ci-après. — Le mode de procéder a été
réglé par les arrêtés du Ministre de la Guerre du 16 juin
1903 et du 5 janvier 1907.

Tous les six mois, le 1er janvier et le 1er juillet de chaque
année, le service de l'intendance établit, pour chaque
greffier, un état en double expédition, conforme au modèle
prescrit par cet arrêté, de tous les bulletins n° 2 par lui
délivrés pendant le semestre écoulé, et le lui adresse sans
délai.

Chaque greffier retourne ensuite l'état communiqué au
service de l'intendance, après l'avoir fait timbrer s'il y a lieu,
et l'avoir daté et signé.

Une des expéditions appuie le mandat ; l'autre est annexée
au rapport de liquidation.

Le service de l'intendance en mandate le montant sur les
fonds de la Justice militaire.

· 98. — **Paiement des bulletins délivrés au Ministère de la Marine.** — Après entente avec le Garde des Sceaux, le Ministre de la Marine a décidé que les paiements seraient effectués de la manière suivante.

Le 1ᵉʳ janvier et le 1ᵉʳ juillet de chaque année, les différents services de la Marine établissent sur un imprimé spécial (Nº 3777 de la nomenclature) un état *distinct pour chaque greffier* des bulletins nº 2 qui leur ont été délivrés pendant le semestre précédent. Ces états arrêtés par le chef de service sont envoyés au greffier intéressé qui, après les avoir récapitulés dans un bordereau, les adresse pour paiement, le 1ᵉʳ février et le 1ᵉʳ août, au plus tard, au Ministère de la Marine (*Service du contentieux*) (1).

99. — **Paiement des bulletins délivrés aux autres administrations publiques, au préfet de police et aux sociétés de patronage.** — Les administrations publiques, le préfet de police et les sociétés de patronage payent directement les bulletins nº 2 qu'ils réclament (Décr., 13 novembre 1900, art. 13, § 3).

Toute demande de bulletin nº 2, formée par une société de patronage, doit être accompagnée du montant des droits dus au greffier (Art. 13, § 4).

SECTION III. — Bulletins nº 3

§ 1ᵉʳ. — Enonciations qu'ils doivent contenir

A. — DISPOSITIONS GÉNÉRALES

100. — **Objet du bulletin nº 3.** — Le bulletin nº 3 est destiné exclusivement à être délivré à la personne même

---

(1) Circ. du Min. de la Marine, 28 novembre 1901; Circ. Chanc., 17 avril 1907.

qu'il concerne ; il ne constitue qu'un *extrait partiel* du casier judiciaire.

En effet, il ne contient pas le relevé intégral des bulletins nº 1 applicables à cette personne : certaines mentions ne doivent jamais y être inscrites ; certaines autres cessent d'y être portées au bout d'un certain temps. — « Le législateur, est-il dit dans le § 34 de la Circulaire de la Chancellerie du 15 décembre 1899, a considéré que, si le casier judiciaire est une institution excellente, en tant qu'il renseigne exactement la justice et les administrations intéressées sur les antécédents judiciaires, il présente des inconvénients dans le système suivi jusqu'à ce jour par les obstacles qu'il apporte à l'amendement et au reclassement des condamnés. Il est certaines condamnations qui, à raison de la nature du fait incriminé ou du peu d'importance de la peine, n'entachent pas gravement l'honneur et ne révèlent pas une perversité profonde chez celui qui les a encourues. — De plus, quelle qu'ait été la peine prononcée, lorsqu'après un certain délai écoulé depuis son exécution et variable d'ailleurs selon sa gravité, le condamné n'est plus tombé sous le coup de la loi, il a paru que la révélation du châtiment subi constituerait une véritable aggravation de la pénalité. — Enfin, l'expiration d'un délai encore plus long, sans condamnation nouvelle, crée une présomption d'amendement qui permet d'accorder au condamné, de plein droit et sans aucune formalité, le bénéfice et les avantages de la réhabilitation dont une des conséquences est de faire disparaître définitivement la condamnation du bulletin nº 3 ».

101. — **Mentions qu'il ne doit pas contenir.** — L'article 7 de la loi du 5 août 1899, modifié par la loi du 11 juillet 1900, énumère les décisions qui ne doivent pas être inscrites sur le bulletin nº 3. Mais, conformément à l'article 9 de cette loi, cette liste doit être divisée en deux séries bien distinctes qui comprennent : — la première, les décisions qui ne doivent jamais être inscrites sur les bulletins n° 3 ; — la seconde, celles qui cessent d'y être portées au bout d'un certain temps.

B. — Mentions qui ne doivent jamais être inscrites

102. — **Enumération de ces mentions.** — Aux termes des articles 7 et 9 de la loi de 1899, on ne doit *jamais* inscrire au bulletin n° 3 :

1° les décisions prononcées par application de l'article 66 du Code pénal, c'est-à-dire les jugements ou arrêts acquittant un mineur comme ayant agi sans discernement et ordonnant, soit qu'il sera remis à ses parents, soit qu'il sera renvoyé dans une maison de correction pendant un temps déterminé;

2° les condamnations effacées par la réhabilitation : peu importe qu'il s'agisse de la réhabilitation prononcée par la Chambre d'accusation ou de la réhabilitation de droit;

3° les condamnations pour lesquelles la Cour ou le tribunal a, par application de l'article 4 de la loi du 26 mars 1891, ordonné qu'il sera sursis à l'exécution de la peine, lorsque cinq années se sont écoulées depuis le prononcé du jugement ou de l'arrêt, et que, pendant ce laps de temps, le condamné n'a encouru aucune poursuite suivie de condamnation à l'emprisonnement ou à une peine plus grave, pour crime ou délit de droit commun ;

4° les condamnations prononcées en pays étranger pour des faits non prévus par les lois pénales françaises ;

5° les condamnations pour délits prévus par les lois sur la presse, à l'exception des condamnations : — pour diffamation (L., 29 juillet 1881, art. 30, 31, 32 et 34; — L., 11 juin 1887, art. 1, § 1); — pour outrages aux bonnes mœurs (L., 29 juillet 1881, art. 28; — L., 2 août 1882, art. 1, modifié par la loi du 16 mars 1898); — pour provocation à des crimes ou délits, par l'un des moyens spécifiés dans l'article 23 de la loi du 29 juillet 1881 (L., 29 juillet 1881, art. 23 et 24, § 1); — pour cris ou chants séditieux proférés dans des lieux ou réunions publics (L., 29 juillet 1881, art. 24, § 2); — pour provocation, par l'un des moyens énoncés en l'article 23, adressée à des militaires de terre ou de mer, dans le but de les détourner de leurs devoirs militaires et de l'obéissance qu'ils doivent à leurs chefs (L., 29 juillet 1881, art. 25).

103. — **Dispense définitivement acquise.** — Pour les condamnations classées sous les nᵒˢ 1, 2, 4 et 5 de cette énumération, la dispense est acquise définitivement, c'est-à-dire qu'une condamnation ultérieure, quelle qu'elle soit, n'enlève pas le bénéfice accordé par la loi à l'intéressé. Au contraire, s'il s'agit d'une condamnation prononcée avec sursis, la condamnation nouvelle efface le caractère suspensif et elle doit, à partir de ce moment, figurer sur le bulletin n° 3 (Circ. Chanc., 15 décembre 1899, § 37).

104. — **Difficultés que soulève la non inscription de certaines condamnations prononcées à l'étranger.** — Nous avons vu que ne doivent pas figurer sur les bulletins n° 3 les condamnations prononcées à l'étranger, quand elles sont encourues pour des faits que ne punissent pas les lois pénales françaises.

L'application de cette règle peut soulever dans la pratique quelques difficultés. En effet, la qualification des faits contenus dans les bulletins n° 1 rédigés dans un pays étranger ne répond pas toujours à la définition pénale des mêmes faits, telle qu'elle résulte de notre législation ; par suite, il ne sera pas toujours facile de reconnaître si l'infraction punie par une juridiction étrangère serait tombée sous le coup de la loi française. Aussi la Chancellerie recommande d'user d'une grande circonspection, lorsqu'il s'agira de mentionner sur un bulletin n° 3 une condamnation étrangère : dans le doute, dit-elle, il sera préférable de ne pas l'inscrire. Si d'ailleurs la question offre quelque importance, il conviendra de consulter la Chancellerie et celle-ci provoquera, le cas échéant, par la voie diplomatique l'envoi de renseignements complémentaires (Circ. Chanc., 15 décembre 1899, § 36-3°).

C. — Mentions qui ne doivent pas être inscrites a moins de condamnation ultérieure

105. — **Enumération de ces mentions.** — Aux termes des articles 7 et 9 de la loi des 5 août 1899, tant qu'il n'est pas intervenu une condamnation ultérieure pour crime ou délit à une peine autre que l'amende, on ne doit pas inscrire au bulletin n° 3 :

1° une première condamnation à un emprisonnement de trois mois au plus, prononcée par application des articles 67, 68 et 69 du Code pénal, contre un mineur qui a été déclaré avoir agi avec discernement (1) ;

2° une condamnation avec sursis à un mois ou à moins d'un mois d'emprisonnement, avec ou sans amende, et, par suite, une condamnation avec sursis à l'amende, sans emprisonnement, encore bien que le délai de cinq ans prévu par l'article 4 de la loi du 26 mars 1891 ne soit pas expiré (2).

3° la déclaration de faillite, si le failli a été déclaré excusable par le tribunal ou a obtenu un concordat homologué ;

4° la déclaration de liquidation judiciaire.

---

(1) Il en est de même, *a fortiori*, d'une condamnation à l'amende (Circ. Chanc., 15 décembre 1899, § 36-6°).

(2) Bien que la loi ne le dise pas expressément, il semble évident que la dispense s'applique à toute condamnation avec sursis à une simple amende, quel qu'en soit le montant. Mais elle est inapplicable à la condamnation à l'emprisonnement et à l'amende, si le sursis n'a été prononcé que pour l'emprisonnement. L'individu condamné dans ces conditions ne saurait, en effet, être traité plus favorablement que celui qui aurait été condamné seulement à l'amende sans sursis (Circ. Chanc., 15 décembre 1899, § 36-6°).

106. — **Dispense conditionnelle et provisoire.** — Pour ces quatre catégories de décisions, la dispense n'est, en quelque sorte, que conditionnelle et provisoire. Si, en effet, il intervient une condamnation ultérieure pour crime ou délit à une peine autre que l'amende, le bulletin n° 3 doit, aux termes de l'article 9, reproduire intégralement les bulletins n° 1, sans qu'il soit dérogé cependant aux règles de la loi du 26 mars 1891. C'est ce que rappelle très exactement, dans son § 37, la Circulaire de la Chancellerie du 15 décembre 1899.

107. — **Ce que l'on doit entendre par « condamnation ultérieure ».** — Par *condamnation ultérieure*, il faut entendre la condamnation prononcée pour un fait postérieur au jour où le premier jugement est devenu définitif. Par conséquent, lorsque le délit qui a motivé la seconde poursuite, est antérieur à cette date, la nouvelle condamnation ne peut être considérée comme *condamnation ultérieure*, au sens des articles 7 et 9 (1).

D. — MENTIONS QUI CESSENT D'ÊTRE INSCRITES
APRÈS UN CERTAIN DÉLAI

108. — **Point de départ du délai à partir duquel cesse l'inscription.** — Aux termes de l'article 8 de la loi du 5 août 1899, modifiée par celle du 11 juillet 1900, certaines condamnations cessent d'être inscrites après l'expiration d'un délai déterminé par ce texte.

1° *Peines corporelles.* — En ce qui concerne les peines corporelles, le point de départ est fixé au jour de l'expiration de cette peine.

La remise totale ou partielle, par voie de grâce, de l'une ou de l'autre de ces peines, équivaut à leur exécution totale ou partielle (Art. 8, § 8). De plus, la prescription de la peine

_____

(1) Voir : *infra*, n° 109, p. 126.

produit les mêmes effets que son exécution : les délais commencent à courir du jour où elle est acquise (Art. 8, § 10).

Si le condamné a été libéré conditionnellement, le point de départ du délai se place à la date qui correspond à l'expiration réelle de la peine. En effet, alors même qu'il est en liberté, on ne peut, jusqu'à ce moment, dire que sa peine est véritablement exécutée, puisqu'il peut être incarcéré de nouveau, s'il ne satisfait pas aux conditions imposées par l'arrêté de libération conditionnelle (Circ. Chanc., 15 décembre 1899, § 39).

2° *Amendes.* — En ce qui concerne l'amende, le délai commence à courir du jour où la condamnation est devenue définitive (Art. 8, alinéas 1°, 2°, 3°). L'inscription de la condamnation ne doit toutefois cesser que si l'amende a été acquittée ou si elle est prescrite (Art. 8, § 7). Mais il suffit que cette condition ait été remplie à un moment quelconque : dans tous les cas, le point de départ du délai de 5 à 10 ans court du jour où la condamnation a acquis la force de chose jugée, sans qu'il y ait lieu de se préoccuper de la date à laquelle l'amende a été payée ou de celle à laquelle la prescription a été acquise.

L'exécution de la contrainte par corps équivaut au paiement de l'amende (Art. 8, § 9).

Si le condamné à l'amende est indigent, il n'a à justifier ni du paiement, ni de l'exécution de la contrainte par corps, ni de la prescription ; il lui suffit d'établir son indigence dans les formes prescrites par l'article 420 du Code d'instruction criminelle.

109. — **Ce que l'on doit entendre par « condamnation unique »**. — Remarquons que, quand il s'agit de peines corporelles, l'article 8 parle toujours d'une condamnation *unique*, sauf dans le cas prévu par la seconde disposition de l'alinéa 3, § 1 (condamnations multiples dont l'ensemble ne dépasse pas

un an). A ce sujet, une difficulté sérieuse peut se présenter.
Un individu est condamné pour abus de confiance à deux
mois de prison ; mais, antérieurement, il s'était rendu coupable d'un délit de vol dont l'existence n'était pas encore connue
au moment du premier jugement. Une nouvelle poursuite est
exercée, et, à raison de ce vol, il est de nouveau condamné à
une autre peine, par exemple à un mois de prison. Il en serait
de même, si deux procédures distinctes avaient été suivies à
raison de ces deux faits.

Doit-on dire qu'ayant subi, non plus une condamnation
unique, mais deux condamnations distinctes, il ne pourra
bénéficier des dispositions de l'article 8-5°, et que ces condamnations ne cesseront pas d'être inscrites au bulletin n° 3 cinq
ans après l'expiration de la dernière peine ? Evidemment non :
il ne peut dépendre, soit du hasard, soit d'un caprice d'un
chef de parquet, d'empêcher, par la division des poursuites,
un condamné de profiter d'une disposition légale. Il convient
donc d'appliquer, par analogie, la jurisprudence suivie en
matière de relégation : toutes les fois que les faits ayant
motivé les condamnations subséquentes sont antérieurs au
jour où la première condamnation est devenue définitive
vis-à-vis du condamné, ces diverses condamnations doivent
être considérées comme une condamnation globale et unique.

Pour déterminer le quantum de la peine, il convient d'examiner si la confusion des peines a été ou n'a pas été ordonnée ;
dans le premier cas, on ne doit tenir compte que de la peine
la plus forte ; dans le second cas, il faut additionner les différentes peines prononcées, sans toutefois que le total puisse
excéder le maximum prévu pour le fait puni de la peine la
plus grave.

Quant au point de départ du délai de prescription de l'inscription au casier, il court du jour où a expiré la dernière
peine prononcée et subie.

110. — **Condamnations ne devant plus figurer après l'expiration d'un délai de deux ans.** — Ne doit plus être inscrite au bulletin n° 3 : — deux ans après l'expiration de la peine corporelle, la condamnation unique à moins de six jours de prison ou à cette peine jointe à une amende ne dépassant pas vingt-cinq francs ; — deux ans après qu'elle sera devenue définitive, la condamnation unique à une amende ne dépassant pas cinquante francs (Art. 8-1°).

Si, dans le délai fixé par l'article 8-1°, il intervient une condamnation nouvelle à l'amende, quelque minime qu'elle soit, le condamné ne pourra profiter des dispositions de l'article 8 : sa condamnation continuera à figurer au bulletin n° 3 ; en effet, elle ne sera plus *unique*. — Si, au contraire, cette nouvelle condamnation à l'amende intervient plus de deux ans après l'expiration de la première peine corporelle ou, si la première peine était seulement une amende, plus de deux ans après le jour où cette condamnation est devenue définitive, le bénéfice de la non-inscription reste acquis au condamné. C'est ce qui résulte de l'article 9 de la loi : « En cas de condamnation ulté- « rieure pour crime ou délit à une *peine autre que l'amende*, le « bulletin n° 3 reproduit intégralement les bulletins n° 1... » (1).

111. — **Condamnations ne devant plus figurer après l'expiration d'un délai de cinq ans.** — Ne doit plus être inscrite : — cinq ans après l'expiration de la peine corporelle, la condamnation unique à six mois ou moins de six mois d'emprisonnement ou à cette peine jointe à une amende ; — cinq ans après qu'elles seront devenues définitives, les condamnations à une amende supérieure à 50 francs (Art. 8-2°).

Il résulte du texte de cet article 8-2° (2) que, quand aucune peine corporelle n'a été prononcée, la prescription de

---

(1) Voir : *infra*, n° 114, p. 131.

(2) « Cinq ans après qu'*elles* seront devenues définitives, *les condamna-* *tions...* ».

l'inscription n'est plus limitée au cas où il s'agit d'une condamnation unique.

Remarquons aussi que la rédaction de la disposition finale de cet article est défectueuse : elle paraît indiquer que la prescription de cinq ans s'applique uniquement aux condamnations à une amende supérieure à cinquante francs. C'est une erreur ; cette prescription est applicable : — 1° à la condamnation unique à une amende supérieure à cinquante francs ; — 2° aux condamnations multiples à l'amende, quel que soit le taux de chacune d'elles.

Nous devons renvoyer pour le surplus aux observations que nous avons présentées au sujet de la non-inscription au bout de deux ans (1) ; en effet, elles s'appliquent également à ce cas.

112. — **Condamnations ne devant plus figurer après l'expiration d'un délai de dix ans.** — Cessent d'être inscrites au bulletin n° 3, dix ans après l'expiration des peines corporelles : — 1° la condamnation *unique* à une peine de deux ans ou de moins de deux ans ou à cette peine jointe à une amende ; — 2° les condamnations multiples dont l'ensemble ne dépasse pas un an ou à ces peines jointes à des amendes (Art. 8-3°).

L'article 8 de la loi emploie les expressions, « à une *peine* de deux ans », « les condamnations multiples dont l'*ensemble* « ne dépasse pas un an », sans préciser, comme dans les cas précédents, la nature de la peine. Nous devons en tirer cette conséquence que rentrent dans les prévisions de cet article 8, dès que les conditions de durée de la peine et de délai imposées sont réalisées, les condamnations : — 1° à l'*emprisonnement* ; — 2° aux *travaux publics* (C. Just. milit., art. **186** et **193** ; C. Just. marit., art. **238** et **245**) ; — 3° à l'*inapti-*

---

(1) Voir : *supra*, n° 110, p. 128.

tude à l'avancement (Cette peine est prononcée pour six mois ou pour un an) (C. Just. marit., art. 238 et 248) ; — 4° à la réduction de grade ou de classe (C. Just. marit., art. 238 et 247) ; — 5° à la peine du *cachot* ou *double boucle* (La durée est de cinq à trente jours) (C. Just. marit., art. 238 et 250).

Peu importe qu'une amende ait été prononcée accessoirement ; c'est ce qui résulte du texte même de la loi.

113. — **Condamnations ne devant plus figurer après l'expiration d'un délai de quinze ans.** — Cesse d'être inscrite au bulletin n° 3, quinze ans après l'expiration de la peine corporelle, la condamnation *unique* supérieure à deux ans d'emprisonnement ou à cette peine jointe à une amende (Art. 8-4°).

L'expression *condamnation supérieure à deux ans de prison* comprend les condamnations : — 1o à l'emprisonnement ; — 2o à la privation de commandement, prononcées par un tribunal de la marine (C. Just. marit., art. 238 et 242) ; — 3o aux travaux publics (C. Just. mil., art. 186 et 193 ; C. Just. marit., art. 238 et 245) ; — 4o à la réclusion ; — 5° à la détention ; — 6° aux travaux forcés à temps.

Dans le cas où remise totale ou partielle de sa peine a été accordée à un individu condamné aux travaux forcés à perpétuité, à la déportation et au bannissement, les dispositions de l'article 8-4° ne sont pas applicables. En effet, lorsque la condamnation a été prononcée, elle avait un caractère perpétuel ; il en résulte nécessairement qu'elle devait, pendant toute la vie du condamné, figurer sur les bulletins n° 3 qui pourraient lui être délivrés. Une mesure gracieuse est ensuite intervenue ; mais, de même qu'elle n'a relevé ce condamné d'aucune des incapacités politiques ou civiles encourues, elle n'a pu faire disparaître cette conséquence inévitable de sa peine.

La formule employée par l'article 8-4° ne permet pas non plus d'appliquer ses dispositions aux déclarations de faillite et aux destitutions prononcées contre des officiers publics et ministériels. Les mentions qui y sont relatives, continuent donc à être portées sur les bulletins n° 3, tant que la réhabilitation n'a pas été prononcée.

Enfin il convient de remarquer que, s'il survient une condamnation même à une amende des plus minimes pendant ce délai de quinze ans, les inscriptions au casier doivent subsister (1).

114. — **Survenance d'une nouvelle condamnation.** — Aux termes de l'article 9 de la loi, si, après que le bénéfice de la non-inscription est acquis, il survient une condamnation nouvelle pour *crime* ou *délit* à une peine autre que l'amende, le bulletin n° 3 reproduit intégralement les bulletins n° 1, à l'exception toutefois des décisions limitativement prévues par les paragraphes 1 à 4 de l'article 7 (2). — Par *crime*, il faut entendre tout fait puni d'une peine afflictive ou infamante ; le *délit* est toute infraction, quelle qu'en soit la nature, punie de six jours au moins d'emprisonnement ou d'une amende de 16 francs et au-dessus. L'ancienne distinction entre les *délits* et les *délits contraventionnels* a été, depuis longtemps, abandonnée en doctrine et en jurisprudence.

Au contraire, il résulte du texte même de cet article 9 que la condamnation à l'amende n'a pas pour effet de faire perdre le bénéfice de la non-inscription. — Mais remarquons bien que cette disposition a exclusivement en vue la condamnation à l'amende prononcée après l'expiration du délai de deux, cinq, dix ou quinze ans, suivant le cas, requis pour qu'une première condamnation ne figure plus au casier. Les travaux préparatoires ne laissent aucun doute à cet égard.

______

(1) Voir : *infra*, n° 114.
(2) Nous en avons donné l'énumération : *supra*, nᵒˢ 102 et 103, p. 122 et 123.

— D'une part, en effet, il résulte de la discussion de la loi que — sauf le cas de condamnations multiples dont l'ensemble ne dépasse pas un an, — la loi ne s'occupe dans son article 8 que des délinquants primaires, et que toute condamnation, même à l'amende, survenant après une première condamnation empêche d'obtenir la non-inscription au casier (1). D'autre part, le but de l'article 9 a été très exactement précisé dans cette même discussion et il en ressort qu'il vise la période qui suit le moment à partir duquel l'inscription n'a plus lieu (2).

115. — **Papier.** — **Formule.** — Le bulletin n° 3 doit être établi sur des formules à peu près semblables à celles en usage pour le bulletin n° 2 ; seule la colonne relative à la date

-----

(1) « D'après le projet de loi qui vous est soumis, disait M. le Garde des Sceaux Lebret (Séance du Sénat du 9 décembre 1898), nous décidons qu'au bout d'un certain temps, après une condamnation *unique*, cette condamnation cessera de figurer sur le casier judiciaire. Mais, qu'il s'agisse de cette prescription du casier judiciaire..., qu'il s'agisse de la réhabilitation de plein droit..., j'ai déclaré que je n'acceptais les solutions nouvelles proposées dans le projet, qu'à la condition qu'on fût en présence de *délinquants primaires...* ». Et il conclut en disant : « Je vous demande de réserver la disposition de faveur au délinquant primaire, c'est-à-dire à celui qui n'a commis qu'une faute ».

(2) C'est ce qui résulte notamment des explications données par M. Lebret, Garde des Sceaux, à la séance du 7 mars 1899 : « Voici quelle était l'économie de la loi votée en première lecture : dans l'article 8, on établissait ce que nous avons appelé la prescription du casier judiciaire. On décidait que, pour certaines condamnations, lorsqu'un délai déterminé se serait écoulé après l'exécution de la peine, ces condamnations disparaîtraient du casier judiciaire. Cette faveur n'avait été accordée qu'à des condamnations uniques. Ainsi, lorsqu'un individu avait été condamné une fois, la condamnation figurait sur le casier judiciaire; mais si, pendant un certain délai, qui variait suivant l'importance de la peine prononcée, une nouvelle condamnation n'était pas survenue, la condamnation disparaissait désormais du casier judiciaire. C'est alors que l'article 9 apportait à la règle un corrélatif nécessaire. Si, *par la suite*, disait-il en substance, l'individu, qui a profité de cette faveur de la loi, encourt une nouvelle condamnation, on rétablira sur le bulletin n° 3 la condamnation *qui avait disparu par suite de la prescription* ».

du mandat de dépôt est supprimée ; ce renseignement ne présente aucun intérêt pour les simples particuliers, et, par suite, ne doit pas être reproduit sur les bulletins n° 3.

Pour éviter toute confusion, il est indispensable que les formules de bulletins n° 3 (voir le modèle, page suivante), soient imprimées sur papier gris-bleu.

§ 2. — *Délivrance des bulletins n° 3*

116. — **Personnes auxquelles ces bulletins peuvent être délivrés**. — Le bulletin n° 3 ne peut être réclamé que par la personne qu'il concerne. En aucun cas, il ne doit être délivré à un tiers (L., 5 août 1899, art. 6).

117. — **Forme des demandes**. — Toute personne qui désire obtenir son bulletin n° 3, doit en faire la demande par lettre adressée au procureur de la République (Décr., 12 décembre 1899, art. 10).

Cette mesure a pour but d'éviter toute erreur dans la délivrance et de permettre de constater exactement l'identité de l'impétrant. Après qu'il y a été fait droit, la demande est classée au greffe, pour qu'on puisse y recourir en cas de besoin.

Si celui qui réclame ainsi un bulletin n° 3, ne sait ou ne peut signer, cette impossibilité est constatée par le maire ou le commissaire de police qui attestent en même temps que la demande est faite sur l'initiative de l'intéressé (Décr., 12 décembre 1899, art. 10).

La légalisation de la signature n'est pas exigée. On a pensé que cette formalité pourrait occasionner des retards et des déplacements assez onéreux et préjudiciables, notamment à ceux qui ont besoin d'obtenir rapidement l'extrait de leur casier judiciaire pour se procurer à bref délai du travail ou un emploi. La sanction prévue par l'article 11, § 3, de la loi a paru suffisante pour prévenir la plupart des abus (Circ. Chanc., 15 décembre 1899, § 48).

COUR D'APPEL

d. . . . . •

CASIER JUDICIAIRE

de l'arrondissement

d. . . . .

BULLETIN n° 3

EXTRAIT

du casier judiciaire concernant

le nommé

fils { de (*père*)
{ et de (*mère*)

né le

à

domicilié à

Etat civil et de famille :

Profession :

Nationalité :

DATES des CONDAMNATIONS	COURS ou TRIBUNAUX	NATURE des CRIMES OU DÉLITS	DATE des CRIMES OU DÉLITS	NATURE et DURÉE DES PEINES	OBSERVATONS

COUT DU BULLETIN

Rédaction, recherche, etc.   1 f. 00
Enregistrement. 0 25
          TOTAL. . . .   1 f. 25
Timbre du tribunal :

VU AU PARQUET

par le

Procureur de la République,

POUR EXTRAIT CONORSE

Le   19 .

Le Greffiei,

Cette demande est dispensée du droit de timbre (L.,
28 avril 1893, art. 37).

118. — **Etablissement des bulletins n° 3.** — Depuis l'entrée en vigueur de la loi du 5 août 1899, le greffier est averti
du jour de l'expiration de la peine corporelle et du payement
de l'amende par les avis qu'adressent régulièrement l'administration pénitentiaire et les percepteurs, et, quand il rédige un
bulletin n° 3, il trouve ces renseignements sur le bulletin n° 1
où il a eu soin de les consigner au fur et à mesure qu'ils lui
sont parvenus. Mais on n'a pu songer à compléter ainsi la
masse énorme des bulletins établis depuis l'origine du casier
jusqu'à la promulgation de la loi nouvelle. Aussi, il avait été
tout d'abord décidé que l'intéressé qui avait subi des condamnations ne devant plus être, à son avis, inscrites au bulletin
n° 3, aurait soin, en faisant sa demande, d'indiquer le lieu
où il avait subi sa peine ou la contrainte par corps, et la date
de sa libération, et qu'il produirait la quittance du percep-
teur, s'il avait payé l'amende (Circ. Chanc., 15 décembre 1899).

Mais, lorsqu'a été revisée la loi du 5 août 1899, on a soutenu au Sénat que ce mode de procéder présentait encore de
graves inconvénients, que souvent les intéressés n'avaient pu
parvenir à établir qu'ils avaient subi leur peine ou payé leur
amende. Aussi la loi du 11 juillet 1900, par son article 8,
§ 11, a décidé que désormais la preuve de la non-exécution de
la peine serait à la charge du procureur de la République. En
d'autres termes, tout condamné est présumé avoir subi sa
peine, sauf au ministère public à faire la preuve contraire.
C'est là un exemple remarquable de ces dispositions inconsi-
dérées, inscrites hâtivement dans une loi, au cours d'une discussion, sous l'influence d'une impression du moment. D'une
part, il est de règle qu'on n'impose pas la preuve d'un fait
négatif ; d'autre part, on oublie que le procureur de la Répu-

blique du lieu du domicile, celui qui apprécie quelles mentions il faut porter au bulletin n° 3, ne sera pas le plus souvent celui du lieu où la condamnation a été prononcée et qu'il sera obligé d'engager une longue correspondance pour rechercher si la peine a été subie.

119. — **Délivrance obtenue à l'aide d'un faux nom ou d'une fausse qualité.** — Quiconque, en prenant un faux nom ou une fausse qualité, se fait délivrer le bulletin n° 3 d'un tiers, est puni d'un emprisonnement d'un mois à un an (L., 11 juillet 1900, art. 12, § 1).

Ce délit est de la compétence des tribunaux correctionnels. L'article 463 du Code pénal est applicable (Art. 12, § 2).

120. — **Fixation du prix.** — Les bulletins n° 3 sont dispensés du droit de timbre (L., 26 janvier 1892, art. 5).

Les droits alloués au greffier sont fixés à 1 franc par l'article 12 du décret du 12 décembre 1899, modifié par le décret du 7 juin 1900. Ils se décomposent ainsi qu'il suit :

Droit de rédaction . . . . 0 fr. 25
Droit de recherche. . . . . 0 fr. 50
Droit d'inscription au répertoire. . . . . 0 fr. 25

Le coût du bulletin comprend en outre les droits d'enregistrement fixés (décimes compris) à 25 centimes.

Il est dérogé à ce tarif dans deux cas.

1° Le prix du bulletin n° 3, applicable à une personne qui sollicite son hospitalisation dans un établissement public d'assistance, est fixé à 25 centimes (Art. 12 du décret). Il faut, en ce cas, que la demande soit visée par un administrateur de l'établissement qui en certifie le motif et atteste l'indigence. — Ce bulletin reste soumis au droit d'enregistrement (Circ. Intér., 23 juin 1900).

2° Les actes concernant des sociétés de secours mutuels approuvées sont dispensés des droits de timbre et d'enregistrement (L., 1ᵉʳ avril 1898, art. 19). Par suite, toute personne qui se fait délivrer un bulletin n° 3, en vue d'être admise dans une de ces sociétés, doit profiter de cette immunité, mais à la condition que la demande ait été revêtue du visa du président d'une société de secours mutuels. En ce cas, le greffier doit inscrire sur le bulletin n° 3 la mention suivante : « *Délivré pour admission dans la société de secours mutuels de....* » — Il appartient au receveur de l'enregistrement de vérifier si cette société est bien comprise dans la catégorie de celles qui bénéficient des avantages spécifiés dans l'article 19 (Circ. Chanc., 13 juin 1901).

121. Paiement du prix. — Toute personne qui désire obtenir un bulletin n° 3 doit, en faisant sa demande, déposer le montant du prix, plus 0 fr. 10, s'il y a lieu, pour envoi par la poste (Décr., 13 novembre 1900, art. 13) (1).

Le prix des extraits délivrés par le casier central aux simples particuliers est perçu par l'intermédiaire des greffiers. — Chaque année, dans les derniers jours de décembre, ils versent le montant des droits de recherche, de rédaction et d'inscription, c'est-à-dire 1 franc par extrait, entre les mains du receveur des Finances, contre un récépissé que le procureur de la République communique immédiatement à la Chancellerie. Ils ne conservent que les sommes reçues pour les droits d'enregistrement (2).

---

(1) Même au cas où le bulletin est délivré à une personne qui sollicite son hospitalisation, il y a lieu de joindre au prix les 10 centimes dus pour frais d'envoi (Circ. Intér., 23 juin 1900). — Les frais d'envoi étaient de 15 centimes avant la réforme du tarif postal.

(2) Décr., 10 avril 1877 ; — Circ. Chanc., 5 mai 1877 ; 15 novembre 1880, § XVI.

CHAPITRE V

—

SECTION PREMIÈRE. — **Erreurs commises dans les bulletins n° 1**

122. — **Rectification des erreurs matérielles.** — L'examen dont chaque bulletin est l'objet au parquet, doit permettre de découvrir les erreurs ou omissions qui auraient été commises dans la rédaction. Mais il peut arriver que quelques-unes aient passé inaperçues : par exemple, le greffier aura porté *six mois* au lieu de *six jours* d'emprisonnement. L'erreur se découvrira, aussitôt que sera produit à l'intéressé son bulletin n° 2 ou son bulletin n° 3. En ce cas, il y a lieu de renvoyer le bulletin n° 1 au parquet du lieu de la condamnation ; là il est collationné sur la minute du jugement, et ensuite rectifié conformément aux mentions de cette minute. Le greffier approuve les ratures et additions, et le procureur de la République appose un nouveau visa. — Le bulletin ainsi rectifié est aussitôt retourné au casier du lieu d'origine.

123. — **Rectification de l'état civil du condamné.** — Il arrive assez fréquemment qu'un individu prend l'état civil d'une autre personne ou même un état civil purement imaginaire, et se fait condamner sous ce faux nom. Quand plus tard la fraude se découvre, comment doit-on opérer la rectification du bulletin n° 1 erroné ? La loi du 11 juillet 1900 règle la procédure à suivre en pareil cas.

La rectification est poursuivie, soit par la personne au bulletin n° 1 de laquelle figure la mention à rectifier, soit d'office par le ministère public (L., 11 juillet 1900, art. 14, §§ 1 et 7). Le magistrat du ministère public compétent en pareille matière est le procureur de la République, ou le procureur général, ou le commissaire du Gouvernement, selon le cas, qui siège près la juridiction qui a rendu la décision à l'occasion de laquelle a été dressé le bulletin n° 1 erroné. La Chancellerie a rappelé aux Parquets que l'article 14 les autorise, concurremment avec les intéressés, à prendre l'initiative de cette procédure ; elle les a invités à user, dans la plus large mesure, d'un droit dont l'exercice intéresse au plus haut point l'ordre public (Circ. Chanc., 30 novembre 1900, n° 15).

124. — **Procédure à suivre.** — La procédure à suivre est la même, que la rectification soit poursuivie par l'intéressé ou que la demande ait été introduite par le ministère public (L., 11 juillet 1900, art. 14, § 7). Dans l'un et l'autre cas, il doit être tout d'abord présenté requête au président du tribunal ou de la Cour qui a rendu la décision (Art. 14, § 1). Il en est ainsi, alors même que cette décision émane d'un tribunal militaire ou maritime. — Si la décision a été rendue par une Cour d'assises, la requête est remise au premier président de la Cour d'appel qui saisit la Chambre correctionnelle de la Cour (Art. 14, § 2).

Cette requête est faite sur papier libre (Art. 14, § 9).

Elle n'est assujettie à aucune forme spéciale ; par suite, il n'est pas nécessaire qu'elle soit présentée par un avoué.

Le président la communique au ministère public et commet un juge pour faire le rapport (Art. 14, § 3).

Le tribunal ou la Cour statue en chambre du conseil, sur le rapport du juge et les conclusions du ministère public (Art. 16, § 1). Malgré le silence de la loi et par application des principes généraux qui régissent notre procédure, le requérant doit être avisé du jour fixé pour entendre la lecture du rapport et les conclusions du ministère public ; il peut présenter ses observations orales, soit par lui-même, soit par son avocat.

La juridiction saisie peut, avant de statuer au fond, ordonner d'assigner devant elle l'individu qui aurait été réellement poursuivi et condamné, mais qui, suivant le requérant, aurait réussi à faire inscrire cette condamnation au casier judiciaire de ce dernier.

La loi ne dit pas si le tribunal (ou la Cour) pourra procéder à tous les actes d'instruction qui lui paraîtront nécessaires, et notamment entendre les témoins qu'il croirait devoir faite citer. Mais il nous paraît certain que cette faculté ne saurait lui être refusée.

Dans le cas où la requête est rejetée, le requérant est condamné aux frais (Art. 14, § 5). Si au contraire la requête est admise, les frais sont supportés par celui qui a été cause de l'inscription reconnue erronée, s'il a été appelé dans l'instance. S'il n'a pas été appelé en cause ou s'il est insolvable, les frais restent à la charge du Trésor (Art. 14, § 6).

Mention de la décision rendue est faite en marge du jugement ou de l'arrêt visé par la demande en rectification (Art. 14, § 8). — Dans certains ressorts, on juge nécessaire de délivrer des grosses d'arrêts ou de jugements rendus à la requête du ministère public et ordonnant la rectification d'un bulletin n° 1 du casier judiciaire. Mais, comme le fait très exactement remarquer la Chancellerie, les arrêts ou jugements prévus par l'article 14 de la loi du 5 août 1899, modifiée par celle du 11 juillet 1900, ne sont pas d'une nature différente de celle des arrêts et jugements en matière criminelle et correctionnelle qui sont exécutés en vertu de simples extraits. La formule exécutoire est donc superflue. Une expédition de la décision entraînerait même des frais inutiles. Pour opérer la mention rectificative ordonnée, il n'est nullement besoin de se reporter à la requête du ministère public, au texte de la loi appliquée, aux indications d'usage sur la composition de la Cour ou du Tribunal et sur l'enregistrement de la minute (Note Chanc., 1906 ; *J. des Parq.*, 1907. 3. 56).

Tous les actes, jugements et arrêts sont dispensés de timbre

et enregistrés en débet (Art. 14, § 9). Mais les taxes des
témoins, les salaires des huissiers et tous les autres frais doivent être avancés par le requérant, s'il est solvable. S'il n'a
pas le moyen de supporter cette avance, il demandera l'assistance judiciaire, conformément à l'art. 1ᵉʳ de la loi du 22 janvier 1851, modifié par la loi du 10 juillet 1901.

Les jugements ou arrêts sont susceptibles d'appel ou de
pourvoi en cassation, suivant les règles ordinaires du droit
(L., 11 juillet 1900, art. 16, § 2).

SECTION II. — Erreurs commises dans les bulletins n° 2 et n° 3

125. — Rectification des erreurs. — La vérification opérée au Parquet doit, si elle est sérieusement opérée, faire disparaître les inexactitudes de rédaction et les omissions. Mais
des irrégularités plus graves se présentent parfois : un bulletin
n° 2 ou n° 3 peut notamment mentionner des condamnations,
alors que l'individu qu'il concerne n'en a jamais encouru. Cette
erreur provient, soit de ce qu'il existe au casier des bulletins
erronés, soit de ce que le greffier s'est trompé de nom ou de
prénoms. Dans le premier cas, les inexactitudes du bulletin
n° 2 ou n° 3 sont la conséquence nécessaire d'erreurs commises dans les bulletins n° 1 ; ce sont donc ces derniers bulletins qu'il faut se préoccuper de faire rectifier. Or, nous avons
vu (1) comment il y avait lieu d'opérer à cet égard. Dans le
second cas, il suffira de retourner le bulletin au greffier qui
l'a délivré ; il fera les rectifications nécessaires, sous le contrôle du parquet.

126. — Contestations sur les mentions à porter sur les bulletins n° 2 et n° 3. — Des contestations peuvent s'élever au
sujet des condamnations qui doivent être inscrites sur les bulletins n° 2 et n° 3. Il est certain que, en ce cas, le greffier doit

____

(1) *Supra*, n°ˢ 123 et 124, p. 138 et 139.

en référer au procureur de la République. Si ce magistrat donne satisfaction au réclamant, toute difficulté disparaît ; mais, s'il estime que la réclamation n'est pas fondée, il est évident que sa décision ne saurait être souveraine et que l'intéressé a toujours le droit de soumettre la question aux tribunaux.

C'est d'ailleurs ce qui résulte de l'article 15 ajouté à la loi de 1899 par la loi du 11 juillet 1900 : « En cas de difficul-« tés soulevées par l'application des articles 7, 8 et 9 de « la présente loi, l'intéressé pourra s'adresser au tribunal « correctionnel du lieu de son domicile ou à celui du lieu de « sa naissance, suivant les formes et la procédure prescrites « par l'article précédent ». En d'autres termes, il y aura lieu de suivre la procédure établie par l'article 14 de la loi du 11 juillet 1900 pour la rectification des bulletins n° 1 (1).

En ce cas, l'intéressé peut, à son gré, porter sa demande, soit au tribunal correctionnel de son domicile, soit à celui de son lieu de naissance.

L'instance est débattue et jugée en chambre du conseil, sur le rapport du magistrat commis et le ministère public entendu (L., 11 juillet 1900, art. 16, § 1).

Le jugement est susceptible d'appel (Art. 16, § 2).

SECTION III. — Inscription d'une condamnation déterminée par un faux état civil. — Sanctions pénales

127. — **Nature de l'infraction**. — L'article 11, § 1, de la loi du 11 juillet 1900 est ainsi conçu : « Quiconque aura « pris le nom d'un tiers, dans des circonstances qui ont « déterminé ou *auraient pu déterminer* l'inscription d'une « condamnation au casier de ce tiers, sera puni de six mois à « cinq ans d'emprisonnement, sans préjudice des poursuites « à exercer pour le crime de faux, s'il y échet ».

---

(1) Voir : *supra*, n° 124, p. 139.

Cet article crée donc un délit spécial qui consiste dans le fait par un individu d'avoir usurpé l'état civil d'un tiers dans des circonstances qui ont déterminé ou auraient pu déterminer l'inscription d'une condamnation au casier de ce tiers. Mais remarquons-le, dans sa disposition finale, le même article ajoute que néanmoins, s'il y échet, des poursuites pourront être exercées pour crime de faux.

Il y a là tout au moins une contradiction apparente. En effet, il existait déjà, pour les faux commis dans les passeports, dans certains certificats et dans les permis de chasse, une dérogation au principe que tout faux constitue un crime (1); le législateur a étendu aux faux commis en matière de casier judiciaire cette mesure exceptionnelle et, par suite, les a classés au nombre des délits correctionnels. Mais alors pourquoi réserver, dans certains cas, le droit d'exercer des poursuites pour faux? Quels seront ces cas? La loi n'a évidemment pas entendu autoriser le ministère public à poursuivre un même fait, suivant sa fantaisie, tantôt devant le tribunal correctionnel, tantôt devant la Cour d'assises !

Incontestablement, la rédaction de cet article est défectueuse ; mais le sens et la portée de la réserve écrite à la fin de l'article 11 se trouvent cependant précisés, quand on se reporte à la discussion qui s'est engagée à son sujet devant le Sénat. Le rapporteur a expliqué que le législateur a eu en vue, dans cette disposition, le cas où le condamné ne s'est pas borné à commettre un faux par substitution de personne, en usurpant l'état civil d'un tiers, et où, pour arriver à cette substitution, il a été obligé de fabriquer des pièces fausses ou d'altérer les pièces produites. Dans cette hypothèse, il y a lieu d'appliquer les dispositions du Code pénal sur les crimes de faux (2).

---

(1) Code pénal, art. 153 à 161.
(2) Voir aussi en ce sens : Circ. Chanc., 15 décembre 1899, n° 57.

Il convient encore de formuler une autre critique : le faux état civil pris dans une procédure qui aboutit à une condamnation prononcée par un tribunal correctionnel ou même par une cour d'assises, cesse d'être considéré comme un crime et est puni de peines correctionnelles par l'article 11, § 1, de la loi du 11 juillet 1900. Si, au contraire, le faux état civil a été pris devant un tribunal civil ou de commerce ou devant un juge de simple police, ce fait constitue toujours un crime, et quoique, en général, il soit moins grave et doive entraîner de moindres conséquences, il est puni des peines édictées pour le faux en écriture publique. Ce résultat est au moins étrange et prouve qu'il est toujours dangereux de modifier isolément certaines dispositions d'un Code, sans se préoccuper de savoir si ces réformes pourront se concilier avec les textes qu'on laisse en vigueur.

128. — **Éléments du délit.** — Pour que l'article 11 de la loi du 11 juillet 1900 soit applicable, les éléments essentiels du délit qu'il prévoit doivent être reunis.

En premier lieu, il est nécessaire que l'inculpé ait pris l'état civil d'un tiers. — Cette condition sera réalisée, alors même qu'il existe quelques différences entre les indications fournies par lui et les mentions de l'acte de naissance, si l'ensemble de ces indications est cependant assez précis pour permettre de lui appliquer cet acte de naissance.

En second lieu, il faut que le tiers dont l'état civil a été ainsi usurpé, puisse avoir un casier judiciaire. Si donc le tiers en question est décédé, le délit disparaît, puisque cet individu ne peut plus avoir de casier judiciaire : un élément essentiel fait dès lors défaut. C'est en ce sens que s'est prononcée la Cour d'appel de Limoges, dans un arrêt du 26 décembre 1901 (1) : « Attendu que, si l'article 11 de la loi du 5 août

_____

(1) *J. des Parq.*, 1903. 2. 78.

1899, modifié par la loi du 11 juillet 1900, permet de punir de peines correctionnelles celui qui a pris le nom d'un tiers dans des circonstances qui ont déterminé l'inscription d'une condamnation au nom de ce tiers, le délit n'existe qu'autant que le nom adopté est celui d'une personne réellement existante lors de l'usurpation, puisque, sans cette condition, il n'y a aucune possibilité de préjudice ». — La 8ᵉ Chambre du tribunal correctionnel de la Seine, dans un jugement du 26 octobre 1905 (1), s'est prononcée, il est vrai, en sens contraire ; cette décision s'appuie sur la formule de l'art. 11 « *dans des circonstances qui auraient pu déterminer l'inscription...* » ; le tribunal, dans ce jugement, d'ailleurs trop sobrement motivé, paraît estimer qu'il suffit qu'en droit et d'une manière générale l'inscription au casier soit possible, sans qu'il y ait lieu de s'occuper des conditions spéciales dans lesquelles peut se trouver le tiers. Mais c'est, à notre avis, une interprétation inexacte. En effet, l'article 11, placé dans la loi spéciale au *Casier judiciaire*, a pour but d'assurer l'exactitude des mentions portées à ce casier ; donc la condition essentielle pour qu'il soit applicable, c'est qu'il existe un casier ou qu'il puisse en exister un. — D'ailleurs, quand l'état civil usurpé est celui d'un individu antérieurement décédé, la protection de la loi est beaucoup moins utile, puisqu'il suffit de se reporter à l'acte de décès pour que la fraude soit immédiatement constatée et d'une manière indiscutable.

En troisième lieu, l'état civil doit avoir été pris à l'occasion d'un fait motivant une décision de nature à faire l'objet d'une inscription au casier.

Enfin, il faut que le fait se soit produit dans des circonstances telles qu'une mention pouvait être inscrite au casier. Cette condition est remplie toutes les fois que la juridiction répressive ou disciplinaire ou le tribunal de commerce ont été

____

(1) *J. des Parq.*, 1905. 2. 140.

saisis. Il en est ainsi, non seulement quand une condamnation criminelle, correctionnelle ou disciplinaire a été prononcée, ou quand une faillite a été déclarée, mais encore quand il est intervenu un acquittement, un renvoi des fins de la plainte ou un refus de déclarer la faillite. En effet, le fait seul qu'une poursuite était engagée rendait *possible* l'inscription au casier d'une condamnation pénale ou disciplinaire ou d'une déclaration de faillite.

Pour le même motif, cette condition sera remplie, si une instruction régulière a été ouverte, quelle que soit l'ordonnance définitive du magistrat instructeur.

Peut-être même faut-il aller plus loin encore et dire que la condition est réalisée, dès qu'un individu a pris l'état civil d'un tiers dans un procès-verbal régulier dressé par la gendarmerie, par un officier de police judiciaire ou par tout autre fonctionnaire compétent, pour constater un crime ou un délit. En effet, d'après les principes du Code d'instruction criminelle, ce procès-verbal doit être transmis au procureur de la République qui *pourra* ainsi exercer des poursuites (1).

129. — **Peine applicable.** — La peine est un emprisonnement de six mois à cinq ans (L., 11 juillet 1900, art. 11, § 1).

Le § 2 de cet article punit de la même peine « celui qui, « par de fausses déclarations relatives à l'état civil d'un in- « culpé, a sciemment été la cause de l'inscription d'une con- « damnation sur le casier judiciaire d'un autre inculpé ». Cette disposition n'était pas indispensable ; car le fait qu'elle prévoit n'est, en réalité, qu'un des cas de complicité compris dans l'article 60 du Code pénal.

---

(1) C'est ce que paraît admettre la Chancellerie dans la circulaire du 30 novembre 1900 (n° 13) : « Désormais la poursuite pourra être exercée, dès que la fraude sera découverte, avant que l'inscription au casier ait été opérée et avant même qu'une condamnation soit intervenue ».

L'article 463 du Code pénal est applicable dans tous les cas
(Art. 12, § 2).

130. — **Prescription.** — Quel est le point de départ de la
prescription ? Le tribunal correctionnel de la Seine (1) a jugé
que la question doit se résoudre d'après une distinction : si la
fausse déclaration n'a pas produit l'effet cherché, le délai de
prescription court à partir de la date de cette déclaration ; si
au contraire il y a eu inscription de la condamnation au casier
d'un tiers, la prescription ne commencerait à courir que du
jour de cette inscription, élément essentiel du délit, dont le
ministère public doit rapporter la preuve.

Ce système est absolument inadmissible et méconnaît tous
les principes de la matière.

La loi, il est vrai, ne punissait, à l'origine (L., 5 août 1899,
art. 11), le fait de prendre le nom d'un tiers que lorsqu'il s'en
était suivi l'inscription d'une condamnation au casier de ce
tiers. Mais, même alors, la prescription commençait à courir
le jour où ce nom avait été usurpé ; c'est là, en effet, l'acte
coupable ; c'est le seul d'ailleurs qui soit imputable au prévenu : tout ce qui a suivi, la condamnation prononcée et la
rédaction par le greffier d'un bulletin n° 1, n'est que la conséquence de cet acte initial et n'a exigé aucune coopération nouvelle du prévenu. Il est vrai que l'inscription au casier était
un élément essentiel du délit dont le ministère public devait
rapporter la preuve ; mais, au point de vue de la prescription,
cette circonstance était sans intérêt. Il est indispensable également que le ministère public, en matière de coups et blessures,
rapporte la preuve que des coups portés et des blessures
faites, il est résulté la privation de l'usage d'un membre, la
perte d'un œil, une infirmité permanente ; ce n'est qu'après
que les conséquences des violences ont été exactement cons-

____

(1) Trib. correct. de la Seine, 9ᵉ Ch., 19 février 1906 (*Journ. des Parq.*,
1906, 2, 78).

tatées que le tribunal peut statuer ; cependant il est bien certain que la prescription court du jour où les coups ont été portés et non de celui où il est établi qu'il en est résulté une infirmité permanente.

Actuellement, la question ne saurait même se poser, puisque, pour que le délit existe, il suffit que le faux nom ait été pris dans des circonstances de nature à déterminer l'inscription d'une condamnation au casier de ce tiers. — Il est absolument inexact de dire, avec le jugement, que la loi du 11 juillet 1900 a créé une infraction nouvelle, distincte de la précédente ; et, d'ailleurs, nous venons de voir que, même sous le régime de la loi de 1899, la prescription avait pour point de départ le jour où le faux nom avait été pris.

C'est en ce sens que s'est prononcée la Cour d'appel de Paris dans son arrêt du 4 mars 1907 (1), qui a infirmé le jugement précité.

Il est vrai que presque toujours la prescription sera acquise au moment où le délit sera découvert : cela prouve que la loi est mal faite, mais ce n'est pas au juge à corriger l'œuvre du législateur et à refaire la loi sous prétexte de l'appliquer. D'ailleurs, ce cas n'est pas isolé dans notre législation ; en matière de presse notamment, on trouve des hypothèses où le délit est toujours prescrit, avant qu'une action ait pu être engagée.

---

(1) *J. des Parq.*, 07. 2. 54.

TITRE III

Le Casier judiciaire dans les pays étrangers

CHAPITRE PREMIER

ALLEMAGNE (1)

SECTION PREMIÈRE. — **Création et organisation du casier judiciaire**
(*Strafregister*)

131. — **Création du casier judiciaire par le décret du Conseil
fédéral du 16 juin 1882.** — Dès 1876, M. Hamm, procureur
d'Etat à Metz, avait proposé de créer en Allemagne des casiers
judiciaires analogues à ceux existant en France et d'établir
la communication réciproque des jugements de condamnation (2). Mais ce fut plus tard, en 1882, que cette création
eut lieu.

Le Casier judiciaire a été établi et organisé en Allemagne
par le décret (*Verordnung*) du Conseil fédéral (*Bundesrath*)
du 16 juin 1882 (3), modifié par celui du 9 juillet 1896.

---

(1) Pour l'étude approfondie de la législation allemande sur cette matière,
nous avons dû consulter l'article *Strafregister*, dans Stengels, *Wörterbuch
des Deutschen Verwaltungsrechts* (Fribourg, 1890), t. II, p. 565 et s.; — et
surtout le livre si complet de M. Marchand, cité déjà, *das Strafregister in
Deutschland*. Cet ouvrage, auquel nous avons fait de fréquents emprunts, est
le seul, à notre connaissance, qui donne le dernier état de la législation allemande.

(2) Rapport de M. O. Köbner (*Bulletin de l'Union Internationale de droit
pénal*, t. IV, p. 178, note 1).

(3) *Centralblatt für das deutsche Reich*, 1882, p. 309 et s.

132. — **Eléments dont se compose le Casier judiciaire.** — **Organisation du service**. — Le fonctionnement du casier judiciaire allemand (*Strafregister*) repose essentiellement sur la rédaction de deux catégories distinctes de bulletins dont la première se subdivise elle-même en deux branches.

Toutes les fois qu'une décision en matière criminelle ou de police est passée en force de chose jugée. il est dressé un bulletin que l'on appelle *Strafnachricht* (*Renseignement pénal*). Il en est également établi pour constater : — 1° les condamnations prononcées à l'étranger ; — 2° les arrêtés renvoyant des condamnés dans des maisons de correction ou déclarant qu'ils seront employés à des travaux d'utilité publique. — Le bulletin dressé dans ce dernier cas est désigné également sous le nom de *Strafnachricht* ; mais, pour le distinguer, on l'appelle *Strafnachricht* B, tandis que celui qui a trait à une condamnation proprement dite, s'appelle *Strafnachricht* A.

Les *bulletins* A et B concernant un même individu sont tous centralisés et classés au même lieu.

Lorsqu'on désire connaître les antécédents d'un individu, il suffit de s'adresser au lieu où sont déposés les *bulletins* A et B ; les énonciations de ces divers bulletins sont récapitulées sur une formule C, appelée *Auszug aus dem Strafregister* ou *Extrait du casier judiciaire*.

133. — **Casiers d'arrondissement et casier central**. — De même qu'en France, les renseignements judiciaires qui concernent un même individu, sont réunis à son lieu de naissance. C'est ce qui résulte du § 1-1.° du décret du 16 juin 1882 : « En ce qui concerne les condamnations devenues définitives « en matière pénale, des casiers seront établis auprès des « autorités désignées par le gouvernement de l'Etat, pour « recevoir celles relatives à toutes les personnes dont le lieu de « naissance est situé dans le ressort (*Bezirk*) de ces autorités ».

La liste des autorités chargées de la tenue du casier a été établic par l'arrêté (*Verfügung*) du 8 juin 1883. Mais c'est toujours au ministère public (*Staatsanwatschaft*) près le tribunal régional (*Landgericht*) (1) qu'incombe dans tous les cas la surveillance du casier.

Il existe en outre un casier analogue au *casier central* français : un casier a été créé auprès de l'Office Impérial de Justice (*Reichs-Justizamt*) et est destiné à recevoir les bulletins relatifs aux personnes qui sont nées hors du territoire de l'Empire ou dont l'origine est inconnue (§ 1-2°).

SECTION II. — Bulletins A et B

134. — **Bulletins A.** — **Cas dans lesquels il en doit être établi.** — Il doit être établi des bulletins A (*Strafnachrichte A*) pour constater toutes les condamnations pour crimes (*Verbrechen*) ou délits (*Vergehen*) ou pour contraventions prévues par le § 361, n°ˢ 1 à 8 du Code pénal (2), prononcées par le

---

(1) Les tribunaux régionaux (*Landgerichte*) correspondent à nos tribunaux de première instance; ils ont une compétence civile, commerciale et criminelle.

(2) *Code pénal pour l'Empire d'Allemagne*, § 361, nᵒˢ 1 à 8. — Les quatre premiers alinéas prévoient des faits qui sont réprimés comme délits par la législation française. Ce sont : 1° l'infraction à la surveillance de la haute police; 2° l'infraction à un arrêté prononçant l'expulsion de toute l'Allemagne ou d'un Etat de l'Empire; 3° le vagabondage; 4° la mendicité. — Les infractions que répriment les quatre derniers alinéas ne sont pas prévues par les lois françaises; elles sont spéciales à la législation allemande. Ce sont : 1° le fait par un individu de s'adonner tellement au jeu, à l'ivrognerie ou à l'oisiveté que, pour se nourrir ou nourrir ceux auxquels il doit des aliments, il est forcé de solliciter des secours par l'intermédiaire des autorités; 2° les infractions aux ordonnances de police prises pour protéger la santé, le bon ordre et la décence publique, commises par les femmes qui ont été soumises à la surveillance de la police pour prostitution, et le fait par une femme non soumise à la surveillance de la police de se livrer à la prostitution; 3° le fait par un individu qui reçoit l'assistance d'institutions publiques contre la mendicité (*öffentlichen Armenmitteln*), de refuser par paresse de faire les travaux proportionnés à ses forces qui lui sont imposés par les autorités; 4° le fait par un

juge criminel de première instance (*Amtsrichter*) en forme d'ordonnance (*amtsrichterlicher Strafbefehl*) (1), par la police (*polizeiliche Strafverfügung*) (2), par les sentences pénales des tribunaux civils (*Strafurtheile der burgerlichen Gerichte*), y compris celles des juges consulaires, ainsi que les sentences pénales des juges militaires.

Il existe toutefois certaines exceptions à la règle ainsi formulée par le § 2 du décret du 16 juin 1882. — Il n'y a pas lieu de dresser de bulletin :

1° au cas de condamnation, dans toute affaire suivie à la requête de la partie civile (*die auf Privatklage verhandelten Sachen*);

2° en matière de contraventions forestières et rurales ;

3° en matière d'infractions aux ordonnances sur la perception des impôts et des revenus publics ;

4° pour crimes ou délits militaires prévus par les §§ 62 à 68, 79, 80, 84 à 90, 92 à 95, 101 à 104, 112 à 120, 132, 139, 141 à 144, 146, 147, 150 à 152 du Code pénal militaire du 20 juin 1872 (3).

---

individu qui a perdu le domicile (*Unterkommen*) qu'il avait eu jusque-là, de ne s'en être pas procuré un autre dans le délai fixé par l'autorité compétente, et, en même temps, de n'avoir pu prouver que, malgré ses démarches, il lui avait été impossible d'en trouver.

(1) Code de procéd. crim., §§ 447 et suiv.

(2) Code de procéd. crim., §§ 453 et suiv.

(3) Les §§ 62, 63, 68, 84 à 86 et 132 ont trait aux infractions aux lois qui régissent la mobilisation en cas de guerre. — Les infractions prévues par les autres paragraphes sont les suivantes : 1° les absences illégales (§§ 64 à 67) ; 2° l'évasion d'un prisonnier (§ 79) ; 3° pour les officiers, l'abandon de domicile, le fait de sortir ou le fait d'avoir reçu des visites pendant les arrêts à la chambre (§ 80) ; 4° le manquement à un devoir militaire en considération d'un danger personnel (§ 87) ; 5° le manquement au respect (§ 89) ; 6° le mensonge à l'égard d'un supérieur dans le service (§ 90) ; 7° la désobéissance (§§ 92 à 95) ; 8° le fait par des militaires de se réunir sans autorisation pour discuter des questions ou de recueillir des signatures dans le but de présenter des réclamations collectives ou de faire valoir des griefs sur des sujets de cette nature (§ 101) ; 9° l'excitation des camarades au mécontentement à propos du service

135. — **Bulletins B**. — **Cas où il en doit être établi**. — Les *bulletins* B ont pour objet de constater les arrêtés des autorités de police locale pris par application du § 362, al. 2, du Code pénal (1), au sujet de l'envoi de condamnés dans une

(§ 102) ; 10° la sédition (§ 103) ; 11° le fait de n'avoir pas dénoncé une sédition en temps opportun (§ 104) ; 12° la provocation en duel d'un supérieur pour un motif provenant d'une affaire de service (§ 112) ; 13° l'abus de pouvoir à l'égard d'inférieurs, en leur commandant dans un intérêt privé des actes qui n'ont rien à faire avec le service (§§ 114 à 117) ; 14° le fait d'outrepasser, de propos délibéré, les limites de la faculté de punir (§ 118) ; 15° l'exercice, de propos délibéré, d'une influence illégale sur la juridiction (§ 119) ; 16° le fait d'usurper un droit de punir ou d'ordonner (§ 120) ; 17° la délivrance de faux certificats militaires avec préméditation, l'établissement de faux rapports ou la transmission de rapports dont on connaît la fausseté (§ 139) ; 18° l'incapacité par sa propre faute de pouvoir continuer à remplir les fonctions de chef de poste, etc., ou l'abandon volontaire de son poste (§ 141) ; 19° l'endommagement sérieux d'un navire ou de ses agrès, par suite de négligence dans le service (§ 142) ; 20° le fait de rester impassible, comme chef de poste ou comme sentinelle, devant un acte répréhensible qui pourrait être évité (§ 143) ; 21° la participation, de propos délibéré, à l'évasion d'un prisonnier confié à notre garde ou la responsabilité de cette évasion par suite de négligence volontaire ; l'omission volontaire d'arrêter un individu dont l'arrestation nous incombe comme un devoir professionnel (§ 144) ; 22° le fait de s'absenter d'un corps de garde sans permission, de quitter une corvée, un détachement ou l'unité à laquelle on appartient, au cours d'une étape (§ 146) ; 23° la négligence coupable commise dans la surveillance de subordonnés ou l'abstention volontaire de rendre compte d'infractions commises par des subordonnés ou d'en poursuivre la répression (§ 147) ; 24° le mariage sans autorisation de l'autorité militaire (§ 150) ; 25° l'ivresse pendant un service commandé (§ 151) ; 26° la plainte fondée sur des allégations dont on connaît soi-même la fausseté, leur reproduction, leur admission à la légère, la production d'une plainte en dehors de la voie hiérarchique (§ 152).

(1) *Code pénal*, § 362, al. 2 : «‌Les personnes condamnées (pour les contra-
« ventions visées par le § 361, n°ˢ 3 à 8) à la peine du *Haft* (Emprisonnement
« de un jour à six semaines) peuvent par le jugement même être mises à la
« disposition des autorités de police locale, après que la peine a été subie. Ces
« autorités reçoivent par là la faculté ou d'envoyer le condamné dans une
« maison de correction (*Arbeitshaus*) pendant deux ans ou de l'utiliser pour
« des travaux d'utilité publique (*zu gemeinnützigen Arbeiten*). — Dans le
« cas du § 361, al. 4, ces dispositions ne sont applicables qu'autant que le
« condamné a subi plusieurs condamnations définitives pour cette contra-
« vention dans la dernière période de trois ans ou qu'il a mendié, soit avec
« menaces, soit en faisant usage d'armes ».

maison de correction (*Arbeitshaus*) ou de l'emploi de ces personnes à des travaux d'utilité publique (*zu gemeinnützigen Arbeiten*).

136. — **Rédaction des bulletins A et B**. — Les bulletins A et B sont établis sur papier fort, d'un format uniforme, conformément aux modèles annexés au décret.

Ils contiennent toutes les énonciations spécifiées dans le § 8. — Nous donnons (pages 155 à 157) les formules de ces bulletins.

Remarquons que le § 4 du décret permet aux Gouvernements des divers Etats de l'Empire de recevoir dans leurs Casiers judiciaires d'autres indications que celles spécifiées dans les §§ 2 et 3, quand cette mesure leur paraît nécessaire, soit à raison de leur législation pénale, soit pour les besoins de la police.

La Prusse notamment a fait usage de l'autorisation ainsi donnée par le § 4. — L'arrêté du Ministre de la Justice du 24 avril 1897 ordonne que l'autorité qui est chargée de la surveillance du casier judiciaire, soit informée de tout sursis à l'exécution de la peine accordé à un individu dont le lieu de naissance est situé dans sa circonscription. Aussitôt qu'elle reçoit d'une autre autorité des bulletins concernant cet individu, elle doit en donner connaissance à l'autorité qui est chargée de la surveillance de cet individu pendant le temps d'épreuve.

137. — **Envoi des bulletins**. — En ce qui concerne l'envoi des bulletins aux casiers, il faut distinguer, d'abord, entre les *bulletins* A et les *bulletins* B ; puis une nouvelle distinction doit être faite pour les *bulletins* A, suivant qu'il s'agit d'une condamnation de droit commun ou d'une condamnation militaire.

Les bulletins constatant des condamnations de droit commun sont dressés, dès que le jugement a acquis force de chose jugée ; ils sont envoyés par l'autorité qui est chargée de l'exé-

| Autorité qui a fait la communication : | **BULLETIN A** *pour le casier de*

Duplicata envoyé au casier de | Indication du dossier : |

Nom de famille (*Pour les femmes, nom de naissance*) :
Prénoms (*Souligner le prénom usuel*) :

Etat de famille :   Célibataire.   Marié.   Veuf.   Divorcé.
Prénom et nom de famille (*naissance*)
du conjoint (*le cas échéant, avant la dissolution du mariage*) :

Prénom et nom de famille du père :
Prénom et nom de naissance de la mère :

| Date de la naissance { Jour : Mois : An : | Lieu de naissance { Commune : Ev' rue, quartier : Ressort (1) : | Ressort du trib. régional :
Etat : |

Domicile :   Ev' dernière résidence :

Profession (Fonction, métier) :   Ev' profession du mari :

Condamné antérieurement pour crimes, délits (2), ou par application du § 361, n°⁵ 1 à 8 du Code pénal :   non   oui   (*Voir au dos de cette page*)

Autres remarques (Eventuellement sur la nationalité) :

La personne ci-dessus désignée a été condamnée par décision devenue définitive

le	par	pour	par application de	à
(*Date*)	(*Indication de la juridiction*)	(*Indication de l'infraction*)	(*Texte de loi appliqué*)	(*Peine prononcée*)

Date :

CERTIFIÉ EXACT :

(1) *Kreis, Bezirksamt, Amtshauptmsch., Oberamt, Amtsbezirk*, etc.
(2) Il n'y a pas lieu de dresser de bulletin de condamnation dans les affaires suivies à la requête de la partie civile, en matière de délits forestiers et ruraux, en matière d'infractions aux ordonnances sur la perception des impôts et des revenus publics, pour crimes et délits militaires prévus par le § 2, n° 4, du décret du Conseil fédéral du 16 juin 1882.

(Format 255 mill. × 192 mill.)

La personne désignée d'autre part a été en outre condamnée (1) :

N°	suivant communication de	Indication du dossier	le	par	pour	par application de	à

(1) Peuvent être enregistrées à cet endroit : par l'autorité chargée de la surveillance du casier judiciaire, toutes les condamnations communiquées postérieurement ; par l'autorité qui a fait la communication, les condamnations qui n'ont pas encore été enregistées par l'autorité chargée de la surveillance du casier judiciaire.

<table>
<tr>
<td>Autorité qui a fait
la
communication :</td>
<td>BULLETIN B pour le casier de

Duplicata envoyé au casier de</td>
<td>Indication
du dossier :</td>
</tr>
</table>

Nom de famille (*Pour les femmes, nom de naissance*) :
Prénoms (*Souligner le prénom usuel*) :

Etat de famille :   Célibataire.   Marié.   Veuf.   Divorcé.
Prénom et nom de famille (*naissance*)
du conjoint (*le cas échéant, avant la dissolution du mariage*) :

Prénom et nom de famille du père :
Prénom et nom de naissance de la mère :

<table>
<tr>
<td>Date
de la
naissance</td>
<td>Jour :
Mois :
An :</td>
<td>Lieu
de
naissance</td>
<td>Commune :
Ev¹ rue, quartier :
Ressort :</td>
<td>Ressort du trib.
régional :

Etat :</td>
</tr>
</table>

Domicile :   Ev¹ dernière résidence :

Profession (Fonction, métier) :   Ev¹ profession du mari :

La personne ci-dessus désignée
condamnée par jugement du   le
confirmé par le tribunal
    le
    pour
a été par décision du
    en date du
par application du § 362, al. 2 du Code pénal, renvoyée pendant
à la maison de correction de

                Date :

                Certifié exact :

(Sur papier bleu)

cution de la peine (1) ou, suivant les prescriptions des Etats particuliers, par les officiers du ministère public (§ 5-1°).

La transmission d'un bulletin relatif à une condamnation encourue devant la justice militaire a lieu aussitôt que le condamné a complètement cessé d'être soumis à la juridiction militaire. Dans tous les cas, la transmission doit coïncider exactement avec l'envoi du condamné en congé (§ 6-1° et 2°).

Cette transmission est faite par le corps de troupe auquel le condamné appartenait au moment où il n'est plus soumis à la juridiction militaire, c'est-à-dire au moment de son passage ou de son retour à l'état de congé. — Si le condamné n'appartient pas à un corps de troupe, la transmission est faite par l'autorité militaire dont relevait le condamné à ce moment, et, dans le cas où il ne relevait pas spécialement d'une autorité déterminée, par le Ministre de la Guerre. En ce qui concerne les officiers et fonctionnaires militaires retraités, relevant encore de la justice militaire, la transmission est faite par le commandant général du Cercle où le condamné avait sa demeure au moment de sa sortie de la juridiction militaire (§ 6-3°, 4° et 5°).

Pour les condamnations prononcées par les tribunaux de la marine impériale, la transmission doit être faite par la station maritime *(Marinestation)* dont le condamné dépendait au moment de sa sortie de la juridiction militaire, c'est-à-dire au moment de son passage ou de son retour à l'état de congé. Si, à ce moment, le condamné ne relevait pas d'une station maritime, la transmission doit être opérée par le chef de l'amirauté *(Chef der Admiralität)* (§ 6-6°).

Les *bulletins* B, constatant que des condamnés ont été par arrêtés de police envoyés en correction ou employés à des travaux d'utilité publique, sont transmis par l'autorité qui a pris l'arrêté (§ 5-2°).

______

(1) En Allemagne, l'autorité qui est chargée de l'exécution de la peine n'est pas toujours le ministère public.

138. — **Epoque de l'envoi**. — La transmission de chaque
bulletin se fait dans un délai de quatorze jours à compter du
moment où la décision est passée en force de chose jugée ;
s'il s'agit d'une condamnation militaire, ce délai part du moment fixé par le § 6 du décret (§ 7-1°).

139. — **Lieu où est fait l'envoi**. — Lorsque le lieu de naissance du condamné est connu et qu'il est situé en Allemagne,
le bulletin A ou B est adressé à l'autorité chargée du casier
dans l'arrondissement *(Bezirk)* dont dépend ce lieu de naissance ; cet envoi est fait soit directement, soit par l'intermédiaire du ministère public près le tribunal régional *(Landgericht)* de cet arrondissement (§ 7-1°).

Si le lieu de naissance n'a pas été trouvé ou s'il est situé
hors de l'Allemagne, le bulletin est envoyé à l'Office Impérial
de Justice *(Reichs-Justizamt)* (§ 7-2°).

Si des doutes existent sur l'exactitude du lieu de naissance
porté dans le bulletin, il est envoyé, outre le bulletin destiné
au casier du lieu de naissance, un duplicata qui est classé au
casier de l'arrondissement dans lequel est situé le domicile
habituel du condamné et, à défaut, à celui de l'arrondissement
où le condamné résidait en dernier lieu (§ 9).

Si un condamné porte légalement ou illégalement plusieurs
noms patronymiques, on établit et on expédie un bulletin
distinct sous chacun de ces noms, en ayant soin de mentionner sur chaque bulletin la référence aux autres (§ 11).

S'il est établi dans le cours d'une instruction qu'un inculpé
a été antérieurement condamné sous un faux nom ou que des
condamnations antérieurement encourues par lui ne figurent
pas encore au casier judiciaire, il doit, en fin d'instruction,
être procédé ainsi qu'il suit :

1° Il est fait un envoi complémentaire de bulletins établis
conformément aux règles ordinaires ;

2° Il est procédé à la rectification ou à la destruction des avis de condamnations, contenant les mentions fausses qui avaient été insérées dans le casier judiciaire.

SECTION III. — Tenue des casiers

140. — **Classement des bulletins.** — Les bulletins sont classés par ordre alphabétique dans des casiers qui doivent être fermés à clef (§ 13).

Le fonctionnaire chargé de la tenue du Casier doit, aussitôt après réception de chaque bulletin, examiner s'il est complet. Puis, si cela est possible, il vérifie, d'après les actes de l'état civil, l'exactitude des mentions de ce bulletin relatives à la personnalité du condamné et au lieu de sa naissance.

S'il découvre des irrégularités ou des inexactitudes, il renvoie le bulletin, avec une indication sommaire du motif, à l'autorité compétente qui l'a expédié, afin que celle-ci l'examine à nouveau et le rectifie, s'il y a lieu. — Si au contraire le bulletin paraît régulier, il le classe au casier, à son rang alphabétique.

Pour les femmes mariées, le nom patronymique d'origine (nom de naissance) sert de base au classement des bulletins qui les concernent (§ 14).

Lorsque plusieurs bulletins ont trait à la même personne, ils ne doivent pas être classés isolément dans le casier : ils sont réunis dans une couverture spéciale mentionnant le nom.

Le contenu de plusieurs bulletins concernant la même personne peut être récapitulé sur une formule unique. Ce relevé est établi sur le premier bulletin A relatif à cet individu, et au verso de ce bulletin (voir le modèle p. 156). En cas de besoin, la liste est continuée sur une feuille supplémentaire. — Lorsqu'on dresse ainsi un bulletin récapitulatif, il n'est pas nécessaire de conserver au casier les originaux des bulletins dont les mentions ont été comprises dans ce relevé (§ 15-1° à 4°).

Les communications relatives à des condamnations subies à l'étranger ne s'insèrent pas dans le relevé : elles sont conservées avec le bulletin récapitulatif et il en est tenu compte, lorsque des renseignements sont demandés (§ 15-5°).

141. — **Eliminations pour éviter l'encombrement.** — Les bulletins concernant des personnes dont la mort est authentiquement prouvée, doivent être enlevés du casier judiciaire. Si cette preuve n'est pas rapportée au fonctionnaire chargé de la tenue du casier, les bulletins ne doivent être retirés qu'à la fin de l'année dans laquelle les condamnés ont atteint leur quatre-vingtième année (§ 16).

SECTION IV. — **Extraits du casier judiciaire**

(Auszüge aus dem Strafregister)

142. — **A qui ces extraits sont délivrés.** — Les renseignements contenus au casier sont communiqués, sans frais, aux autorités judiciaires et aux autres autorités publiques allemandes (§ 17-1°).

L'autorité qui désire connaître les antécédents d'une personne, adresse une demande au fonctionnaire chargé de la tenue du casier ou au ministère public près le tribunal régional du lieu de naissance de cette personne.

Cette demande est établie sur une formule C, dont nous donnons plus loin (p. 162 et 164) un spécimen (§ 17-2°).

Les simples particuliers, les sociétés, les sociétés par actions, etc., ne peuvent se faire délivrer d'extraits du casier judiciaire; c'est ce qui résulte incontestablement du § 17-1°, qui n'accorde ce droit qu'aux autorités : « *gerichtlichen und anderen öffentlichen deutschen Behörden* ». Par suite, un particulier ne saurait obtenir la communication de son casier, même pour se procurer un emploi ou obtenir du crédit (1).

---

(1) *Sic :* Marchand, *Das Strafregister in Deutschland*, p. 51, n. 56.

143. — Délivrance de l'extrait. — Aussitôt qu'une demande lui parvient, le fonctionnaire chargé de la tenue du casier vérifie s'il existe des bulletins concernant la personne désignée.

Dans le cas où il n'en existe pas, il ajoute le mot « *nicht (non)* » devant le mot « *verurtheilt (condamné)* », dans la phrase ainsi conçue : « *ist ausweislich des Registers... verurtheilt (est, selon la teneur du casier judiciaire,... condamné)* [§ 17-*a*)].

S'il existe des bulletins au casier, il remplit exactement les blancs de la formule d'après les indications que fournissent ces bulletins [§ 17-*b*)].

Si la personne sur laquelle le renseignement est demandé, a été condamnée plusieurs fois à raison d'une ou de plusieurs infractions visées par le § 361, n°s 1 à 8, du Code pénal, et si l'autorité requérante n'a pas formellement demandé un extrait complet, on ne relève, pour chacune de ces catégories particulières d'infractions, que les trois dernières condamnations. Quant aux autres condamnations antérieurement prononcées, il suffit d'indiquer, pour chaque espèce d'infractions, quel en est le nombre [§ 17, *a*)].

Si la personne désignée dans la demande n'est pas née dans la circonscription, l'autorité requise, après avoir recueilli tous renseignements utiles sur ce point, renvoie la demande avec une note sommaire (§ 17, *in fine*).

144. — Modèle adopté. — Formule C. — La formule C est établie sur une feuille double. — Le recto de la première page porte simplement :

Transmis en original avec prière de vouloir bien donner des renseignements à M (autorité requérante)   .
   à (résidence de l'autorité requérante)
sur les antécédents de la personne désignée ci-contre et de retourner cette pièce le plus tôt possible.

       (Date et signature)

Le verso contient une note d'envoi pour retourner la pièce à l'autorité requérante.

Le recto de la deuxième page porte en tête les noms, prénoms, état civil et de famille, profession, comme les bulletins A. — Toute cette partie est remplie par l'autorité requérante. Le fonctionnaire chargé du casier vérifie ces mentions et les rectifie s'il y a lieu, puis il relève les condamnations, de la manière indiquée plus haut, sur le tableau qui occupe la partie inférieure du recto et tout le verso de cette seconde page.

Nous donnons (page suivante) un spécimen du recto de la 2ᵉ page.

SECTION V. — Communication des lettres d'arrestation

(Steckbriefnachrichten)

145. — **Avis donné par l'autorité qui a décerné la « Steckbrief ».** — **Formule D.** — Le législateur allemand a compris toute l'utilité que présentent les casiers judiciaires pour permettre de retrouver les traces des condamnés qui cherchent à se soustraire aux recherches de la justice. Le § 18-*a* du décret du 16 juin 1882 porte que « les casiers judiciaires « peuvent être utilisés pour la recherche des personnes contre « lesquelles des lettres d'arrestation (*Steckbriefe*) ont été « décernées ». En conséquence, l'autorité qui poursuit fait connaître à celle qui est chargée de la tenue du casier, qu'une *lettre d'arrestation* a été décernée; elle emploie une formule D pour donner cette communication. — Cet avis s'appelle *Steckbriefnachricht*.

Il importe tout d'abord de préciser ce que l'on entend par *Steckbrief* ou *lettre d'arrestation*. Lorsque la personne qu'il s'agit d'arrêter est en fuite ou cachée, une *Steckbrief* ou *lettre d'arrestation* peut être lancée contre elle par le juge ou par le ministère public (C. de proc. pén., § 131). Sauf

EXTRAIT *du casier judiciaire*

du Tribunal de

Nom de famille (*Pour les femmes, nom de naissance*) :
Prénoms (*Souligner le prénom usuel*) :

Etat de famille :   Célibataire.   Marié.   Veuf.   Divorcé.
Prénom et nom de famille (*naissance*) :
du conjoint (*le cas échéant, avant la dissolution du mariage*) :

Prénom et nom de famille du père :
Prénom et nom de naissance de la mère :

Date de la naissance	Jour : Mois : An :	Lieu de naissance	Commune : Ev' rue, quartier : Ressort :	Ressort du trib. régional : Etat :

Domicile :   Ev' dernière résidence :

Profession (*Fonction, métier*) :   Ev' profession du mari :

est, selon la teneur du casier judiciaire,   condamné

N°	suivant communication de	Indi-cation du dossier	le	par	pour	par applica-tion de	à

quelques exceptions, il ne peut être lancé de *Steckbrief* qu'autant qu'il a été préalablement décerné un mandat d'arrêt (*Haftbefehl*) ou qu'il a été rendu un jugement à l'exécution duquel le condamné s'est soustrait.

Les *Steckbriefe* sont des requêtes générales, ne s'adressant spécialement à aucune autorité, par lesquelles on invite à arrêter et à amener de vive force telle personne déterminée. Elles donnent le signalement de cette personne et désignent l'acte punissable qui lui est imputé ou la peine prononcée, ainsi que la prison où elle devra être conduite. Le Code ne contient aucune disposition relative au mode de publication des *Steckbriefe*; en général, elles sont insérées dans un certain nombre de journaux choisis par le magistrat qui les a délivrées ; elles sont en outre notées au casier judiciaire, ainsi que nous venons de le voir.

Si la personne poursuivie porte plusieurs noms de famille, soit légalement, soit illégalement, des lettres d'arrestation distinctes sont établies sous chacun de ces noms. Chaque lettre contient la référence aux autres (Voir le modèle, page suivante).

146. — Mesures à prendre par le fonctionnaire chargé du casier. — Aussitôt que communication d'une lettre d'arrestation lui a été donnée, le fonctionnaire chargé de la tenue du casier doit examiner s'il existe à ce casier des bulletins concernant la personne poursuivie. S'il résulte de cette vérification qu'une autre autorité est compétente à raison du lieu de naissance, il transmet l'avis de la lettre d'arrestation à cette autorité et il en avise le parquet requérant.

Si, au contraire, il en résulte que l'individu poursuivi est en prison ou si le lieu où il se trouve est connu, le fonctionnaire doit renvoyer l'avis, avec les renseignements ainsi recueillis, à l'autorité qui dirige la poursuite.

Si le lieu où se trouve l'inculpé est inconnu, mais s'il est parvenu récemment au casier un bulletin de condamnation

<table>
<tr><td>Autorité
poursuivante :</td><td>LETTRE D'ARRESTATION
Communication d
Pour le casier judiciaire de</td><td>Indication
du dossier :</td></tr>
</table>

Nom de famille (*Pour les femmes, nom de naissance*) :
Prénoms (*Souligner le prénom usuel*) :

Etat de famille :   Célibataire.   Marié.   Veuf.   Divorcé.
Prénom et nom de famille (*naissance*) :
du conjoint (*le cas échéant, avant la dissolution du mariage*) :

Prénom et nom de famille du père :
Prénom et nom de naissance de la mère :

<table>
<tr><td>Date
de la
naissance</td><td>{ Jour :
{ Mois :
{ An :</td><td>Lieu
de
naissance</td><td>{ Commune :
{ Ev' rue, quartier :
{ Ressort :</td><td>Ressort du trib
régional :

Etat :</td></tr>
</table>

Domicile :   Ev' dernière résidence :

Profession (*Fonction, métier*) :   Ev' profession du mari :

Antér' condamné pour crimes, délits ou par application du § 361, n° 1 à 8.
Non. — Oui. — La dernière fois dans l'année :

OBSERVATIONS :

Contre la personne ci-dessus désignée a été décerné, le
une lettre d'arrestation.

Date :   Signature:

RENSEIGNEMENTS *du casier judiciaire de*

La personne poursuivie a été, suivant communication de
définivement condamnée

le	par	pour	par application de	à

et se trouve en prison à ce moment, comme il résulte de ce qui précède.
La personne poursuivie se trouve à

Date :   Signature

(Sur papier rouge).

ou une demande de renseignements sur cet individu, avis en est donné à l'autorité requérante, mais l'avis de lettre d'arrestation est retenu et classé au casier.

De même, on classe l'avis au casier, lorsque l'individu est bien originaire de la circonscription, mais si on ne possède aucun indice sur sa résidence. Quand le lieu de la résidence de l'inculpé vient ultérieurement à être découvert ou, si plus tard il parvient, soit un bulletin, soit une demande de renseignements, on opère de la façon qui vient d'être indiquée.

Si des lettres d'arrestation concernant un même individu, émanent de différentes autorités, chacune d'elles doit être avisée que les autres recherchent aussi cet inculpé.

Aussi longtemps que la résidence de l'inculpé reste inconnue, l'avis des lettres d'arrestation est conservé au casier judiciaire [§ 18, *a*)].

147. — **Elimination des formules D.** — Si la lettre d'arrestation a pour résultat de faire arrêter la personne poursuivie, avis doit en être immédiatement donné à l'autorité chargée de la tenue du casier judiciaire [§ 18, *a*-2°]. La formule D classée à ce casier est aussitôt détruite [§ 18 *a*-7°].

Cette formule est également détruite, lorsque trois années se sont écoulées depuis la délivrance du mandat [§ 18, *a*-7°].

CHAPITRE II

AUTRICHE

—

148. — **Création des casiers judiciaires. — Bases de l'organisation**. — Le service des Casiers judiciaires a été créé par une ordonnance du Ministre de la Justice du 8 décembre 1897 (Z. 27.904). — L'organisation a été complétée par les ordonnances du Ministre de la Justice des 29 mars, 23 avril, 21 novembre et 5 décembre 1900, des 30 mars et 10 septembre 1901 et du 4 février 1902.

Il repose sur l'établissement de bulletins individuels (*Strafkarten*) qui remplacent tout à la fois les anciennes feuilles de renseignements (*Auskunftstabellen*) et les fiches de statistique (*statistischen Zahlkarten*) prescrites par l'ordonnance du 20 décembre 1895 (Ord., 8 décembre 1897, art. 1er).

Comme sous l'ancienne organisation, c'est le lieu du domicile qui est encore choisi pour centraliser tous les renseignements qui figurent au casier.

SECTION II. — **Bulletins du casier judiciaire** (*Strafkarten*)

149. — **Cas où il en doit être dressé**. — Un bulletin est dressé pour constater toute condamnation devenue définitive en matière de crimes, délits et contraventions (Ord., art. 1er).

150. — **Formule de bulletins**. — Les bulletins sont dressés sur des formules imprimées sur papier jaune, conformes en tous points pour le format, la force du papier et le mode d'impression au modèle annexé à l'Ordonnance.

L'original même est remis au service du Casier judiciaire (art. 2, al. 2).

Voici un spécimen de ce bulletin ;

ANNÉE 19

PARQUET IMP. ET ROY. DE   NOM

BULLETIN DU CASIER JUDICIAIRE

1) Prénoms et nom (*Nom de famille*) :

2) Lieu, pays, jour, mois, année de la naissance :

3) Commune et pays du domicile :

4) Confession religieuse :

5) Etat de famille :
    a) Légitime (1).
    b) Illégitime (1).

    c) Célibataire.
    d) Marié.
    c) Veuf.
    f) Légalement séparé ou divorcé.

6) Profession (*Moyens d'existence ou de subsistance*) et situation dans sa profession (*Etat du travail ou des services*) :

7) Instruction :
    a) Ne sait ni lire ni écrire.
    b) Peut lire, mais ne sait pas écrire.

    c) Sait lire et écrire.
    d) Possède une instruction supérieure.

8) Situation de fortune : *a*) Ne possède aucune fortune.
    b) Possède quelque fortune.
    c) Est dans une situation aisée.

9) Puni antérieurement :
    a) Pour contraventions.
    b) Pour délits.

    c) Pour crimes : une fois.
    —   deux fois.
    —   plus de deux fois.

10) Date de l'expiration du dernier emprisonnement subi pour un crime :

11) Jugement de première instance (Objet du présent bulletin). Tribunal :
    Date et nombre :

12) Fait (*ou* faits) qui motive la poursuite, avec la qualification, l'indication de la loi et le caractère spécial :

13) Peine prononcée passée en force de chose jugée :

14) Peines accessoires prononcées en outre de la peine principale :

(1) Aux termes de l'Ordonnance du 29 mars 1900, il n'y a plus lieu, depuis le 1ᵉʳ janvier 1901, de faire connaître si la naissance est légitime ou illégitime.

15) Dernier domicile (*Pays*) :

16) Nom de famille :

17) Nom des parents (*Nom du mari*) :

18) Commencement de la peine :   Fin de la peine :

19) Condamnations antérieures)

	Tribunal	Date	N° d'ordre	Motif de la condamnation	Peine
1					
2					
3					
4					
5					
6					
7					
8					
9					
10					
11					
12					
13					
14					
15					
16					
17					
18					
19					
20					
21					
22					
23					
24					
25					
26					
27					
28					
29					
30					

20) Observations :

Expédié

151. — **Par qui ce bulletin est établi.** — Au cours de l'instruction préliminaire, le magistrat a soin d'indiquer le signalement du prévenu, puis d'établir dans le procès-verbal d'interrogatoire les éléments des indications à fournir sous les n°ˢ 1 à 8, 10, 15 à 17. Une copie du dernier bulletin, s'il en existe, fournit tous les renseignements relatifs aux antécédents judiciaires du prévenu (Ord., 8 décembre 1897, art. 6).

Le bulletin est achevé devant les Cours de justice *(Gerichtshöfen)* par le ministère public et devant les tribunaux d'arrondissement *(Bezirksgerichten)* par le juge *(Einzelrichter)* : c'est à l'un ou à l'autre de ces magistrats, suivant le cas, qu'incombe la mission de remplir les différentes mentions, sauf toutefois la rubrique 18 *(commencement de la peine, fin de la peine)* qui doit être laissée en blanc (Ord., 8 décembre 1897, art. 2).

Les tribunaux militaires ont été invités par le Ministère de la Guerre et le Ministère de la Défense nationale à établir des bulletins pour toutes les condamnations prononcées par eux *(militar-beziehungsweise landwehrgerichtlichen Verurtheilungen)* (Ord., 23 avril 1900, art. 1).

152. — **Transmission.** — Le casier judiciaire est, en principe, au parquet de l'arrondissement dans lequel le condamné est domicilié *(heimatszuständig)*. Mais, dans le cas où un individu est étranger ou sans domicile connu, les bulletins qui le concernent sont classés au parquet de la circonscription dans laquelle la condamnation a été prononcée : « Le casier « judiciaire est, en règle générale, au parquet du ressort « dans lequel le condamné est domicilié. Seulement, dans le « cas où le condamné est étranger (1) ou sans domicile connu, « son casier judiciaire se trouve au parquet de chacune des « circonscriptions dans laquelle la condamnation a été pro-

---

(1) En ce qui concerne les étrangers, cette disposition a été modifiée par l'Ordonnance du 5 décembre 1900. — Voir : *infra*, n° 154 *bis*, p. 174.

« noncée » (Ord., 8 décembre 1897, art. 3). Ces règles sont observées pour les bulletins relatifs à des condamnations militaires (Ord., 23 avril 1900, art. 4).

Les juges des tribunaux d'arrondissement doivent envoyer tous les bulletins, dès que les condamnations sont devenues définitives, au parquet *(Staatsanwaltschaft)* dont ils dépendent. Ce parquet fait le triage tant des bulletins ainsi reçus que de ceux qu'il a dressés lui-même. — Il conserve ceux concernant des individus domiciliés dans sa circonscription et adresse les autres aux différents parquets dans lesquels ils doivent être classés (Ord., 8 décembre 1897, art. 3).

Les bulletins relatifs aux condamnations militaires sont envoyés directement par la juridiction qui a statué, au parquet du domicile ou, lorsque le domicile n'est pas connu, au parquet de la circonscription où se trouve le condamné. Toutefois, en cas de mobilisation, cet envoi n'est effectué qu'après que l'armée est remise sur le pied de paix *(nach erfolgter Demobilisirung)* (Ord., 23 avril 1900, art. 1 et 3).

La transmission des bulletins s'effectue sous enveloppe, sans lettre d'envoi, et sans qu'aucun procès-verbal en soit dressé (Ord., 8 décembre 1897, art. 3).

Par dérogation à ces règles et conformément à l'article 1er de l'Ordonnance du 5 décembre 1900, les bulletins concernant des étrangers, même quand ils ont été dressés par des tribunaux d'arrondissement, sont envoyés directement au Ministère de la Justice.

Jusqu'à nouvel ordre, il y a lieu d'observer à l'égard des condamnés appartenant soit à des pays de la Couronne hongroise, soit à la Bosnie ou à l'Herzégovine, les mêmes règles qu'à l'égard des autres étrangers (Ord., 5 décembre 1900, art. 4).

153. — **Classement au casier.** — Le casier est tenu, dans chaque parquet, par un employé *(Kanzleibeamte)*, sous la direction du greffier *(Conceptsbeamte)* (Ord., 8 décembre 1897, art. 3).

Dès qu'un bulletin parvient au casier, on l'examine avant de le classer. S'il existe déjà des condamnations antérieures, on vérifie si elles sont bien reproduites sur le nouveau bulletin ; si celui-ci est complet et régulier, on le classe seul au casier, l'ancien, devenu inutile, est retiré. Si l'identité de la personne est douteuse, mention doit en être faite à l'encre rouge (Ord., 8 décembre 1897, art. 3).

Si, par la suite, l'autorité administrative s'aperçoit qu'un condamné avait donné un état civil inexact ou s'était attribué un domicile autre que celui qu'il avait réellement, elle doit en donner immédiatement avis au parquet du lieu où le bulletin est classé. Celui-ci fait les rectifications nécessaires et, au cas où le domicile se trouve réellement dans une autre circonscription, il transmet ce bulletin au parquet compétent. — Le parquet doit d'ailleurs prendre spontanément ces mesures, quand il acquiert directement la preuve de ces inexactitudes (Ord., 5 février 1902).

Le bulletin n'est établi, ainsi que nous l'avons vu, qu'après que le jugement est devenu définitif ; mais des modifications peuvent cependant encore se produire, par suite d'une révision, d'une grâce, d'une amnistie.

S'il y a, soit un acquittement ou une amnistie, soit un changement dans la qualification ou dans la peine, il convient d'en informer de suite le parquet du lieu où est classé le bulletin. Cet avis est donné, dans le premier cas, par une simple lettre, et, dans le second, par un nouveau bulletin qui vient prendre la place de l'ancien. Lorsqu'il y a acquittement, si l'individu n'avait aucune condamnation antérieure, son bulletin est simplement retiré du casier ; s'il avait été déjà condamné, il suffit de biffer la condamnation qui vient d'être rapportée et le bulletin ainsi rectifié est conservé pour relater ses antécédents (Ord., 23 avril 1900, art. 5 ; — Ord., 10 septembre 1901).

154. — Envoi de duplicata pour le service de la statistique.
— Des duplicata sont dressés pour le service de la *Commission centrale de statistique* au Ministère de la Justice. Ces duplicata remplacent les anciens bulletins de statistique *(Statistischen Zählblätter)* prescrits par l'Ordonnance du 20 décembre 1895. Ils sont établis, suivant le cas, sur des formules blanches ou bleues ; ils doivent être dressés par le parquet près le tribunal du lieu de la condamnation, avant l'envoi de l'original du bulletin (Ord., 8 décembre 1897, art. 5).

154 *bis*. — **Echange international des bulletins du casier judiciaire.** — I. *Condamnations prononcées en Autriche.* — Nous avons vu (1) que tous les bulletins des étrangers condamnés en Autriche sont transmis directement au Ministère de la Justice.

Ces bulletins doivent toujours être rédigés en allemand, sauf dans les circonscriptions de langue italienne, où ils peuvent être établis en italien (Ord., 5 décembre 1900, art. 2).

Les règles pour la transmission sont uniformes pour tous les étrangers, qu'ils soient ou non originaires de pays avec lesquels des traités d'extradition ou d'autres conventions internationales stipulent la communication des condamnations prononcées contre leurs nationaux. Elles sont même applicables au cas où une convention porte que l'on doit communiquer non seulement des extraits, mais encore les textes des jugements ; en effet, les textes des jugements ne sont plus communiqués aux gouvernements étrangers que sur une demande spéciale (Ord., 5 décembre 1900, art. 3).

Une ordonnance du 30 mars 1901 fait certaines recommandations sur les soins à apporter à la rédaction de ces bulletins.

II. *Condamnations prononcées à l'étranger contre des Autrichiens.* — Les extraits de jugements ou les duplicata de bulletins *(Straftabellen)* reçus par voie diplomatique et

---

(1) *Supra*, n° 152, p. 171.

constatant des condamnations prononcées à l'étranger contre
des sujets autrichiens sont immédiatement transmis par le
Ministère de la Justice aux autorités chargées de la tenue des
casiers judiciaires, c'est-à-dire aux parquets dans le ressort
desquels les condamnés sont domiciliés.

Le parquet qui reçoit ainsi un duplicata ou un extrait étranger, prend immédiatement les mesures nécessaires pour faire
constater cette condamnation au casier. A cet effet, il examine s'il existe ou non un bulletin (*Strafkarte*) déjà classé.
Dans le premier cas, il mentionne sur ce bulletin, sous la
rubrique 19, à la suite des condamnations antérieures prononcées en Autriche, la condamnation encourue à l'étranger.
Dans le second cas, il dresse un bulletin conforme au modèle
réglementaire, d'après les indications qui lui sont ainsi fournies, et le classe au casier. — Dès que ces opérations sont
effectuées, il adresse, sous enveloppe, sans lettre d'envoi, le
duplicata (*Straftabelle*) reçu de l'étranger au gouvernement
civil du pays (*politische Landesstelle*) (1).

Si, en examinant l'extrait ou le duplicata communiqué, le
parquet éprouve quelque doute sur le lieu du domicile ou sur
l'identité du condamné et s'il croit qu'il soit possible d'obtenir
au lieu indiqué comme domicile les éclaircissements nécessaires, il joint à ce duplicata une demande de renseignements
adressée au gouvernement civil du pays.

Mais, si les renseignements ne peuvent être obtenus que
par voie diplomatique, c'est au Ministère de la Justice qu'il
convient de s'adresser. Toutefois le défaut d'indication du
domicile ne suffit pas pour motiver une demande de renseignements par voie diplomatique. En ce cas, l'individu

---

(1) L'expression *politische Landesstelle* désigne, d'une façon générale, la
plus haute autorité chargée du gouvernement civil d'un des Royaumes ou
Etats composant la monarchie austro-hongroise ; elle comprend à la fois le
Statthalterei, gouvernement civil d'un Royaume, et le *Landesregierung*,
gouvernement civil d'un autre Etat.

doit être considéré comme domicilié à son lieu de naissance.

Enfin, quand un duplicata étranger est si incomplet qu'il est impossible de rédiger un bulletin et de le classer dans un casier, on le retourne au Ministère de la Justice. Ces duplicata y sont classés alphabétiquement et y restent jusqu'à nouvel ordre.

Telles sont les règles tracées par l'ordonnance du 21 novembre 1900.

SECTION III. — Extraits du Casier judiciaire

155. — **Demandes d'extraits. — Délivrance.** — Aux termes de l'article 6 de l'ordonnance du 8 décembre 1897, il est immédiatement envoyé une copie du bulletin :

1° conformément au § 36 de l'ordonnance du 19 novembre 1873 et à l'ordonnance du 15 juin 1888, aux autorités politiques pour toutes les condamnations, à l'exception de celles pour les atteintes à l'honneur;

2° par le tribunal d'arrondissement, conformément au § 2 de l'ordonnance du 19 novembre 1873, dans le cas de condamnation définitive d'une des personnes désignées au § 1er de la loi du 27 juillet 1871, aux autorités de la commune où siège ce tribunal, quand elles sont chargées de transporter les condamnés ;

3° par le parquet, conformément au § 405 du Code de procédure criminelle, au § 76 de l'ordonnance du 19 novembre 1873 et à l'ordonnance du 14 février 1885, à l'établissement pénitentiaire dans lequel le condamné doit être conduit.

Le casier judiciaire sert en outre à donner aux autorités de l'Etat l'ensemble des renseignements sur les antécédents de tout individu (Ord., 8 décembre 1897, art. 3).

La demande d'un extrait du casier se fait à l'aide d'une lettre conçue dans les termes suivants ou dans des termes équivalents :

« *Au Parquet Impérial et Royal, Service du Casier judiciaire, à.....*

« *Il est demandé un extrait du casier judiciaire, concernant le nommé.....*

« *(Date et signature)* »

Si l'individu que concerne cette demande, n'a pas subi de condamnation, on se borne à renvoyer la lettre avec la mention « *Kommt nicht vor (Pas d'antécédents)* ». S'il a déjà été condamné, on envoie une copie du bulletin classé au casier (Ord., 8 décembre 1897, art. 3).

156. — **Forme des extraits.** — En Autriche, l'extrait du casier judiciaire n'est, en réalité, qu'un duplicata ou une copie du bulletin classé au casier, puisque ce bulletin unique récapitule tous les bulletins antérieurement dressés.

Pour établir ces copies, on emploie les imprimés sur papier jaune dont on se sert pour les bulletins (*Strafkarten*) classés au casier ; mais on a soin de porter en tête, à l'encre rouge, le mot « *Ausfertigung (Copie)* » et le numéro d'ordre de la lettre de demande (Ord., 8 décembre 1897, art. 3).

CHAPITRE III

—

157. — **Organisation générale.** — **Casier central.** — Le
Ministre de la Justice ayant constaté que le registre mentionné
à l'article 600 du Code d'Instruction criminelle n'offrait pas
toute l'utilité qui était dans les vues du législateur, a introduit une organisation nouvelle.

« J'ai décidé, porte la Circulaire du 31 décembre 1888
(3e Dir. Gén., 4e Sec., no 88, O. P.), qu'à partir du 15 janvier 1889, les feuilles que l'article 601 du Code d'Instruction
criminelle prescrit à MM. les greffiers de transmettre trimes-
triellement au Ministre de la Justice, seront remplacées par
des bulletins séparés et individuels.

« ... Afin que l'institution du Casier judiciaire puisse produire prochainement les effets utiles que l'on doit en attendre,
il est indispensable que la confection des bulletins ne soit pas
restreinte aux condamnations qui seront prononcées dans
l'année, mais s'étende également à celles qui ont été prononcées depuis un certain nombre d'années. J'estime qu'il est
nécessaire de faire remonter à dix années en arrière pour les
condamnations en matière correctionnelle et à vingt ans pour
les condamnations en matière criminelle, en commençant par
la dernière année ».

Le système belge présente une certaine analogie avec les
organisations adoptées en France et en Allemagne; mais il en
diffère sur des points importants. Il n'existe pas un casier distinct dans chaque arrondissement : un Casier central établi au
Ministère de la Justice reçoit tous les bulletins et délivre tous

les extraits. Le peu d'étendue du royaume de Belgique explique cette organisation. — En second lieu, les *bulletins de condamnation* sont destinés tout à la fois au service du casier judiciaire et à celui de la statistique criminelle. — Il est à remarquer aussi que le casier judiciaire belge n'est régi que par des circulaires ministérielles; il n'a reçu aucune consécration législative.

SECTION II. — Bulletins de condamnation

158. — **Cas où il doit être établi des bulletins.** — Aux termes de la Circulaire du Ministre de la Justice du 6 décembre 1894, modifiée par les circulaires du 5 novembre 1897 et du 9 janvier 1899, il doit être dressé un bulletin pour constater :

1º les condamnations prononcées par les Cours et tribunaux, sauf celles pour infractions au Code forestier, sans qu'il y ait lieu de distinguer entre les condamnations conditionnelles et les condamnations pures et simples ;

2º les condamnations, soit pures et simples, soit conditionnelles, prononcées par la juridiction militaire, pour crimes ou délits de droit commun, ainsi que celles prononcées pour crimes ou délits militaires ;

3º les condamnations à des peines de police prononcées depuis le 1ᵉʳ janvier 1893, pour infractions aux dispositions du Code pénal et à la loi du 16 août 1887, sur l'ivresse publique ;

4º les mises à la disposition du gouvernement, sauf celles prévues par les articles 24 et 25 de la loi du 27 novembre 1891 ;

5º la durée de l'internement ou du placement en apprentissage résultant des mises à la disposition visées sous le nº 4 ;

6º les condamnations rentrant dans l'une des catégories ci-dessus, prononcées par des tribunaux étrangers contre des

Belges, dans les cas où ces condamnations sont notifiées au Gouvernement belge en vertu des traités d'extradition ;

7° les arrêtés de grâces (Remises, réductions ou commutations de peines) intervenus depuis le 1er janvier 1889 ;

8° les libérations conditionnelles.

La circulaire du 31 décembre 1888 portait : « Les présentes instructions ne devront pas être suivies en ce qui concerne les condamnations encourues par des étrangers au Royaume. Celles-ci étant portées par les parquets à la connaissance de l'administration de la sûreté publique, il suffira que les magistrats s'adressent, comme ils le font d'ailleurs généralement déjà, à cette administration pour être renseignés sur les antécédents des étrangers ». Mais le Ministère de la Justice a constaté que souvent, par une fausse application de cette disposition, on omettait de délivrer les bulletins pour des condamnations encourues par des Belges, nés en pays étranger. Afin de prévenir ces omissions, toute distinction a été supprimée, et des bulletins doivent être dressés pour constater les condamnations prononcées contre des étrangers (Circ. Min. Just., 6 décembre 1894).

159. — **Etablissement des bulletins.** — Les bulletins sont dressés et signés par le greffier qui en est responsable (Circ. Min. Just., 31 décembre 1888).

Pour permettre aux greffiers des tribunaux correctionnels et de police de remplir les bulletins de condamnation, un bulletin de renseignements doit être joint à toute procédure pouvant donner lieu ultérieurement à la rédaction d'un bulletin (Circ., 5 novembre 1897).

160. — **Formule des bulletins.** — Les bulletins sont établis sur des formules imprimées, conformes au modèle (Voir ci-après, pages 182 et 183) annexé à la circulaire du 5 novembre 1897.

Il est à remarquer que ces bulletins renferment des renseignements qui ne figurent pas dans les casiers français, notam-

ment au point de vue du degré d'instruction du condamné et
du point de savoir si cet individu a agi sous l'influence de la
boisson. Cela tient à ce que, en Belgique, comme en Danemark
et en Italie, ces bulletins servent à l'établissement de la statistique criminelle.

La manière de remplir ce bulletin ne présente aucune difficulté. Toutefois il convient d'observer :

1° qu'il doit être répondu par écrit à chaque question et
que l'emploi des guillemets comme réponse est interdit ;

2° relativement à la profession : — que, si le condamné
est entretenu par une autre personne, il convient d'indiquer
quelle est cette personne (père, mari, tuteur, etc.), et quelle
est sa profession ; — que tout condamné sans moyens d'existence, qui ne travaille pas, doit être noté comme *sans aveu*,
même s'il dit connaître un métier ; — que, si le condamné,
sans exercer de profession, a des moyens d'existence, il y a
lieu de le noter sous sa qualification sociale (rentier, pensionné, etc...);

3° en ce qui concerne la condamnation, qu'il y a lieu de
biffer les mots *conditionnellement avec sursis de*, si la loi
du 31 mai 1888 n'a pas été appliquée ;

4° en ce qui concerne la date des faits : — que, s'il s'agit
d'infractions connexes ou collectives, il faut prendre pour date
le dernier acte punissable commis en y joignant l'abréviation I. C. ; — que, quand on ignore la date exacte à laquelle
une infraction a été commise, il convient de faire connaître
la période (mois, saison, année) dans laquelle cette date doit
se trouver comprise, en indiquant brièvement que la date est
inconnue.

161. — **Transmission et classement.** — Les bulletins doivent
être transmis au Ministère de la Justice, dans les trois jours
à compter de la date à laquelle la condamnation est devenue
définitive (Circ. Min. Just., 31 décembre 1888). Il est interdit

MINISTÈRE DE LA JUSTICE

Casier judiciaire

N°

(Rappeler le n° de l'extrait du Casier judiciaire, quand il s'agit d'un récidiviste).

BULLETIN DE CONDAMNATION

Tribunal correctionnel de

N. B. — Prière de répondre par écrit à chaque question. L'emploi des guillemets comme réponse est interdit.

N° de l'affaire :

NOM. . . . .

Prénoms. . . . .

Sobriquet ou surnom. . . . .

Faux nom. . . . .

Lieu et date de naissance. . . . . . .

Prénoms du père. . . . .

Nom et prénoms de la mère. . . . . .

Nom et prénoms du conjoint (Indiquer si ce conjoint est décédé ou s'il y a eu divorce). . . . .

Le condamné a-t-il des enfants légitimes ou légitimés ?. . . . .

personne (père, mari, tuteur, etc.) et quelle est sa profession. Tout condamné sans
moyens d'existence, qui ne travaille pas, doit être renseigné comme *sans aveu*, même
s'il dit connaître un métier. Si le condamné, sans exercer de profession, a des moyens
d'existence, le renseigner sous sa qualification sociale (rentier, pensionné, etc.).

Domicile. . . . .

Condamné conditionnellement, avec sursis de (*)   , *le*

à	*du chef de* (indiquer le nombre des infractions de chaque espèce) :	*par application de* :
1°	1°	1°
2°	2°	2°
3°	3°	3°

(**) *Ces faits ont été commis à*   , *le*

Le condamné a-t-il agi étant sous l'influence de la boisson ? ....

Le   *19* .

Le Greffier,

(*) Biffer les mots *conditionnellement avec sursis de*, si la loi du 31 mai 1888 n'a pas été appliquée.
(**) S'il s'agit d'infractions connexes ou collectives, prendre pour date le dernier acte punissable commis, en y joignant l'abréviation I. C.
Quand on ignore la date exacte à laquelle une infraction a été commise, faire connaître la période (mois, saison, année) dans laquelle cette date doit se trouver comprise, en indiquant brièvement que la date exacte est inconnue.

aux greffiers d'attendre pour faire cette transmission qu'ils en aient réuni un certain nombre : le délai imparti doit être rigoureusement observé (Circ. Min. Just., 13 février 1891).

En vue de prévenir toute omission de la part du greffier dans la délivrance des bulletins, chaque envoi est accompagné d'un inventaire conforme au modèle annexé à la circulaire du 8 mars 1899. Après s'être assuré que les bulletins mentionnés dans l'inventaire y sont annexés, le fonctionnaire préposé à ce service appose son visa sur l'inventaire qu'il renvoie au greffe intéressé. Le greffier le conserve soigneusement pour établir, le cas échéant, qu'un bulletin réclamé par le Ministère a réellement été envoyé dans les délais fixés (Circ., 8 mars 1899).

Lorsque le service reçoit un bulletin, il vérifie d'abord si le condamné qu'il concerne, est déjà connu. Dans l'affirmative, le bulletin nouveau est versé au dossier existant. Au cas contraire, on ouvre un nouveau dossier, et l'on confectionne, d'après les indications du bulletin, une fiche portant le nom, les prénoms, le lieu et la date de naissance du condamné, ainsi que le numéro du dossier.

Les fiches ainsi faites sont classées dans des meubles spéciaux par ordre alphabétique des noms, puis par ordre alphabétique des prénoms, lorsque plusieurs condamnés portent le même nom, et enfin par ordre alphabétique des lieux de naissance, dans le cas où plusieurs condamnés portent le même nom et les mêmes prénoms (Circ., 6 décembre 1894, § 3).

SECTION III. — Extraits du casier judiciaire

162. — **Cas dans lesquels il en est délivré.** — Un extrait du casier judiciaire doit être joint à chaque dossier de poursuites motivées par un des faits qui peuvent donner lieu à l'une des condamnations constatées au casier. Dans les autres cas, c'est-à-dire si le fait poursuivi n'est pas de nature à motiver, au

cas de condamnation, la rédaction d'un bulletin, il ne doit
être demandé d'extrait que si l'affaire semble devoir aboutir
à une condamnation conditionnelle (Circ., 19 mars 1891, § 1 ;
— 6 décembre 1894, § 2).

163. — **Demandes d'extraits**. — Pour obtenir des renseignements sur les antécédents judiciaires des individus contre
lesquels ils exercent des poursuites, les magistrats doivent
s'adresser au service du casier judiciaire. Il leur suffit de
transmettre à cet effet au Ministre de la Justice une demande
dont la formule a été donnée par la circulaire du 6 décembre
1894, et que nous reproduisons ci-après (page suivante). —
Ces formules sont imprimées aux frais des parquets sur les
fonds alloués pour les menues dépenses.

Il est à remarquer que l'extrait est établi sur la formule
même de demande.

Le magistrat qui demande un extrait du casier judiciaire,
doit consigner sur cette formule les renseignements relatifs à
la filiation, à l'état civil, à la profession et au domicile de
l'inculpé. S'il a des raisons de supposer que cet individu
cherche à égarer la justice sur son individualité, il doit con-
trôler ses déclarations avant de formuler sa demande, afin
d'éviter des recherches qui seraient le plus souvent infructueuses.

164. — **Délivrance des extraits**. — Dès qu'une demande parvient au service du casier judiciaire, le fonctionnaire qui en
est chargé vérifie s'il existe des bulletins de condamnation.
Il mentionne ensuite, le cas échéant, dans les colonnes dispo-
sées à cet effet, les condamnations déjà encourues. Si le résultat des recherches est négatif, il inscrit les mots ; « *Néant
au casier judiciaire* »,

PARQUET, *N°*

NOTICES, *N°*

AUDIENCE du ....

MINISTÈRE

DE

LA JUSTICE

5e DIRECTION GÉNÉRALE

—

4ᵉ SECTION

—

N°

Extrait du Casier judiciaire

demandé par ....

concernant le nommé ....

né à .... *, le* ....

fils de .... *et de* ....

....

Profession ....

Etat civil ....

Demeurant à ....

DATES des CONDAMNATIONS	COURS ou TRIBUNAUX	NATURE des CRIMES OU DÉLITS	NATURE et DURÉE DES PEINES	OBSERVATIONS Notamment durée du temps d'épreuve en cas de condamnation conditionnelle.

Bruxelles, le

Le Chef du Casier judiciaire,

SECTION IV. — **Casier spécial du vagabondage et de la mendicité**

165. — **Création d'un casier spécial.** — Pour permettre aux juges de paix d'appliquer les dispositions des articles 12 et 13 de la loi du 27 novembre 1891, sur le vagabondage et la mendicité, il a fallu créer un casier spécial de la mendicité et du vagabondage (Circ., 20 janvier 1893). En effet, le juge de paix doit, aux termes de l'article 12 de cette loi, se former une opinion exacte sur la situation de l'individu traduit devant lui, de façon à distinguer le mendiant excusable ou le vagabond par accident, qui ne relèvent que de l'Assistance publique, d'avec le mendiant professionnel extorquant l'argent de l'aumône, ou le vagabond vicieux ne vivant que de rapines ou de débauche, pour lesquels est fait le dépôt de mendicité.

Le casier judiciaire, les registres dans lesquels les entrées et les sorties sont inscrites aux dépôts de mendicité et aux maisons de refuge, les rapports des directeurs de ces établissements et les avis motivés des officiers du ministère public sur les demandes et propositions de libération des reclus, les renseignements fournis par le patronage des mendiants et des vagabonds, ont servi à constituer, dans le casier de la mendicité et du vagabondage, le dossier de chacun des individus qui ont été internés au dépôt de mendicité ou à la maison de refuge (Circ., 20 janvier 1893).

166. — **Demandes d'extraits.** — Les officiers du ministère public près les tribunaux de simple police doivent adresser directement les demandes d'extraits au Ministère de la Justice (Circ., 20 janvier 1893 ; — 6 décembre 1894, § 2).

En cas d'urgence, la demande est faite par télégramme ; nous croyons devoir signaler la formule adoptée par le Ministère de la justice, à cause de sa remarquable concision : on indique seulement les nom et prénoms de l'individu, le lieu

et l'année de sa naissance, et on fait précéder ces indications
du numéro 312 *. Le télégramme prend alors la forme suivante :

Ministre Justice Bruxelles

312 Dubois Léon, Liège, 1854

Ministère public Louvain

167. — **Formule de ces extraits.** — Les extraits du casier
de la mendicité ou du vagabondage indiquent l'âge exact,
l'état civil et la profession des individus qu'ils concernent,
leurs antécédents judiciaires (correctionnels ou criminels)
depuis 1878, le nombre d'internements qu'ils ont subis, la
date et les motifs de la dernière décision dont ils ont été
l'objet en matière de mendicité ou de vagabondage, la date
de leur dernière sortie du dépôt de mendicité ou de la maison
de refuge et les conditions dans lesquelles elle a eu lieu, le
montant de la masse de sortie qui leur a été remise, les démarches faites en leur faveur par le patronage de la mendicité et
du vagabondage (Circ., 20 janvier 1893).

Voici la formule d'un extrait :

---

* Ce numéro 312 signifie : *3ᵉ direction, 1ʳᵉ section, 2ᵉ bureau.*

Etat civil :

Profession :

Internements antérieurs :

       Nombre :

       Nature du dernier (*Dépôt* ou *refuge*) :

       Tribunal qui l'avait prononcé :

       Date et motif de la dernière sortie :

       Montant de la masse remise :

ANTÉCÉDENTS JUDICIAIRES

Date des condamnations	Cours et tribunaux	Nature des crimes ou délits	Nature et durée des peines

RENSEIGNEMENTS DIVERS

Renvoyé à Monsieur le

    Le

CHAPITRE IV

DANEMARK

—

SECTION PREMIÈRE. — **Système organisé par la circulaire
du 11 décembre 1896**

168. — **Organisation générale.** — Le casier judiciaire a été
établi en Danemark par la circulaire du Ministre de la Justice
du 11 décembre 1896 ; il fonctionne depuis le 1ᵉʳ janvier
1897.

Les renseignements judiciaires concernant chaque individu
sont réunis au tribunal de première instance du lieu de naissance.

Les bulletins, dressés au fur et à mesure des condamnations, servent à la fois à former le casier judiciaire et à assurer
le fonctionnement du service de la statistique. Nous verrons
que, pour ce motif, ils ne sont pas classés au tribunal qui les
reçoit : il en est simplement pris copie.

SECTION II. — **Bulletin de condamnation** (*Straffekort*)

169. — **Cas où il doit être établi.** — Tout tribunal de répression qui prononce une condamnation doit la relater sur un
bulletin (*Straffekort*), s'il s'agit : 1° d'une affaire criminelle ;
2° d'une affaire de police, quand la peine est autre que celle de
l'amende. — Il est même dressé un bulletin pour les condamnations à l'amende en matière de police : 1° si l'infraction
est de celles pour lesquelles la peine est aggravée au cas de
récidive (1) ; 2° s'il s'agit d'une condamnation pour voies de
fait à une amende qui excède 25 couronnes (2).

—————

(1) Le Code pénal danois n'admet pas la récidive générale.
(2) La *couronne* vaut 1 fr. 33.

Année : 190

BULLETIN PÉNAL POUR PRÉVENUS HOMMES
délivré par

1. *Nom, prénoms* et éventuellement encore surnom du prévenu :
2. *Jour de naissance* et *année de naissance* du prévenu :
3. *Lieu de naissance* du prévenu (pour les nationaux : ville ou commune rurale et juridiction ; pour les étrangers : pays) :
4. *Profession* :
    Pour les personnes au-dessous de 18 ans, en outre l'état des parents (père et mère) ou du tuteur :
5. Le prévenu est-il *célibataire, marié, veuf, séparé* ou *divorcé*?
6. Quels étaient les faits ayant motivé *la prévention*? (Ne pas remplir en cas d'acquiescement au payement d'une amende).
7. *Issue de l'affaire* : (Le prévenu a-t-il été *condamné à une peine*, a-t-il *consenti à payer une amende*, a-t-il été *acquitté*, ou l'affaire a-t-elle eu une *autre issue*? Dans les deux premiers cas, indiquer la peine ou le montant de l'amende).
8. *Crimes ou délits* pour lesquels le prévenu a été *condamné* ou a *consenti à payer des amendes*; indication des *dispositions de la loi* ayant servi de base à la condamnation ; indication du *lieu* et de *l'époque* où étaient commises les contraventions aux lois *) :

Crime, délit (Indication de la nature et des dispositions de la loi).	Où a-t-il été commis ? (Juridiction)	Quand a-t-il été commis ? (Indiquer aussi exactement que possible, la date, le mois, l'année)
a)		
b)		
c)		
d)		
e)		
f)		

*) *Plusieurs actes punis, de la même nature* et commis dans *la même* juridiction, sont portés dans une seule case comme un seul crime ou délit. Si *des actes coupables de même nature* sont commis dans *plusieurs* juridictions, la désignation (nom et §§) de l'acte est portée dans une case séparée pour chaque juridiction. — Plusieurs actes coupables *de nature différente* sont portés chacun dans une case séparée.

Si plusieurs personnes, pour lesquelles on établit des Bulletins pénaux, ont été condamnées (ou ont consenti à payer une amende) *pour le même acte coupable* (complices), l'acte est porté, comme à l'ordinaire sur le premier bulletin, qu'on remplit, tandis que — afin que dans la statistique un crime unique ne figure pas comme plusieurs crimes — sur le 2ᵉ, 3ᵉ, 4ᵉ, etc., bulletin, qu'on remplit, on ajoute après le nom (désignation de la nature) de l'acte, une marque : 2), 3), 4), etc., respectivement, afin d'indiquer que l'acte se trouve déjà porté sur les bulletins 1, 2, 3, etc. **T. S. V. P.**

9. Quand a-t-on procédé au *premier interrogatoire*?

10. Détenu du   au

11. Quand la *poursuite* a-t-elle été décrétée?

12. Quand le prononcé du *jugement* (l'acquiescement à l'amende) a-t-il eu lieu, et devant quel tribunal (tribunal extraordinaire, tribunal de police, tribunal maritime)?

13. Condamnations définitives (ou amendes) antérieures : ·

N° d'ordre	Date de la prononciation du jugement (ou du consentement au payement d'amende)	Quel tribunal a prononcé le jugement ? (Devant quel tribunal le payement de l'amende a-t-il été consenti ?)	Crime ou délit (Indication de la nature et des dispositions de la loi)	Peine	Observations

Délivré le   190 .

(Signature)

170. — **Formule des bulletins**. — Les bulletins sont établis sur des feuillets de papier fort de couleur. Ils ont 27 cent. de hauteur sur 20 cent. de largeur. Les couleurs adoptées sont : — pour les hommes, jaune clair ; — pour les femmes, bleu.

Ils doivent être conformes au modèle ci-avant (pages précédentes).

171. — **Envoi des bulletins**. — Dès que le bulletin ou *Straffekort* est établi, il est envoyé au tribunal du lieu de naissance du condamné. — Pour les étrangers et les individus dont le lieu d'origine est inconnu, le bulletin est adressé à Copenhague, au Bureau central de la Justice criminelle.

172. — **Transcription sur un registre spécial. — Répertoire.** — Dès que le bulletin est parvenu à la Cour de justice criminelle de Copenhague ou, dans les autres circonscriptions, au tribunal, il est fait mention sur un registre qui constitue en réalité le casier judiciaire d'arrondissement, de toutes les indications données par ce bulletin qui peuvent avoir un intérêt à ce point de vue. Il n'y est pas pris note de celles qui ne figurent que pour permettre d'établir la statistique.

Les bulletins ne sont pas recopiés à la suite les uns des autres ; il est ouvert sur le registre, pour chaque condamné, au moment de sa première condamnation, une feuille spéciale. En même temps, on porte les nom et prénoms du condamné sur un répertoire alphabétique et, en regard, on mentionne le folio du registre qui lui est destiné.

Quand il arrive un nouveau bulletin, on se borne à transcrire la condamnation nouvelle à la suite de celles qui figuraient déjà. — Quand la page est complètement remplie, on en ouvre une nouvelle et on le mentionne tout à la fois sur le répertoire et au bas de la page remplie.

173. — **Transmission au bureau de la statistique**. — Après que les mentions ont été faites au registre, le tribunal conserve provisoirement : — 1° les bulletins qu'il a reçus ; — 2° ceux qu'il a établis et qui concernent des condamnés nés dans sa circonscription. — Puis, à la fin de chaque trimestre, il transmet tous ces bulletins à Copenhague, au bureau de la Statistique du Royaume, établi au Ministère des Finances.

SECTION III. — **Extraits du casier judiciaire**

174. — **A qui ils sont délivrés.** — Des extraits du registre des condamnations (*Sraffeliste* [Extrait positif]; *Straffeattest* [Extrait négatif]) sont délivrés, sur leur demande, aux magistrats, aux administrations publiques et aux personnes qu'ils concernent. Il peut même en être délivré aux simples particuliers qui allèguent des raisons suffisantes (un intérêt juridique).

175. — **Forme de ces extraits.** — Quand l'individu dont on recherche les antécédents, ne figure pas au répertoire, on le constate par un certificat négatif (*Straffeattest*) dont nous donnons ci-après un spécimen (page 195).

S'il a été condamné, on relève les condamnations sur un imprimé (*Straffeliste*) dont on trouvera un spécimen (page 196).

Certificat pénal

D'après les registres des condamnations tenus au greffe du tribunal criminel et de police de Copenhague, on trouve au nom.......

N'a pas été

condamné pour crime par ce tribunal, ni par un autre tribunal de ce pays, depuis le 1er Janvier 1897.

Fait au greffe du tribunal criminel et de police de Copenhague, le

Relevé pénal.

D'après les registres des condamnations tenus au greffe du tribunal criminel et de police de Copenhague, on trouve au nom . . . .

que cette personne a déjà été condamnée :

Tribunal	Jour de condamnation	Délit	Peine

CHAPITRE V

ÉGYPTE

—

SECTION PREMIÈRE. — **Etablissement d'un casier judiciaire
auprès de la Cour d'appel indigène**

176. — **Décret khédival du 18 février 1895. — Arrêté ministériel**. — Le casier judiciaire a été établi en Egypte par un
décret du Khédive du 18 février 1895, ainsi conçu :

« Nous, Khédive d'Egypte,

« Vu les art. 12, 13, 14, 15, 16, 17 et 18 du Code pénal
en vigueur aux tribunaux indigènes ;

« Sur la proposition de Notre Ministre de la Justice et
l'avis conforme du Conseil des Ministres ;

« Décrétons :

« ART. 1. — Un bureau du casier judiciaire est institué
auprès du Parquet de la Cour d'appel indigène, sous la direction de Notre Procureur Général ;

« ART. 2. — Le Ministre de la Justice est chargé de faire
les règlements nécessaires pour assurer son fonctionnement ».

En exécution de cet article 2, un arrêté du Ministre de la
Justice en date du 7 avril 1895 a réglé les détails d'organisation.

177. — **Bases de l'organisation**. — Comme en Belgique
et dans les cantons suisses, il n'existe qu'un casier judiciaire
unique. Il est tenu au greffe de la Cour d'appel indigène
(Décr., art. 1 ; Arr., art. 1).

Ce casier se compose de cases destinées à la conservation
des *Bulletins originaux* (Arr., art. 1). Ces bulletins, comme
nous le verrons, sont établis dans chaque tribunal ou Cour
d'appel par le greffier des affaires pénales.

Le bureau du casier judiciaire est chargé de dresser les *Bulletins de renseignements*, au fur et à mesure des demandes (Arr., art. 15).

SECTION II. — **Bulletins originaux**

178. — **Cas où il en doit être dressé.** — Tout jugement ou arrêt contradictoire, par défaut ou par contumace, rendu en matière correctionnelle ou criminelle, devenu définitif, doit être constaté par un *Bulletin original* (Arr., art. 8).

Si plusieurs individus sont condamnés par le même jugement ou le même arrêt, le greffier doit dresser pour chacun un bulletin original séparé. Il mentionne au dos de chaque bulletin les noms et prénoms des co-condamnés et leur domicile (Arr., art. 8).

179. — **Mentions que doit contenir le bulletin.** — Le *Bulletin original* doit, aux termes de l'art. 2 de l'arrêté, contenir les mentions suivantes : — 1° les nom, prénoms du condamné et ses surnoms, s'il en a ; — 2° les noms et prénoms du père et du grand-père ; — 3° son âge, le lieu de sa naissance et de son domicile ; — 4° sa profession ; — 5° Son état civil et de famille (*s'il est célibataire, marié ou veuf*) ; en cas de mariage, s'il s'agit d'une femme, l'indication des nom et prénoms de son mari ; — 6° le signalement et les signes caractéristiques de sa personne ; — 7° la désignation de la juridiction qui a prononcé ; la date de la condamnation ; la nature et la durée de la peine prononcée ; la nature, la date et le lieu du crime ou du délit qui l'a motivée ; l'article de loi appliqué par le jugement ou arrêt ; — 8° l'indication si la condamnation est contradictoire, par défaut ou par contumace ; — 9° en cas de condamnation prononcée par un tribunal d'appel, l'indication du tribunal qui a statué en premier ressort, et la date du jugement ; — 10° la date de la délivrance du bulletin ; — 11° la signature du greffier qui l'a rédigé et le timbre du parquet près le tribunal ou la Cour, d'où émane la condamnation ; — 12° le numéro du dossier au greffe du tribunal qui a prononcé la condamnation ; — 13° le numéro d'inscription au répertoire de contrôle.

La mention *Récidiviste* doit être inscrite en tête et à gauche du bulletin de tout individu qui est *déclaré récidiviste* par le jugement ou l'arrêt de condamnation (Arr., art. 4).

L'énoncé des crimes ou des délits constatés dans les bulletins originaux doit être fait d'après la terminologie du Code pénal ou des lois particulières sur lesquelles ont été basées les condamnations (Arr., art. 7).

180. — Rédaction. — Vérification. — Envoi. — Dans chaque tribunal et à la Cour d'appel, le greffier des affaires pénales est chargé de dresser les bulletins originaux des condamnations prononcées par le tribunal ou la Cour d'appel dont il dépend et, en général, de remplir toutes les charges que ce service comporte (Arr., art. 5).

Les greffiers dressent les bulletins originaux d'après les éléments consignés par les officiers de police judiciaire dans leurs procès-verbaux, par les juges d'instruction dans leurs interrogatoires, par le président de l'audience dans le procès-verbal d'audience, et d'après la minute du jugement (Arr., art. 6).

Chaque greffier remet, tous les 1er et 15 de chaque mois, au chef du parquet près le tribunal ou la Cour près duquel il exerce ses fonctions, les bulletins relatifs aux individus condamnés en vertu de jugements ou arrêts correctionnels ou criminels devenus définitifs dans la quinzaine (Arr., art. 9).

Le chef du parquet examine les bulletins originaux qui lui ont été remis par le greffier ; puis il les envoie, dans le plus bref délai, au bureau du casier judiciaire (Arr., art. 10 et 11). — Tout bulletin original ainsi envoyé est accompagné d'une note d'envoi. Cette note est visée par le chef du bureau du casier, puis retournée au greffe d'origine où elle est annexée au dossier du condamné (Arr., art. 12).

Le chef de chaque parquet vérifie, tous les mois, s'il a été rédigé autant de bulletins originaux qu'il y a d'individus définitivement condamnés. Il en fait un rapport au procureur général (Arr., art. 22, § 2 et 3).

181. — **Classement**. — Dès que le chef du bureau du casier judiciaire reçoit un bulletin original, il l'inscrit sur son répertoire alphabétique de contrôle, puis il le classe au casier d'après l'ordre alphabétique (Arr., art. 13, § 1 et 21).

Les bulletins concernant le même individu sont réunis dans une chemise portant ses nom et prénoms et les numéros d'ordre des bulletins originaux qui y sont contenus (Art. 13, § 2).

Lorsque le chef du bureau reçoit un bulletin original portant la mention *récidiviste* et qu'il ne trouve pas de bulletin antérieur, il en avise le procureur général qui fait faire toutes les recherches nécessaires pour arriver à sa découverte (Arr., art. 14).

Il y a lieu d'extraire du casier, sur l'ordre du procureur général : — 1° les bulletins des individus décédés; — 2° les bulletins se rapportant à des individus qui ont atteint l'âge de 75 ans (Arr., art. 20).

Un substitut vérifie, tous les trois mois, l'état du bureau du casier judiciaire et en dresse un procès-verbal qui est communiqué au Ministre de la Justice (Art. 22, § 1ᵉʳ).

SECTION III. — Bulletins de renseignements

182. — **A qui il peut en être délivré**. — En principe, il ne peut être délivré de *Bulletins de renseignements*, c'est-à-dire d'extraits du casier judiciaire, qu'aux tribunaux et à l'intéressé lui-même. Néanmoins, le procureur général peut, dans des

cas spéciaux laissés à son appréciation, autoriser la délivrance
de bulletins de renseignements aux administrations publiques
(Arr., art. 19).

183. — Demandes. — Toute demande de *Bulletin de renseignements* est adressée au chef du bureau du casier judiciaire,
qui est chargé de le faire dresser (Arr., art. 15). Tout bulletin demandé par l'autorité judiciaire est envoyé dans les
quarante-huit heures (Art. 18).

184. — Mentions que comprennent ces bulletins. — Aux
termes de l'art. 16 de l'arrêté, tout *Bulletin de renseignements* doit reproduire toutes les énonciations des *Bulletins
originaux* relatives aux noms, prénoms, surnoms, état civil et
signalement ; il donne ensuite le relevé, suivant l'ordre chronologique, des condamnations prononcées et constatées au
casier avec l'indication, pour chacune d'elles, de sa date, de
sa durée, de la juridiction qui l'a prononcée, de la nature, du
lieu et de la date des crimes ou délits qui l'a motivée, du
texte de loi appliqué.

Il y a lieu de spécifier de plus si ces condamnations
sont contradictoires, par défaut ou par contumace. En cas
de jugement d'un tribunal d'appel, il faut mentionner le
tribunal qui a statué en premier ressort, et la date de son
jugement.

Ce bulletin est daté ; puis il est signé par l'employé qui l'a
rédigé, et par le chef du bureau du casier. Enfin, il est revêtu
du timbre du bureau du casier.

Lorsque après toutes les recherches nécessaires, le chef du
bureau du casier ne trouve pas de bulletin original applicable
à un individu, il doit envoyer son *Bulletin de renseignements*
avec la mention : « *Pas de bulletin original* » (Arr.,
art. 17).

CHAPITRE VI

ITALIE

—

185. — Législation et réglementation. — Les casiers judiciaires ont été créés par le décret royal du 6 décembre 1865, complété par le règlement annexé à ce décret. Plusieurs circulaires du Ministère des Grâces et de la Justice sont venues ensuite l'interpréter et régler certains détails d'exécution. La principale est celle du 12 avril 1886 (1), dans laquelle ont été refondues toutes les instructions antérieures.

Ces dispositions ont été partiellement modifiées par les articles 33, 34 et 35 du décret royal du 1er décembre 1889, pour l'application du nouveau Code pénal du Royaume d'Italie. — Puis la réglementation a été complétée et commentée par les Circulaires du 12 avril 1892, du 20 juin 1892, du 22 novembre 1893, du 3 décembre 1894 (2), du 21 avril 1896 (3), du 7 novembre 1898 (4).

Enfin le casier judiciaire vient d'être l'objet d'une réorganisation complète (5).

---

(1) *Circolare con cui si danvo istruzioni sul casellario giudiziale del Ministero e dei Tribunali*, n° 3912-1163 (*Raccolta delle Circolari emanati del Ministerio di Grazia o Giustizia e dei Culti*, vol. IV, p. 144).

(2) *Raccolta delle Circolari*, vol. V, p. 214, 218, 313 et 373.

(3) *Bolletino ufficiale del Ministerio di Grazia e Giustizia e dei Culti*, anno XVII, n° 18, p. 239.

(4) *Bolletino ufficiale*, etc., anno XIX, n° 43, p. 442.

(5) Consulter : Anfosso, *Il casellario giudiziale centrale*, Torino, 1895 ; — Cosenza, *Il casellario giudiziale*, Roma, 1895 ; — Luigi Lucchini, *Di una riforma tecnica del casellario giudiziale e del suo coordinamento con la statistica giudiziaria penale*, Roma, 1901 ; — de Notaristefani, *La Legge Lucchini sul casellario giudiziale*, Verona, 1902 ; — Schettini, *Il casellario giudiziale*, Roma, 1902.

Actuellement, il est régi par la loi du 30 janvier 1902 (1)
et par le décret royal du 13 avril 1902 (2), rendu en exécution de l'article 9 de cette loi. Conformément à l'article 17 de
ce décret, le Ministre des Grâces et de la Justice a élaboré
un projet de règlement général pour coordonner les dispositions nouvelles avec celles des lois et décrets antérieurs, demeurées encore en vigueur, et pour régler les détails du service. Après un long et minutieux examen au Conseil d'Etat
et après avoir subi divers remaniements, ce projet a été
approuvé par décret royal du 15 octobre 1905. Enfin il a été
adressé aux fonctionnaires chargés du casier des instructions
complémentaires approuvées par arrêté du Garde des Sceaux,
Ministre des Grâces et de la Justice, du 7 décembre 1905.

186. — **Bases de l'organisation.** — La naissance détermine
le lieu de concentration de tous les renseignements relatifs à
la situation pénale de chaque individu. Chaque fois qu'une
condamnation est prononcée, un extrait de la sentence est
expédié au tribunal du lieu de naissance ; c'est là que viennent
successivement se grouper tous les bulletins relatifs aux nouvelles condamnations encourues et les mentions des changements survenus dans la situation pénale de cette même personne.

Si donc, à un moment donné, on veut connaître les antécédents de tel ou tel individu, il suffit de s'adresser au greffe
du tribunal d'origine, ou, s'il s'agit d'un étranger ou d'un
individu d'origine inconnue, au greffe du tribunal de Rome.
Les différents renseignements consignés au casier sont alors
récapitulés en un bulletin ou certificat dressé dans une forme
déterminée.

De plus, il existe un *Casier central* au Ministère des Grâces
et de la Justice. Il n'est pas destiné, comme en France, à re-

---

(1) Publiée dans la *Gazetta ufficiale del Regno* du 7 mars 1902, n° 81.
(2) Publié dans la *Gazetta ufficiale del Regno* du 15 avril 1902, n° 88.

cevoir les bulletins qui ne peuvent être envoyés dans les casiers d'arrondissement : on y classe les duplicata de tous les bulletins, afin de concentrer au Ministère tous les éléments de la statistique criminelle. Cette organisation permet en même temps de remédier aux graves inconvénients résultant de la destruction du casier d'un arrondissement.

Telle est la base même du système ; il nous reste à exposer dans ses détails l'ensemble du service.

SECTION II. — **Casiers locaux et casier central**

§ 1er. — *Bulletins du casier judiciaire*
(Cartellini del casellario)

187. — **Cas où il doit en être dressé.** — Le casier judiciaire contient, par extrait, toutes les décisions définitives prononcées par les juges italiens, ordinaires et spéciaux, et encore celles prononcées par les juges étrangers contre des sujets italiens, lorsqu'il en a été donné officiellement communication.

En premier lieu, il y est fait mention de toutes les décisions rendues en matière pénale, sans distinguer entre les jugements ou arrêts de condamnation et les décisions d'absolution ou de non-lieu à suivre ; peu importe qu'elles soient rendues par la juridiction d'instruction ou par celle de jugement, qu'elles soient contradictoires ou par contumace. Il faut y comprendre même les mesures ordonnées (*i provvedimenti*) contre les faibles d'esprit (1), les mineurs (2) et

---

(1) « N'est pas punissable l'individu qui, au moment où il a commis le fait, se trouvait dans un état de faiblesse d'esprit de nature à lui enlever la conscience ou la liberté de ses actes. Toutefois, si le juge estime dangereuse la mise en liberté de l'inculpé déclaré irresponsable, il ordonnera qu'il soit remis à l'autorité compétente qui y pourvoira suivant la loi » (C. pén., art. 46). Cet individu est placé provisoirement dans un asile d'aliénés ; puis, à la requête du Ministère public, le président du tribunal civil prescrit, soit son admission définitive, soit sa libération (Décr., 1er décembre 1889, art. 13 et 14).

(2) « Il n'y a pas lieu de procéder contre l'inculpé qui, au moment où il a

Année   *Modèle n° 1*   Lettre B
Registre gén. n°   BULLETIN DU CASIER   N°
Relevé trim. n°   Pénal

1. NOM : | Père (Prénoms. — *Fils de* ou *de feu*) :
      Prénoms : | Mère (Nom. — *Fils de* ou *de feu*) :
      Surnoms : | (Prénoms) :

2. NÉ à   . province (*ou* Etat) de

   circonscr. du tribun. de   , le   18
   Résidant à   , province (*ou* Etat) de   19

3. FAMILLE. — *Fils légitime, naturel*
      ou *légitimé* :
         Célibataire, veuf ou *marié.* —
      Sans ou *avec enfants* et combien :

---

4. INSTRUCTION. — *Illettré* ou *a reçu*
      une instruction élémentaire ou *su-*
      périeure :

---

5. PROFESSION de celui que concerne
      le bulletin ou de ceux qui sub-
      viennent à ses besoins; en indi-
      quant s'il est *patron, ouvrier dans*
      un atelier ou *isolé* ou *paysan jour-*
      nalier :

6. DÉCISION DÉFINITIVE (*ordonnance* ou *jugement*)   du
      de   , Cour d'appel de
      le   19   (*Présent, faisant défaut* ou *contumax*);
      Détenu — provisoirement arrêté — en liberté provisoire — ou *libre* ;
      à la suite d'une (*instruction préalable, citation directe* ou *citation très di-*
         recte).

   QUALIFICATION DU DÉLIT :
      (*Tenté* ou *manqué — concours de plusieurs personnes* ou *complicité*, en in-
         diquant *si ce concours était nécessaire;* — dire, *si le délit est continu*,
         quelle en a été la durée).
      commis le   19   . — Articles appliqués :
      Causes excluant, diminuant ou aggravant la culpabilité :
                                        Articles appliqués :
   DISPOSITIF (*Non lieu à suivre, acquittement* ou *condamnation*) :
      Motif légal du relaxe ou peine
         infligée (nature, durée, etc.) :
                                        Articles appliqués :
   CONDAMNATION CONDITIONNELLE. — Terme et conditions :
   INDULT. — Portée et conditions :
   RECOURS en (*opposition, appel, cassation*) :   .   , le   19

7. DÉCISION DERNIÈRE au cas d *(appel, opposition, purge de contumace, renvoi)*
du   de   , Cour d'appel de
le   19 *(Présent, faisant défaut ou contumax)* :
(Détenu, provisoirement arrêté, en liberté provisoire ou libre) :

Qualification du délit :

 (*Tenté* ou *manqué*; *avec le concours de plusieurs personnes* ou *de complicité*,
 en disant si ce concours était *nécessaire*; si le délit est *continu*, en dire
 la durée) :

commis le   19 . Articles appliqués :
Causes excluant, diminuant ou aggravant la criminalité :
Articles :
Dispositif *(Non-lieu à suivre, acquittement* ou *condamnation*
 ou *annulation sans renvoi)* :

 Motif légal du relaxe ou de l'annulation, ou bien peine infligée (nature,
 durée, etc.) :
Articles appliqués :
Condamnation conditionnelle. Terme et conditions :
Indult. Portée et conditions :

AUTORITÉ JUDICIAIRE | COUR D'APPEL DE
(Date)   19   *(Signature de celui qui a rédigé le bulletin)*
 Vu le *(Président, juge de paix, etc.)*
(Qualité)

---

8. EXÉCUTION. — Peine subie (Si c'est une peine restrictive de la liberté, en
 quel endroit; si c'est une peine pécuniaire,
 quelle somme a été payée) :

Réprimande judiciaire (1) : subie le   19 , avec caution de
 fournie par

Suspension par   au   19
Extinction par   le   19

---

9. RÉHABILITATION accordée le 19	10. SIGNALEMENT : Taille cent.
	Diamètre antéropostérieur mill.
	Diamètre transverse mill.
Notes.	Avant-bras gauche mill.
	Médius gauche mill.
	Couleur de l'iris. Forme du nez.
	Signes particuliers :

(1) La *réprimande judiciaire* consiste en une admonition appropriée au cas particulier
de l'inculpé et aux circonstances du fait, que le juge adresse au coupable en audience
publique, en faisant ressortir les préceptes de la loi violée et les conséquences de l'infraction commise (C. pén., art. 26). Lorsque la peine est remplacée par une réprimande judiciaire, le condamné doit s'obliger à payer une amende déterminée au cas de nouvelle
infraction, sans préjudice de la peine encourue pour cette nouvelle infraction; une caution
peut être exigée (art. 27).

sourds-muets (1), conformément aux articles 46, 53 et 57 du Code pénal.

En second lieu, il faut faire figurer au casier certaines décisions intervenues en matière civile ou commerciale qui modifient la capacité des personnes : ce sont celles portant déclaration d'interdiction (*interdizione*), d'incapacité (*inabilitazione*) ou de faillite (*fallimento*) (L., 30 janvier 1902, art. 1).

En ce qui concerne les condamnations pénales, il y a lieu d'indiquer comment et à quelle époque la peine a été subie, ou si au contraire elle n'a pas été subie, soit en totalité, soit en partie, par l'effet de l'amnistie, de l'indult (2), de la grâce, de la libération conditionnelle ou pour autre cause (L., 30 janvier 1902, art. 1, § final).

188. — **Comment ils sont établis.** — **Modèle.** — Les bulletins sont, en général, établis en double exemplaire; ils sont

---

commis l'infraction, n'avait pas accompli sa neuvième année. — Néanmoins, s'il s'agit d'un fait classé par la loi au nombre des délits qui comportent, soit l'ergastule ou la réclusion, soit la détention pendant un an au moins, le président du tribunal civil, sur les réquisitions du Ministère public, pourra ordonner que, par une mesure toujours révocable, le jeune inculpé soit renfermé dans un établissement d'éducation et de correction pendant un temps qui n'excédera pas l'époque de sa majorité... » (C. pén., art. 53).

(1) « On n'exercera pas de poursuites contre le sourd-muet qui, au moment où il a commis l'infraction, n'avait pas encore accompli sa quatorzième année ; mais on pourra lui appliquer la disposition contenue dans le 2ᵉ alinéa de l'article 53, avec faculté pour le juge d'ordonner qu'il demeure enfermé dans l'établissement d'éducation et de correction jusqu'à l'âge de 24 ans » (C. pén., art. 57).

(2) **En Italie, l'indult** (*indulto*), comme l'*amnistie*, émane de l'initiative royale. Mais il s'en distingue en ce que, comme la *grâce*, il n'efface pas le délit et dispense seulement de subir tout ou partie de la peine prononcée. Toutefois, tandis que la grâce ne s'applique qu'à la personne à laquelle elle est spécialement et expressément accordée, l'indult se réfère à toute une catégorie de condamnés. C'est à ce point de vue qu'il diffère de nos *grâces collectives* avec lesquelles, sous tous les autres rapports, il a beaucoup d'analogies.

destinés, le premier (marqué A) à l'office central, le second
(marqué B) au casier du tribunal de l'arrondissement d'origine. Il peut être établi de plus un troisième exemplaire pour
les étrangers ; il est marqué de la lettre C (Décr., 13 avril
1902, art. 6; Règlem., art. 3).

Ces bulletins sont rédigés sur des formules imprimées conformément aux modèles annexés au Règlement du 15 octobre
1905 (mod. n° 1 : matière pénale ; — mod. n° 2 : matière
civile (interdiction ou incapacité) ; — mod. n° 3 : faillite).

Nous donnons ci-avant (pages 205 et 206) un spécimen d'un
bulletin mod. n° 1. — Mais nous devons en outre faire
quelques remarques. — En premier lieu, il convient d'observer
que, si plusieurs inculpations ont été relevées contre une même
personne, il convient de les indiquer successivement dans l'ordre
suivi par le jugement, en relevant pour chacune les mentions
exigées ; on emploie alors des formules 1 *bis* établies sur
feuilles doubles, sur lesquelles les indications des §§ 6 et 7
(sauf le 1er alinéa) sont répétées quatre fois ; on a pensé en
effet qu'il serait bien rare que plus de quatre inculpations
distinctes fissent l'objet d'une même décision. — En second
lieu, le bulletin ne se borne pas à indiquer la solution donnée
par la décision rendue en dernier ressort. Il mentionne d'a-
bord la première *décision définitive* intervenue ; par *définitive*, il faut entendre, non la décision passée en force de
chose jugée, mais celle qui termine la poursuite, telle que
l'ordonnance de non-lieu du juge d'instruction, le jugement
d'acquittement ou de condamnation, etc., peu importe qu'elle
ait été frappée ou non d'opposition ou d'appel. Il indique
ensuite la dernière décision (jugement sur opposition, arrêt
de la Cour d'appel, etc.), devenue irrévocable, qui fixe définitivement le résultat du procès ; mais il passe sous silence
toutes les décisions intermédiaires. Ainsi, supposons un
condamné qui a formé opposition, a ensuite interjeté appel
et, sur pourvoi, a fait casser l'arrêt : le bulletin men-

tionnera le jugement par défaut et l'arrêt rendu par la Cour de renvoi, devenu définitif faute d'un nouveau pourvoi. — Enfin l'examen des formules montre que les bulletins contiennent un certain nombre de renseignements qui n'ont pas pour objet de préciser la situation pénale du condamné, tels que son degré d'instruction, sa profession, etc. Cela tient à ce que ces bulletins doivent répondre à toutes les exigences de la statistique judiciaire dont ils forment, en Italie, les éléments fondamentaux.

189. — **Par qui ils sont dressés.** — La mission de dresser les bulletins est confiée aux greffiers, qui doivent y procéder dès que la décision est devenue irrévocable. — Si le jugement est frappé d'un recours, la rédaction des bulletins qui y sont relatifs, revient au greffier de l'autorité judiciaire, statuant sur l'opposition, l'appel ou le renvoi, qui a rendu la dernière décision en force de chose jugée (Décr., 13 avril 1902, art. 4).

Le greffier doit remplir toutes les mentions du bulletin, sauf celles relatives à l'exécution de la peine dont les éléments ne lui sont pas parvenus et qui sont ajoutées ultérieurement à l'aide de feuilles complémentaires.

Si la peine se trouve complètement subie au jour du jugement, à raison de la durée de la détention préventive, le greffier le constate sur le bulletin : « *Scontata con la carcerazione sofferta* » (Règlem., art. 5 ; — Instruct. min., § 16).

190. — **Quand ils sont dressés.** — Les bulletins doivent être établis au plus tard le dixième jour, à compter de celui où la décision est devenue irrévocable (Décr., 13 avril 1902, art. 9 ; — Règlem., art. 1er). — Au cas où il a été exercé un recours en cassation, si le pourvoi a été déclaré non recevable ou s'il y a eu désistement, le greffier de la Cour de cassation doit renvoyer dans les cinq jours les pièces à la Cour, au tribunal ou au juge de paix (*pretore*) de qui émane la décision attaquée. Le greffier de cette juridiction doit, de son côté, établir le bulletin le cinquième jour au plus tard, à compter de la réception des pièces (Règlem., art. 2). L'instruction du 7 décembre 1905 insiste spécialement sur l'observation de ce délai, condition essentielle du bon fonctionnement du casier « *norma fondamentale* ».

191. — **Fiche modèle n° 4.** — En rédigeant le bulletin, le greffier doit établir une fiche conforme au modèle n° 4 ci-dessous (Règlem., art. 6).

<table>
<tr><td></td><td align="right">Nom</td></tr>
<tr><td></td><td align="right">Prénoms</td></tr>
<tr><td></td><td align="right">Surnoms</td></tr>
<tr><td></td><td align="right">Père</td></tr>
<tr><td></td><td align="right">Mère</td></tr>
<tr><td></td><td align="right">Naissance</td></tr>
<tr><td colspan="2">à ....</td></tr>
<tr><td colspan="2">(Prov.) ....</td></tr>
<tr><td colspan="2">le ....</td></tr>
<tr><td colspan="2">Tribunal de ....</td></tr>
<tr><td colspan="2">N</td></tr>
</table>

192. — **Vérification des bulletins.** — **Mesures de contrôle.** — Dès qu'un bulletin est établi et, au plus tard, dans les vingt-quatre heures, le greffier doit le soumettre au juge de paix ou au Président de la Cour ou du tribunal qui a rendu la décision; ce magistrat le vérifie et le signe (Règlement, art. 7).

Mention de l'établissement du bulletin est faite en marge de la décision dont s'agit, et sur le registre général des procédures (Règlem., art. 6).

193. — **Lieu où les bulletins doivent être classés.** — Les bulletins série A sont tous destinés à être classés au Ministère de la Justice, où ils servent à l'établissement de la statistique.

Les bulletins série B sont classés au tribunal de la circonscription d'origine du condamné.

S'il s'agit d'un étranger, d'un Italien né à l'étranger ou d'un individu d'origine inconnue, le bulletin est envoyé au tribunal de Rome. — Il n'y a d'exception à cette règle que pour l'étranger auquel la naturalisation a été accordée par décret royal ; dans ce dernier cas, le bulletin est classé au tribunal dans la circonscription duquel cet individu a prêté le serment prescrit par l'article 10 du Code civil (Règlem., art. 7).

194. — **Envoi.** — Les deux exemplaires du bulletin (série A et série B) sont immédiatement adressés, suivant le cas, au procureur du Roi près le tribunal du lieu d'origine ou au procureur du Roi près le tribunal de Rome. Ce dernier magistrat reçoit en outre les bulletins série C (duplicata concernant les étrangers) (Règlem., art. 7).

A cet envoi, sont jointes les fiches modèle n° 4 dont nous avons donné plus haut le modèle (1) (Règlem., art. 7).

Pour la transmission de ces bulletins, il est fait usage d'un bordereau d'envoi (*Nota di accompagnamento*) conforme au modèle ci-après (page suivante).

---

(1) Voir : *supra*, n° 191, p. 210.

N. . . .

CASIER JUDICIAIRE

—

Bordereau d'envoi

—

(Office qui fait l'envoi). . . . .

de. . . . .

Le soussigné transmet à cet office (*nombre*). . . . . bulletins
. . . . concernant (*nombre*). . . . . de (*jugements, ordonnances, mesures
de protection*). . . . .
. . . . rendus par. . . . . (*indiquer l'autorité
judiciaire*. . . . . en matière. . . . .
du. . . . . 19. . au. . . . . 19. .

Le. . . . . . . 19. .

Signature. . . . .
Qualité. . . . .

A. . . . .
à. . . . .

Le soussigné déclare avoir reçu lesdits (*nombre*). . . . . (*nature des
documents*). . . . .

Le. . . . . . . 19. .

Le. . . . .
de. . . . .

A. . . . .
du. . . . .
à. . . . .

§ 2. — *Casiers locaux (Casellari locali)*

195. — **Réception des bulletins.** — **Remise au greffier.** —
Aussitôt que le procureur du roi reçoit les bulletins ainsi
envoyés, il en prend note sur un registre tenu par ordre
chronologique (*Prontuario cronologico*) (1). Il indique le
n° d'ordre, la date de la réception, le service qui lui a fait cet
envoi, le nom, les prénoms et la filiation de chacune des
personnes que concernent les bulletins (Règlem., art. 10).

Il retourne de suite à l'expéditeur le bordereau d'envoi,
après avoir rempli et signé l'accusé de réception. Puis il
remet au greffier les bulletins B (2) pour les classer dans le
casier du tribunal (Règlem., art. 10).

Quant aux bulletins A, nous verrons (3) qu'il doit les transmettre au Casier central.

196. — **Inscription au Répertoire de contrôle.** — Le greffier
enregistre sur un répertoire alphabétique (*Repertorio alfabe-
tico di controlleria*) (4) les bulletins qui lui sont remis
(Réglem., art. 14) ; il les place ensuite dans le casier.

197. — **Classement.** — Comment s'opère le classement des
bulletins dans les casiers ? Les bulletins sont disposés dans
des boîtes de carton ou de bois, un peu plus larges que les
bulletins, afin que ceux-ci puissent facilement entrer, mais
plus basses de quelques centimètres, pour qu'on lise aisément
le nom du condamné et l'année de la condamnation, placés
en tête de chaque bulletin. Les boîtes ne doivent pas avoir
plus de 30 centimètres de longueur, afin de pouvoir être facilement transportées. Une boîte de cette dimension peut contenir 500 bulletins.

---

(1) Modèle n° 7 annexé au Règlement du 15 octobre 1905.
(2) A Rome, il remet en outre les bulletins C au greffier.
(3) *Infra*, n° 200, p. 215.
(4) Modèle n° 10 annexé au Règlement du 15 octobre 1905.

Il y a une boîte correspondant à chaque lettre de l'alphabet ; si une lettre comprend un très grand nombre de bulletins, on lui consacre deux ou plusieurs boîtes.

Dans chaque boîte, les bulletins sont placés debout et disposés rigoureusement par ordre alphabétique, non seulement relativement à la première lettre du nom, mais encore par rapport aux autres lettres du nom et du prénom (Règlem., art. 11).

Pour faciliter les recherches, quand on passe d'une lettre initiale à une autre lettre initiale, on marque la séparation par un carton qui dépasse les bulletins ; on opère même ainsi, quand, pour une même lettre, on passe d'une syllabe initiale à une autre syllabe initiale (Ca — Ce — Ci — etc.) (Règlem., art. 11).

Les boîtes portent extérieurement l'indication de la lettre et des syllabes initiales des bulletins qu'elles renferment. Elles sont placées au greffe, dans une armoire fermée à clef et dans une pièce non accessible au public (Règlem., art. 12).

Le premier soin du greffier, après avoir inscrit le bulletin reçu, est de voir si l'individu qu'il concerne est ou non récidiviste ; au cas de l'affirmative, il place le nouveau bulletin avec les bulletins antérieurs relatifs à la même personne. Les bulletins qui portent le même nom sont réunis dans une chemise (*copertina*) (1) qui porte l'indication des nom et prénoms du condamné et la liste par ordre chronologique des bulletins qu'elle contient, avec leur numéro d'ordre. — Si le condamné n'est pas récidiviste, le bulletin reçoit le n° 1 et est placé à l'endroit voulu d'après l'ordre alphabétique (Règlem., art. 11).

Les bulletins relatifs aux femmes mariées ou veuves sont classés d'après le nom de naissance ; mais un bulletin de rappel (*cartellino di richiamo*) est placé aussi à l'endroit cor-

---

(1) Modèle n° 8 annexé au Règlement.

respondant au nom du mari. — La même règle est suivie
pour les individus connus habituellement sous un surnom ou
un pseudonyme (Règlem., art. 13).

198. — **Surveillance du Procureur du Roi.** — Le Procureur
du Roi est tenu : — 1° de faire, chaque mois, une inspection
du casier, avec l'aide de son registre chronologique (*prontuario cronologico*) ; — 2° de vérifier si les bulletins sont régulièrement placés et rangés dans les boîtes du casier et s'ils
sont inscrits au répertoire ; — 3° de vérifier la régularité de
la délivrance des extraits ; — 4° de transmettre, deux fois
l'an, le 10 janvier et le 10 juillet, à l'Office central, un rapport sommaire sur la tenue du casier (Règlem., art. 15).

§ 3. — *Casier central (Casellario centrale)*

199. — **Etablissement du Casier central.** — Le casier central
(*Ufficio del casellario centrale*) est établi au Ministère des
Grâces et de la Justice (Décr., 13 avril 1902, art. 1er).

200. — **Transmission des Bulletins A et C par le procureur
du Roi du lieu d'origine.** — Nous avons vu que le procureur
du Roi du lieu d'origine reçoit les bulletins A, en même temps
que les bulletins B, et que le procureur du Roi près le Tribunal de Rome reçoit, en outre, les bulletins C (1).

Ces bulletins A et C doivent être transmis au Casier central. — Chacune de ces deux séries fait l'objet d'un envoi
distinct. — Le procureur du Roi envoie : — tous les huit
jours, les bulletins série A ; — tous les trois mois, les bulletins série C (Règlem., art. 10).

En même temps que les bulletins série A, sont envoyées au
Casier central : — 1° les fiches modèle n° 4 qui ont été établies par les greffiers en même temps que les bulletins (2) ;

____

(1) Voir : *supra*, n° 195, p. 213.
(2) Velr : *supra*, n° 191, p. 210.

— 2° une copie de la partie du Répertoire chronologique (*Prontuario Cronologico*) afférente à ces bulletins (Règlem., art. 10).

201. — **Réception des bulletins A. — Double examen. — A** son arrivée, chaque envoi est inscrit sur un registre de correspondance (*Protocollo di Correspondenza*) (1).

Les bulletins qu'il comprend sont aussitôt l'objet d'un double examen. — En premier lieu, on les rapproche de la note d'envoi qui les accompagne, et, s'il y a lieu, on se reporte aux mentions de l'extrait du Répertoire chronologique joint par le Procureur du Roi, de façon à s'assurer que l'envoi est bien complet. — En second lieu, on vérifie leur contenu (Règlem., art. 16).

202. — **Classement des extraits du Répertoire. — Inscription des bulletins. —** Ces vérifications faites, l'extrait du Répertoire chronologique (*il foglio del prontuario cronologico*) est joint à ceux reçus antérieurement, de manière à former un volume. Puis il est pris note des bulletins sur les relevés trimestriels des décisions en matière pénale (*Elenchi trimestrali delle decisioni*) (Règlem., art. 16).

203. — **Classement des fiches et des bulletins A. —** Il faut bien remarquer que le casier central a été établi, non pour faire connaître les antécédents de tel individu déterminé, mais pour assurer le fonctionnement du service de la statistique criminelle ; par suite, le classement ne s'effectue pas de la même manière que dans les casiers d'arrondissement, puisque le but à atteindre est tout différent.

Chaque fiche modèle n° 4 reçoit un numéro d'ordre et ce numéro est reproduit sur tous les bulletins au nom de l'individu que concerne cette fiche. — Si on constate qu'il existait déjà une fiche, la fiche nouvelle est détruite et le numéro de

---

(1) Modèle n° 11 annexé au Règlement.

la fiche ancienne est reproduit sur le nouveau bulletin. —
Toutes ces fiches sont classées par ordre alphabétique
(Règlem., art. 19). — L'ensemble de ces fiches forme donc
un vaste répertoire alphabétique du Casier central.

Quant aux bulletins alphabétiques, ils sont classés, non pas
par ordre alphabétique, mais suivant leurs numéros d'ordre
(Règlem., art. 19).

204. — **Duplicata envoyés par les Gouvernements étrangers.**
— Les duplicata de bulletins et les extraits de jugements concernant des Italiens jugés à l'étranger qui sont communiqués
par les Gouvernements étrangers, sont transmis au Casier
central. — A l'aide des renseignements fournis par ces pièces
l'office établit des bulletins série A et série B; il conserve les
bulletins A et transmet les autres aux casiers des arrondissements d'origine (Règlem., art. 20).

205. — **Transmission des bulletins C au Ministère des Affaires
étrangères.** — Les bulletins C ou duplicata de bulletins concernant des étrangers, envoyés au Ministère conformément à
l'article 8 du décret du 13 avril 1902, sont examinés au Casier
central. On vérifie spécialement s'ils n'auraient pas trait à des
citoyens italiens. Si le résultat de l'examen est négatif,
ils sont transmis au Ministre des Affaires étrangères (Règlem.,
art. 21).

§ 4. — *Mentions à ajouter après le classement*

206. — **Feuilles complémentaires** (*Fogli complementari*).
— La date d'exécution du jugement et les autres renseignements que l'on ne peut connaître au moment de l'établissement du bulletin, sont transmis à l'aide de notes ou
feuilles complémentaires (*Fogli complementari*) (Règlem.,
art. 23) (1).

____

(1) Ces feuilles doivent être conformes aux modèles annexés au Règlement
du 15 octobre 1905 et portant les numéros 13 à 29.

207. — **Par qui elles sont établies.** — Ces feuilles complémentaires sont établies (Règlem., art. 23; — Instr. du 7 décembre 1905, § 42) :

1° celles qui ont trait à l'amnistie ou l'indult, aux condamnations conditionnelles (1), aux mesures relatives aux faillites (2), à l'interdiction ou à l'incapacité (*inabilitazione*) (3), au recouvrement des peines pécuniaires : — par le greffier de la juridiction de laquelle émane la décision constatée par le bulletin;

2° celles relatives à l'exécution des peines restrictives de la liberté : — par la direction générale des prisons, s'il s'agit d'une peine d'emprisonnement : — par le procureur du Roi ou par le juge de paix (*Pretore*) s'il s'agit d'une autre peine;

3° celles qui relatent les grâces, commutations ou réductions de peines et les décrets d'admission à la libération conditionnelle ou au bénéfice de la réhabilitation : — par le Ministre de la Justice ;

4° enfin celles qui donnent les signalements des individus arrêtés, jugés par défaut ou par contumace, dont on n'avait pas le signalement au moment du jugement : — par le service de la Sûreté ou par la direction des prisons.

208. — **Envoi. — Mentions à porter aux bulletins.** — Chaque feuille complémentaire est adressée au greffe du tribunal où est classé le bulletin auquel elle se réfère. — Le greffier fait sur le bulletin les mentions nécessaires et note, en marge de la feuille, l'accomplissement de cette formalité.

La feuille est ensuite envoyée au casier central où elle est soumise aux mêmes formalités de vérification et d'enregistrement qu'un bulletin A.

---

(1) Bénéfice du sursis acquis ou révocation du sursis.
(2) Clôture de faillite, concordat, déclaration de faillite rapportée, etc.
(3) Décisions rapportant ces mesures.

§ 5. — *Elimination des bulletins*

A. — Bulletins qui doivent être retirés

209. — **Bulletins des décédés.** — Aussitôt que parvient la nouvelle officielle de la mort d'une personne, les bulletins qui la concernent sont enlevés du casier d'arrondissement (Décr., 13 avril 1902, art. 11 ; — Règlem., art. 34).

A cet effet, l'administration des prisons est tenue d'avertir immédiatement du décès des détenus le procureur du Roi près le tribunal du lieu d'origine. Cet avis est donné à l'aide d'une feuille complémentaire conforme au modèle n° 27 (Règlem., art. 35).

210. — **Bulletins des octogénaires.** — Ce mode de procéder ne permet d'éliminer qu'un petit nombre de bulletins ; il n'y a, en effet, que très peu de condamnés qui meurent en prison, et il est impossible d'assurer l'envoi régulier d'extraits de tous les actes de décès par les maires des diverses communes. Aussi, pour remédier à ce défaut de renseignements précis et pour empêcher l'encombrement des casiers, il a été décidé que l'on retirerait du casier les bulletins constatant des condamnations concernant toute personne ayant atteint l'âge de 80 ans, excepté lorsque cette personne n'a pas encore subi la peine prononcée ; dans ce dernier cas, le retrait a lieu, dès que la peine est subie ou que la condamnation est éteinte (Décr., 13 avril 1902, art. 11).

Cette disposition a été introduite sur la proposition de M. Lucchini : « ... Il m'a été suggéré, dit le savant sénateur (1), par une personne autorisée et experte en la matière un moyen qui paraît digne d'être accueilli : il consiste à fixer une limite élevée d'âge que la grande majorité des hommes

---

(1) *Relazione dell' on. Luigi Lucchini alla Commissione per la statistica giudiziaria* (Session de février 1902), § X.

ne dépassent pas, ou, s'ils l'atteignent, à laquelle ils doivent
être réputés inoffensifs ; et je l'aurais fixée à 80 ans ; cet âge
atteint, le bulletin sera retiré... ». Nous devons toutefois faire
observer que la même mesure est depuis longtemps appliquée
en France. La Chancellerie, nous l'avons déjà dit, a ordonné,
par la circulaire du 8 décembre 1868, qu'en 1869 et ensuite
tous les dix ans, les bulletins concernant des individus âgés
de plus de 80 ans seraient extraits du casier.

211. — **Bulletins devenus sans intérêt au bout d'un certain
temps**. — De même, pour éviter l'encombrement, on doit enlever, au bout d'un certain temps, les bulletins qui ne présentent
plus d'intérêt, parce que leurs mentions ne doivent pas être
relevées sur les extraits du casier judiciaire et que, à raison du
temps écoulé, ils ne constituent plus des documents indispensables pour la statistique.

Par application de ce principe, l'article 11 du décret du
13 avril 1902 dispose que sont encore enlevés du casier :

1° au bout de dix ans à compter de leur date, les bulletins relatifs à des décisions intervenues en matière de délit,
mais ne relatant pas des condamnations irrévocables (1),
sauf quand l'action pénale n'est pas encore prescrite ; dans ce
dernier cas, le délai de dix ans court seulement à compter
du jour où la prescription est acquise ;

2° à l'expiration d'un délai de cinq ans à compter du jour
où la peine a été, soit subie, soit éteinte, ou autrement à
compter du jour de la décision, les bulletins dressés en matière
de contraventions ;

3° au bout de cinq ans à partir du jour où elles ont été
révoquées, les bulletins relatifs à des mesures (*provedimenti*)
prises, soit par application des articles 46, 53, 57 du Code
pénal, soit en matière civile ou commerciale.

---

(1) Ordonnances de non-lieu, jugements ou arrêts d'acquittement, condamnations par contumace.

212. — **Bulletins des condamnés auxquels le bénéfice du sursis est acquis.** — Enfin il y a lieu d'enlever purement et simplement les bulletins relatifs aux condamnés dont la peine doit être considérée comme non avenue par application de l'article 3 de la loi du 26 juin 1904, sur les condamnations conditionnelles (Règlem., art. 34).

B. — Mode d'élimination

213. — **Retrait par le greffier.** — **Contrôle du procureur du Roi.** — Cette élimination de certaines catégories de bulletins doit être faite avec beaucoup de soin et de discernement : il faut tout à la fois veiller à ce que les bulletins inutiles disparaissent, afin d'éviter l'encombrement, et prendre garde qu'aucun de ceux qui doivent être conservés, ne soit enlevé par erreur ou par fraude. Aussi le règlement exige que les éliminations faites dans les casiers locaux soient soumises à l'examen du procureur du Roi.

Tout bulletin paraissant rentrer dans les catégories prévues par l'art. 11 du décret est retiré après avis conforme de ce magistrat qui le vise ; puis le greffier mentionne ce retrait sur son répertoire de contrôle (Règlem., art. 34). — Ce travail se fait dans les dix derniers jours de chaque mois (Instr. min., § 51).

214. — **Transmission des bulletins retirés au casier central.** — Les bulletins retirés sont transmis mensuellement au Casier central, en même temps qu'une note établie conformément au modèle n° 34 (Règlem., art. 34).

215. — **Vérification au casier central.** — **Elimination des fiches et des bulletins A correspondants.** — Quand les bulletins éliminés parviennent au Casier central, on s'assure aussitôt de la régularité de l'élimination. Il est ensuite procédé à l'élimination des fiches modèle n° 4 et des bulletins A correspondants, mais toutefois sous la réserve suivante : au cas de mort ou de retrait pour raison d'âge, les fiches et bulletins ne sont pas retirés du Casier central avant qu'il se soit écoulé, à compter de la décision, un délai de cinq ans, en matière de contraventions, et de dix ans en matière de délits (Règlem., art. 36). Cette mesure a pour but de laisser le temps nécessaire pour faire les travaux de statistique.

Les bulletins éliminés appartenant à la série B sont détruits ; ceux de la série A sont conservés aux archives (Règlem., art. 36).

SECTION III. — Extraits du casier judiciaire

§ 1er. — Par quel office et à qui ces extraits sont délivrés

216. — **Par quel office sont délivrés ces extraits.** — En Italie, le casier judiciaire a, nous l'avons vu, un double but. En premier lieu, il fait exactement connaître les antécédents de toute personne et ainsi facilite l'œuvre de la justice, en permettant de faire une exacte application des dispositions pénales. En second lieu, il sert de base aux statistiques judiciaires ; c'est même en vue de ce dernier résultat qu'a été spécialement établi le casier central, qui sert aussi à assurer un contrôle permanent sur le fonctionnement du service.

Il en résulte que c'est à l'office du casier local qu'incombe exclusivement le soin de délivrer les extraits du casier judiciaire.

Il en faut tirer aussi cette conséquence que les extraits ne sauraient contenir le relevé des mentions dont l'inscription n'est faite au casier qu'à raison des besoins de la statistique.

217. — **A qui peuvent être délivrés ces extraits.** — Seules peuvent se faire délivrer des extraits du casier judiciaire les personnes auxquelles ce droit est accordé par les art. 2 et 3 de la loi du 30 janvier 1902.

Ce sont : — 1° les autorités judiciaires pour le service de la justice criminelle ; — 2° les administrations publiques, dans les cas limitativement fixés par l'art. 2 ; — 3° les particuliers qui réclament, soit l'extrait de leur propre casier, soit même, sous certaines conditions, celui d'un tiers.

Les causes pour lesquelles des extraits peuvent être délivrés aux administrations publiques, sont les suivantes : — 1° électorat politique ou administratif ; — 2° nomination à une fonction publique ou exercice de fonctions publiques ; — 3° recrutement militaire ; — 4° octroi ou jouissance de pensions ou de distinctions honorifiques ; — 5° concessions du Gouvernement ou de la bienfaisance publique.

Le particulier qui réclame son propre casier n'a pas à faire connaître les motifs de sa demande. Il ne peut, au contraire, se faire délivrer celui d'un tiers que dans les cas suivants dont l'énumération est strictement limitative : — 1° pour produire ce document dans une instance criminelle ou civile ; — 2° pour cause d'électorat politique ou administratif ; — 3° pour nomination à une fonction publique ou à raison de l'exercice de cette fonction.

§ 2. — *Mentions qui doivent figurer sur ces extraits*

218. — **Règle générale.** — Les mentions à porter sur l'extrait varient, suivant que la demande émane, soit de l'autorité judiciaire, soit d'une administration publique, soit d'un particulier.

219. — **Extraits délivrés aux autorités judiciaires.** — Les extraits délivrés aux autorités judiciaires ne doivent pas faire mention : — 1° des décisions ou ordonnances d'acquittement ou de non-lieu à suivre, rendues par quelque juge et pour quelque motif que ce soit, par une juridiction de jugement ou par une juridiction d'instruction ; — 2° des condamnations pour faits qu'une loi postérieure a rayés du nombre des infractions punissables ou de celles émanant de tribunaux étrangers pour faits que la loi italienne ne considère pas comme délits ; — 3° des condamnations suivies d'acquittement sur opposition ou purge de contumace, sur appel ou sur renvoi après cassation ou révision ; — 4° des condamnations pour contraventions, lorsque cinq ans se sont écoulés à compter du jour où la peine a été subie ou la condamnation éteinte (Loi, 30 janvier 1902, art. 3).

220. — **Extraits délivrés aux administrations publiques et aux particuliers.** — Les autres extraits, c'est-à-dire ceux délivrés aux administrations publiques et aux particuliers, ne mentionnent pas : — 1° les trois premières catégories de décisions indiquées dans le numéro précédent ; — 2° les jugements de faillite, d'interdiction ou d'incapacité, quand ces mesures ont été rapportées ; — 3° les mesures prises à l'égard des faibles d'esprit, des mineurs ou des sourds-muets conformément aux art. 46, 53 et 57 du Code pénal ; — 4° les condamnations pour contraventions, lorsque la peine a été convertie en réprimande judiciaire ; — 5° les condamnations éteintes par l'amnistie ou à l'égard desquelles la réhabilitation a été obtenue ; — 6° une première condamnation à une peine pécuniaire ou à une peine restrictive de la liberté personnelle seule ou accompagnée d'une autre peine non supérieure à trois mois de réclusion ou à six mois de détention, quand elle est prononcée contre un mineur de dix-sept ans, non passible des peines de la récidive dans les termes de la loi ; — 7° toute autre condamnation à *l'amende grave* (1) ou à une peine restrictive de la liberté personnelle, seule ou accompagnée d'une autre peine, non supérieure à

---

(1) Nous traduisons ainsi l'expression *multa* : c'est l'amende afférente aux délits ; elle varie entre 10 fr. au minimum et 10,000 fr. au maximum. Il y a une autre amende, l'*ammenda*, destinée à réprimer les contraventions ; elle est de 1 fr. au minimum et de 2,000 fr. au maximum.

cinq années de réclusion ou à dix ans de détention, quand s'est écoulé un délai fixé par la loi à compter du jour où la peine a été subie ou la condamnation éteinte, pourvu qu'il s'agisse d'un condamné non récidiviste, c'est-à-dire d'un délinquant primaire (1), et qu'il n'ait pas commis dans la suite une autre infraction à raison de laquelle une peine de réclusion lui ait été infligée (Loi, 30 janvier 1902, art. 4).

Le délai au bout duquel la condamnation disparaît est, en principe, de dix ans. Mais, si la condamnation n'est pas supérieure à 5,000 lire d'amende grave ou à dix-huit mois de réclusion ou à trois ans de détention, ce délai est réduit à cinq années.

De plus, le juge peut, dans la sentence de condamnation, abréger ce délai, à raison des antécédents du condamné et des circonstances de la cause ; il peut même ordonner qu'il ne sera pas fait mention de la condamnation sur l'extrait du casier, tant que le condamné ne commettra pas de nouvelle infraction pour laquelle serait infligée la peine de la réclusion Art. 4).

221. — **Diverses catégories d'extraits** (*Certificati*). — Suivant l'usage qui doit en être fait, l'extrait ou le certificat contient, soit toutes les mentions dont la loi autorise la communication, soit partie de ces mentions.

A ce point de vue, l'art. 28 du règlement a prévu trois catégories d'extraits :

1° Le *certificat général* (*Certificato generale*) qui comprend toutes les décisions classées sous le nom de la personne qu'il concerne, et que la loi permet de relever ;

____

(1) Le texte du § 7 porte simplement : « purchè si tratti di condamnato *non recidivo* » ; il n'ajoute pas, comme le § 6, qu'il doit s'agir d'une récidive légale : « recidiva *a' termini di legge* ». Il paraît résulter des travaux préparatoires que cette différence de rédaction a été intentionnellement introduite dans le texte.

2° Le *certificat pénal* (*Certificato penale*), sur lequel ne sont relevées que les décisions rendues en matière criminelle ;

3° Le *certificat de capacité civile* (*Certificato di capacità civile*), où figurent seulement les déclarations d'interdiction, d'incapacité et de faillite, et les condamnations pénales qui emportent, par décision du juge ou par effet de la loi, l'interdiction légale.

222. — **Déclarations de l'état du casier** (*Dichiarazioni del Casellario*). — Dans certains cas, soit qu'il s'agisse d'incapacités à remplir certaines fonctions, soit qu'il s'agisse de mesures à prendre par l'autorité judiciaire, telles que l'application de l'admonition, la dispense d'incarcération (*scarcerazione*), la mise en liberté provisoire, etc..., il est nécessaire de connaître toutes les décisions qui concernent un individu et, par suite, certaines de celles qui ne figurent pas sur les extraits des casiers. Aussi, pour permettre l'application de ces dispositions qui n'ont pas été abrogées, le Gouvernement a dû recourir au droit spécial que lui confère l'art. 9 de la loi du 30 janvier 1902 : cet article lui permet de prendre toutes mesures nécessaires « pour coordonner la loi sur le casier judiciaire « avec les autres lois du Royaume ». En conséquence, aux termes de l'art. 14 du décret du 13 avril 1902, l'autorité intéressée peut demander au président du tribunal du lieu où est établi le casier une *dichiarazione del Casellario*.

Cette *dichiarazione*, quand la délivrance en est autorisée, donne le relevé intégral, par ordre chronologique, de toutes les décisions relatées au casier judiciaire.

La *dichiarazione* diffère de l'extrait ordinaire à plusieurs points de vue : — 1° elle ne peut être délivrée que sur l'ordre du président du tribunal ; — 2° il faut qu'une disposition expresse d'une loi justifie sa délivrance ; — 3° elle est dépourvue de tout caractère de publicité et ne peut jamais être jointe aux pièces d'une procédure criminelle.

§ 3. — *Demandes d'extraits et de dichiarazioni*

223. — **Demandes d'extraits.** — Toute demande d'extrait doit indiquer les nom et prénoms de la personne que cet extrait concerne, les prénoms de son père, les nom et prénoms de sa mère, la date et le lieu de sa naissance. — Si elle est faite par une administration publique ou par des particuliers au nom d'autres personnes, elle précise en outre le motif pour lequel elle est faite (Règl., art. 26).

La demande émanant des particuliers doit être accompagnée de l'acte de naissance de la personne que concerne l'extrait, sauf au Procureur du Roi à admettre une autre pièce équivalente (Règl., art. 26).

La demande des particuliers et des administrations publiques est adressée au Procureur du Roi près le tribunal compétent, et, en cas de doute, à l'office central qui la transmet à l'office qui doit délivrer l'extrait (Règlem., art. 26).

Les demandes des Gouvernements étrangers sont transmises au Casier central à qui il appartient de prendre les mesures nécessaires (Règlem., art. 33).

224. — **Avis à donner par le greffier de certaines demandes antérieures.** — Quand parviennent plusieurs demandes émanant de diverses autorités judiciaires et concernant une même personne, dans un délai n'excédant pas six mois, le greffier doit informer chacune d'elles des demandes faites par les autres (Règlem., art. 27).

225. — **Demandes de dichiarazioni.** — La requête à l'effet d'obtenir une *dichiarazione del casellario* est adressée au président du tribunal du lieu d'origine (Décr., 13 avril 1902, art. 14 ; — Instr. min. du 7 décembre 1905, § 48).

Le Président examine cette requête et vérifie tout spécialement si elle est justifiée par les dispositions légales invoquées à l'appui. Si elle lui paraît fondée, il ordonne la délivrance (Décr., 13 avril 1902, art. 14).

§ 4. — *Délivrance des extraits et des dichiarazioni*

A. Extraits du casier judiciaire (*Certificati*)

226. — **Forme des extraits.** — **Modèle.** — Pour l'établissement de l'extrait, le greffier fait les recherches nécessaires au casier, d'après le nom de la personne indiquée ; puis il relève les mentions qui doivent être portées conformément aux dispositions de la loi.

Si le casier ne renferme aucune décision ou si celles qui y figurent ne peuvent, aux termes de la loi, être reproduites sur l'extrait, le greffier porte sur le certificat la mention : *Néant (Nulla).* — Dans le cas contraire, le greffier transcrit sur le certificat les mentions qui doivent y être consignées ; s'il y en a plusieurs, il les porte dans leur ordre chronologique (Règlem., art. 29).

L'extrait est établi conformément au modèle n° 30, annexé au Règlement. Nous en donnons ci-contre (page suivante) un spécimen.

227. — **Visa du Procureur du Roi.** — Le Procureur du Roi veille à ce que les extraits soient régulièrement dressés et, sur chacun, il appose son visa (Règlem., art. 30).

228. — **Mention sur le registre spécial** (*Registro dei certificati*). — Le greffier prend note de la délivrance de l'extrait sur un registre spécial conforme au modèle n° 31, puis il envoie cet extrait à l'autorité ou à la personne qui l'a demandé (Règlem., art. 30).

229. — **Délai de l'envoi.** — Toutes les formalités pour l'établissement et l'expédition de l'extrait doivent être remplies dans un délai de quarante-huit heures à compter du jour de la réception de la demande, si le Procureur du Roi n'a pas reconnu que l'envoi était urgent (Règlem., art. 30).

CASIER JUDICIAIRE

———

CERTIFICAT. . . . .

(général ou *pénal* ou *de capacité civile)*

———

Tribunal de. . . . .

———

Au nom de *(nom et prénoms)*. . . . . ,

fils de . . . . et de . . . . ,

né le. . . . . 18. . ., à. . . . . ,

province *(ou* Etat) de . . . . ;

Sur la demande de . . . . ,

pour *(motif de la demande)*. . . . . ;

On atteste que dans ce Casier judiciaire existe :

Relever les décisions par ordre chronologique, en indiquant pour chacune : — 1° la date ; — 2° la juridiction qui l'a prononcée ; — 3° le dispositif ; — 4° la qualification de l'infraction ; — 5° les articles de loi appliqués. — Ou bien mettre la mention : Néant (Nulla).

230. — **Droits dus pour la délivrance**. — L'article 8 de la loi du 25 mars 1905 a frappé les extraits du casier judiciaire *(certificati)* d'un droit de soixante centimes ; de plus, et conformément à l'article 19 de la loi du 4 juillet 1897, il doit être fait usage de papier timbré de 2 fr. 40 c. (2 francs, non compris les doubles décimes).

Le droit de soixante centimes se recouvre à l'aide d'une augmentation du prix du timbre. Les bulletins seront désormais établis sur des feuilles de timbre de 3 francs, créées spécialement pour cet usage (Règlem., art. 32).

Les indigents sont dispensés de ce droit. — Les certificats d'indigence doivent être classés par ordre alphabétique et conservés pendant un an (Règl., art. 26).

B. Dichiarazioni del casellerio

231. — **Formes de la dichiarazione**. — **Modèle**. — Les règles relatives à l'établissement et à la délivrance des *certificati* s'appliquent purement et simplement aux *dichiarazioni* (Règl., art. 34).

La *dichiarazione* est établie conformément au modèle n° 32 annexé au Règlement ; nous en donnons ci-contre (page suivante) un spécimen.

232. — **Visa du président**. — La délivrance est toutefois effectuée sous la surveillance, non du Procureur du Roi, mais du Président du tribunal. C'est ce magistrat qui doit viser la *dichiarazione*, lorsqu'elle a été établie par le greffier (Règl., art. 34 ; — Instr. min., § 50).

233. — **Mention sur le registre spécial** *(Registro dei dichiarazioni)*. — Le greffier prend note de l'envoi sur un registre spécial conforme au modèle n° 33, annexé au règlement.

CASIER JUDICIAIRE

DÉCLARATION LÉGALE

Tᴿɪʙᴜɴᴀʟ ᴅᴇ. . . . . . .

Au nom de (*nom et prénoms*) . . . . ,

fils de . . . . et de . . . . ,

né le. . . . . 18. . à . . . . ,

province (*ou* Etat) de . . . . ;

Sur la demande de (*autorité requérante*) . . . .

de . . . . , en application et pour l'exécution

de l'article . . . . . . d (*du Code* ou *de la loi*) . . . . ;

Vu la décision, en date du . . . . 19. . , du président

du tribunal qui (*autorise* ou *n'autorise pas*) la délivrance de la déclaration ;

On déclare qu'il existe :

Consigner les décisions dans leur ordre chronologique, en indiquant pour chacune :
— 1ᵛ la date ; — 2° la juridiction qui l'a prononcée ; — 3° le dispositif ; — 4° la
qualification du délit ; — 5° les articles de loi appliqués.

Oᴜ ʙɪᴇɴ, *effacer les mots :* « On déclare qu'il existe : » *et mettre la formule*
suivante : « Oɴ ɴᴇ ᴘᴇᴜᴛ délivrer ladite déclaration ».

SECTION IV. — **Incidents contentieux et mesures de répression**

234. — Incidents contentieux. — Rectifications. — Quand il s'agit, soit de résoudre une question relative à l'application de la loi sur le casier judiciaire, soit de rectifier les inscriptions faites au casier ou les mentions des extraits, l'affaire doit être soumise au président du tribunal de l'arrondissement d'origine de la personne que concerne le bulletin ou l'extrait, et au président du tribunal de Rome, s'il s'agit d'un étranger (Loi, 30 janvier 1902, art. 8, § 1).

Le président est saisi à la diligence, soit du ministère public, soit de la partie intéressée (Loi, 30 janvier 1902, art. 8, § 1).

Le procureur du Roi peut agir d'office ou sur un rapport de l'autorité ou sur une dénonciation privée. La demande aux fins de saisir le président est notifiée, suivant les règles tracées par l'article 189 du Code d'instruction criminelle et dans un délai de huit jours, à la personne à laquelle se rapporte l'inscription au casier. — Si l'instance est poursuivie par la partie intéressée, la notification doit être faite au procureur du Roi dans le même délai (Décr., 13 avril 1902, art. 12).

Le président du tribunal fixe l'audience et en fait donner avis au procureur du Roi et à la partie intéressée. — Au jour fixé, le procureur du Roi présente ou transmet ses réquisitions écrites, puis la partie intéressée, pourvu qu'elle le demande, est entendue en ses conclusions personnellement ou par l'intermédiaire d'une personne qui la représente. — La décision du président est notifiée, dans un délai de trois jours et conformément à l'article 180 du Code d'instruction criminelle, au procureur du Roi et à la partie intéressée. — La décision du président ne peut être attaquée que par la voie du recours en cassation (Décr., 13 avril 1902, art. 13).

235. — Sanctions pénales. — Quiconque, en donnant faussement le nom d'autrui au lieu de son propre nom ou en fai-

sant de fausses déclarations sur l'état civil d'un inculpé, est
cause de l'inscription au casier judiciaire d'autrui d'une mention qui ne lui est pas applicable, est puni, sauf l'application
de peines plus graves qui seraient encourues, de un à trente
mois de réclusion (Loi, 30 janvier 1902, art. 5).

Quiconque, ayant connaissance à raison de ses fonctions des
inscriptions contenues au casier, les publie ou les révèle indù-
ment à autrui, est puni d'un an au plus de détention ou d'une
amende grave (*multa*) de trois mille lire au maximum
(art. 6).

Toute personne qui obtient par fraude de faire délivrer un
extrait du casier judiciaire au nom d'autrui, ou qui, ayant
obtenu régulièrement un extrait au nom d'autrui, s'en sert
pour un usage autre que celui pour lequel il a été délivré, est
punie de six mois au plus de réclusion ou d'une amende grave
de deux mille lire au plus (art. 7).

CHAPITRE VII

—

SECTION PREMIÈRE. — Organisation du casier judiciaire

236. — **Décret royal du 19 février 1896.** — Le casier judiciaire a été organisé dans les Pays-Bas par le décret royal du 19 février 1896, complété par un arrêté ministériel pris en vertu de l'art. 14 de ce décret.

237. — **Bases de l'organisation. — Surveillance du Procureur général.** — Le casier est formé par la réunion des bulletins individuels établis par les greffiers au fur et à mesure que deviennent définitives les décisions à relater. — Ces bulletins sont adressés au greffe du tribunal du lieu de naissance de chaque condamné (Décr., art. 6, 7, 8, 11).

Les procureurs généraux près les Cours d'appel exercent directement et aussi par l'intermédiaire des procureurs de la Reine une surveillance spéciale sur la tenue et le fonctionnement des casiers judiciaires. Chaque année, avant le 1er mars, les procureurs généraux adressent à ce sujet un rapport au Ministre de la Justice (Décr., art. 21).

Pendant longtemps, le casier judiciaire n'aurait guère rendu de services s'il n'avait contenu que les condamnations postérieures à la promulgation du décret du 19 février 1896 ; aussi il a été décidé qu'un travail rétrospectif serait fait et que toutes les condamnations prononcées depuis la mise en vigueur du Code pénal du 1er septembre 1886 seraient relevées sur des bulletins (Décr., art. 22).

SECTION II. — Bulletins A et B du casier judiciaire

238. — **Cas où il en doit être dressé.** — Aux termes de l'art. 1er du décret, il y a lieu de dresser un bulletin pour constater toutes les condamnations : — 1° pour crimes et délits, sans distinction entre les infractions de droit commun et les crimes et délits militaires ; — 2° pour les contraventions de mendicité et vagabondage, prévues par les articles 432 et 433 du Code pénal ; — 3° à la peine de l'internement dans une maison de travail, en vertu de l'art. 453 du Code pénal (1).

239. — **Comment ils sont établis.** — **Modèles.** — Chaque bulletin doit indiquer (Décr., art. 6) : — 1° les nom et prénoms du condamné ; ses surnoms ou faux noms, s'il en a ; — 2° les noms de ses parents ; — 3° le jour et l'année de sa naissance ; — 4° le lieu de sa naissance ; — 5° son état civil (marié ou non, veuf ou veuve) ; — 6° sa profession ; — 7° le juge qui a prononcé la condamnation devenue irrévocable ; — 8° la date de la condamnation ; — 9° la qualification du fait pour lequel il a été condamné et mention des articles de la loi pénale qui ont été appliqués ; — 10° la peine ou les peines prononcées ; — 11° le tribunal dans l'arrondissement duquel est situé le lieu de naissance du condamné, mention nécessaire pour indiquer l'endroit où le bulletin doit être classé. Si l'individu est étranger ou si son lieu de naissance est inconnu, on indique que le bulletin doit être inséré dans le casier judiciaire du Ministère de la Justice).

Les bulletins doivent être rédigés d'après les modèles annexés au décret : — ceux des hommes sur papier blanc (Modèle A) ; — ceux des femmes sur papier bleu (Modèle B).

Nous donnons ci-après (page suivante) un spécimen d'une formule A ; la formule B contient exactement les mêmes énonciations.

---

(1) Aux termes de l'art. 453 du Code pénal, celui qui est reconnu coupable d'ivresse manifeste sur la voie publique, en troisième récidive, est condamné à une détention de trois semaines au plus ; il peut en outre, s'il est en état de travailler, être placé dans un établissement de travail de l'Etat pour un an au plus. — Le placement dans un établissement de ce genre est classé par l'art. 9 du Code pénal parmi les peines accessoires.

Modèle A

—

Année de naissance.	**BULLETIN pour le Casier judiciaire** au { Greffe du tribunal de { Département de la Justice
Nom de famille. (*Gros caractères*) Prénoms, surnoms, faux-noms.	
Noms des parents.	
Année et jour de naissance.	
Lieu de naissance. Province.	
Etat civil.	
Profession.	
Juge qui a prononcé la condamnation.	
Date de la condamnation.	
Qualification avec mention des articles de la loi pénale.	
Peine appliquée.	

Vu :		Rédigé par	
L'officier de justice Le procureur général L'avocat général	près de	Le Greffier L'auditeur militaire Le fiscal	près de

A   , le   A   , le

240. — **Par qui ils sont dressés**. — Le bulletin est rempli et signé par le greffier de la cour, du tribunal ou du juge du canton qui a prononcé la condamnation (Décr., art. 8).

Toutefois, il est dressé, si la condamnation a été prononcée : — par un conseil de guerre pour l'armée de terre, par l'auditeur militaire ; — par un conseil de guerre pour la marine en dedans des passes, par le fiscal ; — par un conseil de guerre pour la marine en dehors des passes, par le greffier de la Haute Cour militaire (Décr., art. 9).

241. — **Quand ils sont dressés**. — Quelle que soit la juridiction qui a prononcé la condamnation, le bulletin ne doit être dressé que lorsque la décision est devenue irrévocable (Décr., art. 8 et 9).

242. — **Lieu où les bulletins doivent être classés**. — Tout bulletin A ou B est envoyé au tribunal dans l'arrondissement duquel est née la personne qu'il concerne (Décr., art. 2 et 3, § 1).

Ce casier est établi au greffe du tribunal ; il est placé dans un endroit inaccessible au public. Le greffier est chargé de l'administrer, sous la surveillance du Procureur général près la Cour d'appel et de l'officier de justice (Procureur de la Reine) (art. 4).

Il existe, en outre, un casier au Ministère de la Justice. Là sont classés tous les bulletins concernant des personnes nées en Europe, mais hors du Royaume des Pays-Bas, et celles dont le lieu de naissance est inconnu (Décr., art. 2 et 3, § 2). Il est placé également dans un endroit inaccessible au public et est administré par un fonctionnaire sous la surveillance du chef du Département de la Justice (art. 5).

243. — **Envoi**. — Lorsque le lieu de naissance du condamné est situé dans l'arrondissement du tribunal qui a prononcé la condamnation, le bulletin est inséré par le greffier dans le casier du greffe de ce tribunal. — Lorsqu'il n'est pas situé dans cet arrondissement ou lorsque la condamnation émane d'une juridiction autre qu'un tribunal d'arrondissement, l'envoi est fait, suivant le cas, au tribunal de l'arrondissement d'origine ou au Ministère de la Justice (Décr., art. 8 et 9). Cette transmission est effectuée, suivant la juridiction qui a statué, par l'intermédiaire des fonctionnaires auxquels un arrêté ministériel a confié cette mission.

Les greffiers et les auditeurs militaires sont tenus de faire ces envois dans les quatorze jours qui suivent celui où la condamnation est devenue irrévocable. — Il n'y a d'exception à cette règle que lorsque la condamnation a été prononcée par un conseil de guerre de la marine en dehors des passes ; en ce cas, le bulletin est expédié dans les quatorze jours qui suivent celui où la condamnation devenue irrévocable est parvenue à la Haute Cour militaire, conformément à l'art. 201 du Code d'instruction criminelle pour la justice maritime.

244. — Classement. — Dans les casiers des tribunaux et dans le casier du Ministère de la Justice, les bulletins sont classés dans des cartons, par ordre alphabétique, d'après les noms des condamnés (Décr., art. 11). — Ceux des femmes mariées sont placés d'après le nom de famille de la femme (art. 12).

Les bulletins relatifs à une même personne sont réunis dans une chemise portant le nom du condamné.

245. — Eliminations. — Les bulletins des condamnés qui ont atteint l'âge de 80 ans et dont la dernière condamnation est devenue irrévocable depuis cinq ans, sont retirés du casier judiciaire (Décr., art. 13).

SECTION III. — **Extraits du casier judiciaire**

246. — **Par qui sont délivrés ces extraits.** — Les extraits sont délivrés par le fonctionnaire chargé de la tenue du casier (Décr., art. 17), c'est-à-dire par le greffier, dans les tribunaux, et par le fonctionnaire préposé au casier, au Ministère de la Justice.

247. — **A qui ils peuvent être délivrés.** — Les renseignements du casier ne sont jamais livrés à la publicité. L'art. 24 du décret porte : « Le greffier et le fonctionnaire mentionné « à la fin de l'article 5 (fonctionnaire chargé de la tenue du « casier du Ministère de la Justice) seront tenus de garder le « secret sur le contenu des bulletins ».

Les extraits ne peuvent, aux termes de l'article 16, être délivrés : — 1° qu'aux fonctionnaires néerlandais, dont la liste est limitativement fixée par le Ministre de la Justice, et exclusivement pour le service de la justice ; — 2° qu'aux fonctionnaires étrangers, pour l'usage de la justice et avec l'autorisation du Ministre de la Justice. — L'article 16 se termine par cette disposition : « En dehors des fonctionnaires « désignés dans cet article, les extraits du casier judiciaire ne « seront remis à personne ».

248. — **Mentions qui doivent figurer sur ces extraits.** — Les extraits du casier judiciaire doivent, aux termes de l'article 15 du décret, contenir les mentions suivantes : — 1° le nom, les prénoms, surnoms et faux noms du condamné ; — 2° les noms de ses parents ; — 3° le jour et l'année de sa naissance ; — 4° le lieu de sa naissance ; — 5° sa profession ; — 6° le tableau par ordre chronologique des condamnations encourues, en indiquant pour chacune : la date, le juge qui l'a prononcée, la qualification du fait, les articles de loi appliqués et la peine prononcée.

249. — **Demande d'extrait.** — **Délivrance.** — **Modèle.** — La demande doit être adressée au fonctionnaire chargé de la tenue du casier et de la délivrance des extraits (Greffier du tribunal ou fonctionnaire du Ministère de la Justice) (Décr., art. 17).

MODÈLE C

—

EXTRAIT DU CASIER JUDICIAIRE

de

———

Nom :

Prénoms (Surnoms, faux noms) :

Noms des parents :

Jour et année de la naissance :

Lieu de naissance :

Profession :

N° d'ordre	Date du jugement	Juge qui a condamné	Quàlification	Peines	Observations

Le greffier du tribunal d

(Signature)

Le greffier ou le fonctionnaire à qui l'extrait est demandé, recherche aussitôt s'il existe au casier des bulletins de condamnation. — S'il en trouve, il les relève sur une formule imprimée, conforme au modèle C ci-avant (page précédente) et porte toutes les mentions prescrites par l'art. 15 (Décr., art. 17 et 18). — S'il n'y a aucun bulletin et si l'individu est bien né dans l'arrondissement, il écrit en travers de l'imprimé et en gros caractères le mot « *Néant* » (1). — S'il n'y a pas d'acte de naissance applicable, il porte la mention : « *Pas né dans le ressort du tribunal de.....* » (art. 19).

La formule C. ainsi remplie, est envoyée directement et le plus tôt possible sous pli fermé au fonctionnaire qui en avait demandé la délivrance (art. 20).

---

(1) La traduction littérale du mot néerlandais est « Inconnu ».

CHAPITRE VIII

PORTUGAL

—

SECTION PREMIÈRE. — Colonies portugaises

§ 1ᵉʳ. — *Préliminaires*

250. — **Bases de l'organisation.** — Le casier judiciaire a été introduit dans les colonies portugaises par un décret du 24 août 1863, avant d'être adopté par la métropole.

Il est dressé un bulletin nominatif individuel, chaque fois qu'une condamnation est prononcée ; tous ces bulletins sont réunis au lieu de naissance des condamnés.

Le casier judiciaire est local ou central. — Au casier judiciaire de chaque tribunal, sont classés les bulletins des individus nés dans sa circonscription judiciaire ; ceux des étrangers et des individus d'origine inconnue sont envoyés à un casier central (Art. 3).

L'adjudant du procureur général de la Couronne près le Ministère de la Marine et des Colonies est le chef supérieur du casier judiciaire colonial. En cette qualité, il envoie aux membres du Ministère public des provinces des colonies, les instructions et les ordres nécessaires pour le bon fonctionnement du casier (Art. 4).

§ 2. — *Bulletins du casier judiciaire*

251. — **Cas où il en doit être dressé.** — Les décisions qui doivent être relevées sur des bulletins sont les suivantes : — 1° les arrêts de mise en accusation ; — 2° les condamnations prononcées par tout tribunal de répression ; — 3° les mandats d'arrêt décernés contre des prévenus, accusés ou condamnés en fuite ; — 4° les condamnations disciplinaires ;

— 5° les jugements déclaratifs de faillite ; — 6° les décrets portant remise ou commutation de peines ; — 7° les jugements d'interdiction rendus en matière civile (Art. 6).

252. — **Comment ils sont établis**. — Chaque bulletin doit indiquer : — 1° les nom, prénoms et surnoms du condamné ; — 2° les noms et prénoms de ses père et mère ; — 3° les jour, mois et an de sa naissance ; — 4° le lieu de sa naissance, en spécifiant la commune, le canton, le district, le département ou la province ; — 5° sa dernière résidence ; — 6° son état civil ; — 7° sa profession et le chiffre d'impôts qu'il paye ; — 8° sa religion ; — 9° son degré d'instruction ; — 10° sa condition (libre, affranchi ou esclave) ; — 11° son signalement ; — 12° la condamnation prononcée, avec l'indication de la date du jugement et du tribunal qui a statué (Art. 7).

Les bulletins concernant des individus condamnés à des peines perpétuelles et, en général, des récidivistes dangereux, doivent être accompagnés, autant que possible, de la photographie de ces condamnés. Cette photographie doit avoir, au maximum, les dimensions d'un bulletin (Art. 7).

Les bulletins doivent avoir 24 cent. de hauteur sur 15 de largeur. Ils sont en bon carton blanc et rédigés en caractères très lisibles (Art. 8).

253. — **Rédaction des bulletins**. — Aussitôt qu'une condamnation est prononcée, le greffier de la juridiction qui a statué, établit immédiatement un bulletin qu'il date et signe. Il le soumet ensuite au visa des juges qui ont rendu le jugement, et du procureur du Roi (Art. 10).

254. — **Transmission et classement**. — Les bulletins sont remis au parquet ; on y classe tous ceux qui sont relatifs à des individus nés dans le canton ; le procureur du Roi transmet les autres, soit aux parquets des divers cantons coloniaux d'où ces condamnés sont originaires, soit au casier central (Art. 11).

Les bulletins sont expédiés sans lettre d'envoi ; mais le parquet destinataire est tenu d'en accuser réception (Art. 11).

255. — **Casiers locaux**. — Les casiers locaux sont établis dans les bureaux de chaque parquet sur des rayons divisés en rangs et compartiments correspondant aux diverses lettres de l'alphabet (Art. 5).

On classe dans chaque casier les bulletins relatant les décisions rendues contre les individus nés dans le canton (Art. 6). Les bulletins doivent conserver entre eux l'ordre rigoureusement alphabétique, d'après l'indication donnée non seulement par les lettres initiales, mais encore par les autres lettres de ce nom. Ils sont placés, sur chaque rayon, dans des boîtes mobiles dont la partie supérieure est ouverte, de manière qu'on puisse facilement lire le nom écrit en gros caractères sur la première ligne (Art. 9).

S'il existe dans un casier deux ou plusieurs bulletins relatifs à un même individu, on les place, par ordre chronologique, dans une chemise sur laquelle on écrit le nom du condamné (Art. 13).

Il est tenu un répertoire alphabétique sur lequel sont inscrits, par ordre alphabétique, les noms de tous les individus auxquels s'appliquent les bulletins classés dans chaque casier. Ces répertoires servent à faciliter les recherches ; ils permettent aussi de reconnaître si un bulletin est égaré et, par suite, de procéder à son remplacement (Art. 16 et 17).

256. — **Casier central**. — Le casier central est organisé au Ministère de la Marine et des Colonies ; il est placé sous la direction immédiate de l'adjudant du procureur général de la Couronne près ce ministère (Art. 23).

Sont transmis au casier central par les employés du casier dans chaque province des colonies, les bulletins relatifs :
— 1° aux étrangers ; — 2° aux étrangers naturalisés ; —

3° aux Portugais nés en pays étranger ; — 4° aux individus dont le lieu de naissance est douteux ou inconnu (Art. 24).

257. — **Eliminations**. — Dès qu'on a acquis la certitude du décès d'un condamné, on doit retirer du casier les bulletins qui le concernent. Pour assurer l'exécution de cette prescription, les directeurs des établissements pénitentiaires donnent avis aux casiers locaux et au casier central de la mort de tous les condamnés subissant leur peine dans ces établissements (Art. 18 et 19).

258. — **Procès-verbaux mensuels de vérification**. — Les employés chargés de la tenue du casier judiciaire doivent procéder, à la fin de chaque mois, à l'examen de ces casiers. Ils en dressent un procès-verbal qui est envoyé au casier central au commencement du mois suivant (Art. 22).

§ 3. — *Extraits du casier judiciaire*

259. — **A qui ces extraits peuvent être délivrés**. — Les magistrats du ministère public et toute autorité publique peuvent demander sur chaque personne un extrait du casier judiciaire, toutes les fois que le bien du service public l'exige (Art. 20).

Les simples particuliers peuvent également demander des extraits (*Certeficados*) les concernant ou concernant toute autre personne. Toutefois, dans ce dernier cas, les extraits ne sont délivrés que si le procureur du Roi, chargé de la direction du casier, en a accordé l'autorisation, sauf recours contre sa décision à l'adjudant du procureur général de la Couronne près le Ministère de la Marine et des Colonies, chef supérieur du casier judiciaire (Art. 4 et 21).

Lorsqu'un pays étranger demande le certificat, soit d'un Portugais poursuivi pour crime, soit d'un étranger, il reçoit immédiatement satisfaction (Art. 26),

260. — **Mentions que contiennent les extraits** (*Certeficados*).
— Les extraits demandés par les administrations publiques
sont rédigés sur papier libre et gratuitement. Ceux délivrés
aux simples particuliers sont établis sur timbre de 40 reis, et
le prix en est fixé d'après un tarif établi dans chaque casier ;
le montant de ces droits est entièrement à la charge du
demandeur (Art. 20 et 21).

La formule prescrite est sensiblement la même que celle
des extraits du casier judiciaire français. Ces extraits sont
signés par le délégué du procureur du Roi, chargé de la tenue
du casier.

SECTION II. — **Royaume de Portugal**

§ 1er. — *Préliminaires*

261. — **Bases de l'organisation.** — Le décret du 24 août
1863 n'est applicable qu'aux colonies portugaises ; pour la
métropole, les casiers judiciaires ont été organisés par un
décret du 7 novembre 1872 et par une instruction royale (1)
qui porte la même date et a été publiée en même temps (2).

L'organisation de ces casiers a la plus grande analogie avec
celle adoptée en France antérieurement aux lois de 1899 et
1900. Nous allons l'exposer rapidement.

§ 2. — *Bulletins du casier judiciaire* (*Boletins*)

262. — **Cas où il en doit être établi.** — Aux termes de l'article 5 du décret, il doit être dressé un bulletin (*boletin*) pour
constater les décisions suivantes : — 1° les ordonnances de
non-lieu (3) ; — 2° les sentences de condamnation en matière
criminelle ou correctionnelle ; — 3° les peines disciplinaires

---

(1) « Para regular a execuçao do decreto d'esta data sobre a instituiçao do
registo criminal no continente do reino e ilhas adjacentes, manda S. M. El
Rei observar as sequintes Instruccoes..... ».

(2) *Journal officiel* du Royaume de Portugal, n° 271, du 29 novembre 1872.

(3) **Despachos de pronuncia.**

prononcées par des juges ou des tribunaux ; — 4° les sentences portant amnistie, grâce ou commutation de peine ; — 5° les sentences de réhabilitation, dans les termes de l'art. 129 du Code pénal ; — 6° les sentences prononçant l'interdiction ou relevant de l'interdiction (1) ; — 7° les jugements déclaratifs de faillite et de réhabilitation en cas de faillite (Décr., art. 5).

263. — **Comment ils sont établis. — Modèle.** — Les greffiers sont chargés de rédiger les bulletins, sous la surveillance et la direction du tribunal.

Chaque bulletin doit contenir les mentions suivantes : — 1° nom de la personne qu'il concerne ; — 2° noms des parents, en indiquant s'ils sont vivants ou morts ; — 3° le jour, le mois et l'année de la naissance ; — 4° le lieu de la naissance et celui du dernier domicile ; — 5° l'état et la profession ; — 6° les signes particuliers ; — 7° l'extrait de la décision à laquelle le bulletin a trait (Instr., art. 3).

Quand une décision comprend plusieurs condamnés, il doit être établi des bulletins distincts ; mais chacun d'eux doit rappeler les noms des autres co-prévenus et leurs lieux de naissance respectifs (Instr., art. 6).

Les bulletins sont établis sur des imprimés de 24 cent. sur 17 cent., conformes au modèle A annexé aux instructions et dont nous donnons ci-après (page suivante) un spécimen.

264. — **Transmission et classement. — Casiers des tribunaux.** — Il est établi un casier judiciaire *(Registo criminal)* dans chaque tribunal de première instance. Il est destiné à constater les antécédents judiciaires des individus nés dans la circonscription de ce tribunal (Décr., 7 nov. 1872, art. 1 et 2).

Les dispositions matérielles sont les mêmes que celles adoptées pour les colonies. Chaque casier contient, classés par

---

(1) Sentença d'interdieçao e cessaçao d'este estado.

MODÈLE A

—

<table>
<tr><td>

Noms.

Filiation.

Lieu de naissance.

Dernier domicile.

Date de naissance.

Etat.

Profession.

Signes caractéristiques.

</td><td>

</td></tr>
<tr><td></td><td>

EXTRAIT DE LA DÉCISION

—

Le (date).

(Signature du rédacteur)

</td></tr>
</table>

Circonscription (1) de. . . . .

(1) Comarca de. . . . . ,

ordre alphabétique, les bulletins concernant les individus nés
dans la circonscription (Décr., art. 4; Instr. roy., art. 1, 2 et 3).

265. — **Casiers spéciaux**. — Des casiers spéciaux sont institués dans les Cours de Lisbonne, Porto et Ponta-Delgada,
pour les étrangers, naturalisés ou non, les individus d'origine
incertaine et les Portugais nés à l'étranger ou dans les colonies (Décr., art. 2).

On adresse à chacune de ces Cours les bulletins concernant
les individus établis ou recueillis dans son ressort (Décr., art. 4).

266. — **Duplicata**. — Les présidents des Cours envoient au
secrétaire d'Etat des Affaires ecclésiastiques et de la Justice des
copies authentiques de tous les bulletins classés dans leurs
greffes respectifs, concernant des étrangers, afin qu'ils soient
transmis par la voie diplomatique aux gouvernements des pays
avec lesquels des conventions existent pour cet échange de
bulletins. De même des duplicata sont adressés pour tous les
Portugais originaires des colonies (Décr., art. 8).

267. — **Eliminations**. — Pour éviter l'accumulation des
bulletins inutiles, on doit retirer du casier les bulletins concernant les individus décédés (Instr., art. 11).

§ 3. — *Extraits du casier judiciaire (Certeficados)*

268. — **A qui il en est délivré**. — Il est délivré des extraits
(Certeficados) aux officiers du ministère public, aux auto-
torités judiciaires ou administratives, ainsi qu'aux simples
particuliers qui y ont été régulièrement autorisés (1) (Décr.,
art. 9).

---

(1) « ..... Assim como os que forem requeridos pelos particulares sendo
competentemente *authorisados* ». M. Mironesco nous paraît donc avoir
restreint la portée de cette disposition quand il dit (p. 157) : « L'article 9 du
« décret cité porte : *On peut demander des extraits du casier judiciaire,*
« *mais ils ne seront délivrés que par ordonnance du juge* ».

MODÈLE C

—

CIRCONSCRIPTION de. . . . .

———

Certifié que des bulletins classés au casier judiciaire de la circonscription
de. . . . ., résulte ce qui suit :

(Noms). . . . . ,

Fils de . . . . et de. . . . . ,

Né à . . . . ,

Domicilié à. . . . . ,

Date de naissance . . . . ,

Etat . . . . ,

Profession . . . . ,

Signes particuliers . . . .

———

DÉCISIONS

Au . . . . . . de . . . . . . , le . . . . . . , a été prononcé dans la
circonscription de . . . . une condamnation à . . . . ,
pour crime de . . . . ;

Au . . . . , etc. . . . .

Etc . . . .

Casier judiciaire de la circonscription de . . . .

Le . . . . 19. .

Le greffier chargé du casier,

(*Signature*)

269. — **Forme de ces extraits.** — **Modèle**. — Chaque extrait
contient toutes les indications utiles sur les noms de l'individu qu'il concerne, ceux de ses parents, le lieu et la date de
sa naissance, et donne le relevé de toutes les condamnations
prononcées. Quand un individu n'a subi aucune condamnation, le greffier se borne à constater qu'aucun bulletin le
concernant n'est cIassé au casier judiciaire (Instr., art. 12).

Ces extraits sont établis sur des formules conformes au
modèle C (Instr., art. 12), dont nous donnons ci-avant (page
précédente) un spécimen.

CHAPITRE IX

—

SECTION PREMIÈRE. — Aperçu général sur l'ensemble de la Confédération

270. — **Cantons de Berne, Vaud et Genève**. — Plusieurs criminalistes, dans des ouvrages ou dans des articles de revue, publiés antérieurement à 1895, affirmaient que le casier judiciaire existait dans certains cantons suisses ; ils indiquaient même que c'était le système français qui avait été adopté. C'est là une erreur évidente et inexplicable qu'a très justement signalée M. Mironesco (1) : avant 1895, le casier judiciaire n'existait dans aucun canton de la République helvétique. — Actuellement, il fonctionne dans trois cantons : Berne, Vaud et Genève.

271. — **Autres cantons**. — Dans tous les autres cantons, il est tenu des registres où sont inscrites les condamnations prononcées par les tribunaux du canton, et, depuis 1881, par les autres tribunaux de la Confédération contre des individus originaires de ce canton. Une circulaire du Président de la République du 29 décembre 1880 a, en effet, invité les Gouvernements des divers cantons à pratiquer entre eux l'échange des décisions criminelles et correctionnelles.

Dans certains cantons (2), il n'y a qu'un registre unique tenu au chef-lieu ; — dans les autres, il est tenu un registre distinct dans chacune des municipalités, et les renseignements sont localisés pour chaque individu dans sa commune d'origine.

---

(1) Mironesco, *Traité théorique et pratique du casier judiciaire*, p. 166,
(2) Bâle, Fribourg, Neuchâtel, Valais.

L'autorité chargée de la tenue des registres varie suivant les cantons ; le plus souvent, c'est à la police cantonale que le soin en est confié ; mais, dans certains cantons (1), cette mission incombe à l'autorité municipale.

SECTION II. — Canton de Berne

272. — **Organisation.** — Le service de constatation des antécédents judiciaires dans le canton de Berne a pour base les articles 6 et 7 du décret du 28 juin 1832, sur l'organisation de la police centrale. — Les dispositions de ces articles ont été completées par un arrêté du 4 mars 1895 et une circulaire portant la même date basée sur cet arrêté.

Aux termes de l'article 6 du décret du 28 juin 1832 : « Les « autorités judiciaires doivent transmettre à la direction de « la police centrale copie des jugements qu'elles auront rendus « en matière criminelle et de police, en tant que ces juge- « ments, quant à la police, ne concernent pas des délits « réprimés par une simple amende. Dans le cas où la peine « du bannissement aura été prononcée par ces jugements, « les signalements nécessaires seront joints à leurs copiés ».

L'article 7 ajoute : « La direction de la police centrale tient « registre exact de toutes ses opérations. Elle classe les dénon- « ciations de crimes ou concernant des criminels fugitifs qui « sont transmises, ainsi que les jugements en matière crimi- « nelle et de police, afin d'en former des archives centrales « auxquelles toutes les *autorités judiciaires* ont droit de « recourir ».

En vertu de ces articles et jusqu'en 1895, l'Inspectorat de police tenait des registres chronologiques de toutes les condamnations prononcées par les tribunaux bernois, par les tribunaux des autres cantons et des Etats avec lesquels il existait des conventions en vue d'un échange intercantonal ou inter-

---

(1) Notamment dans les cantons de Lucerne, Thurgovie et Zurich.

national des bulletins. Ces registres étaient pourvus d'une table alphabétique des noms.

Depuis 1895, on a substitué aux registres des dossiers individuels classés par ordre alphabétique et dont l'ensemble constitue un véritable casier judiciaire.

273. — **Mode de fonctionnement.** — Il est ouvert un dossier pour tout condamné ; ce dossier consiste en une chemise de papier fort, portant les nom, prénoms, date et lieu de naissance du condamné. — Chaque dossier reçoit un numéro ; il y a une série distincte de numéros pour chaque lettre de l'alphabet. — Dans ce dossier, sont classés par ordre chronologique tous les extraits de jugements relatifs à l'individu qu'il concerne.

A côté de ces dossiers, il existe deux registres : — 1° un registre alphabétique de tous les condamnés ; — 2° un registre chronologique tenu par le préposé au contrôle des peines, mais qui n'a plus de caractère officiel.

274. — **Extraits de jugements.** — Avant 1895, il était envoyé de tout jugement un extrait global, comprenant tous les individus qui figuraient dans la poursuite. Ce mode d'opérer ne présentait pas alors d'inconvénients, puisque l'Inspectorat de police faisait simplement un dépouillement de ces pièces et portait ensuite sur le registre une mention distincte pour chacun des condamnés. Mais il n'était plus en harmonie avec le système des dossiers individuels ; aussi l'arrêté et la circulaire du 4 mars 1895 ont prescrit de ne plus envoyer à l'avenir que des extraits individuels (1).

Ces extraits, qui jouent le rôle des bulletins n° 1 dans les casiers français, doivent être établis conformément au modèle ci-contre (page suivante).

---

(1) « La réorganisation que nous avons faite du contrôle pénal dans notre
« canton nécessite, pour chaque condamné, l'envoi à l'Inspectorat de police
« cantonale d'un extrait individuel de jugement, et l'exclusion des extraits

☛ Le greffe est prié d'y mettre le N° du **Casier judiciaire N°**

Extrait

du jugement rendu par

du district de   *en date du*

Prévenu :

Noms des parents :

Nom de l'époux :

Nom célibataire :

Lieu d'origine :

Canton, Département :

Pays :

Année de naissance :

Etat :

Domicile :

Délit :

Jugement :

Mis en exécution le

Pour extrait conforme :   *Le Greffier du Tribunal :*

(Formulaire **seulement** pour l'Inspectorat cantonal.)

Lorsque l'Inspectorat, en recevant un de ces extraits, constate qu'il n'existe pas encore de dossier au nom de cet individu, il s'assure que le condamné avait bien atteint l'âge de
douze ans en 1895 ; puis il vérifie les anciens registres. Si de
cet examen il résulte qu'antérieurement à 1895, il avait été
condamné, l'Inspecteur de police dresse, à l'aide des mentions
des registres, un extrait de chacune de ces condamnations sur
des formules conformes au modèle ci-contre (page suivante).
— Il les classe ensuite dans le dossier qui est établi au nom de
ce condamné.

275. — **Extraits du casier judiciaire**. — Les extraits du
casier judiciaire ne sont délivrés que pour le service de la
justice ; les intéressés eux-mêmes ne peuvent les obtenir. —
Ces extraits sont établis par l'Inspectorat de police.

En général, il est fait usage d'une formule conforme au
modèle ci-après (page 258).

Toutefois on a recours à l'imprimé ci-après (page 259),
quand l'individu dont l'extrait est demandé, a encouru des
condamnations nombreuses que ne pourrait contenir le recto
d'une formule ordinaire.

« collectifs qui jusqu'ici étaient envoyés, dans le cas où plusieurs personnes
« avaient été condamnées par un même jugement. Nous vous prions de
« vouloir bien veiller à ce que cette mesure soit appliquée dans votre
« ressort... » (Circulaire de la Direction de la police du canton de Berne, à la
Chambre criminelle, à la Chambre de police et à tous les magistrats, 4 mars
1895).

Tauf= u. Geschlechts=name. Nom, prénom. **Zuname.** Surnom.		**Jahr.** Année.	
		Ob rückfällig. Si récidiviste.	
Name des Vaters. Nom du père.		**Auszug aus dem Urteil.** **Extrait du jugement.**	
Tauf= u. Familien=name der Mutter. Nom et prénom de la mère			
Alter. Age. — Tag. Jour. Monat. Mois. Jahr. Année.			
Geburtsort. Lieu de naissance. — Gemeinde. Commune. Reg.=Bezirk. Département. Kanton. Canton. Land. Pays.			
Name u. Geschlechts=name der Gatten. Nom et prénom des époux.			
Letzter Wohnort. Dernier domicile.			
Beruf. Profession.			
Signalement. Signalement. Größe. Taille. Haare. Cheveux. Augen. Yeux. Nase. Nez. Gesichtsfarbe. Teint. Besond. Kennzeichen. Signes particuliers.		**Für getreuen Auszug testiert** Pour extrait conforme **Bern,** .... Der Polizei=Inspektor :— L'inspecteur de Police :	

Inspectorat cantonal de Police

DU

CANTON DE BERNE

RELEVÉ

DES

Bulletins individuels de condamnation

Nom : . . . .

Prénoms : . . . .

Filiation { fils de . . . .
{ et de. . . . .

Age { né le. . . . .
{ à. . . . .

Origine : . . . .

Domicile : . . . .

Profession :. . . . .

Dates des condamnations	Tribunal qui a condamné	Nature des crimes et délits	Nature et durée des peines

Berne, le   *190* .

Certifié conforme

L'INSPECTEUR CANTONAL DE POLICE :

ÉTAT DES CONDAMNATIONS

du nommé (*Nom et prénoms, noms des père et mère*)

   (*lieu d'origine*) — (*date de la naissance*)

   (*profession*)   (Dossier N°   )

N°	Date du jugement	Tribunal	Délit	Dispositif

Berne, le   190

                                 Pour le contrôle pénal :

SFCTION III. — Canton de Vaud

§ 1er. — *Organisation*

276. — **Etablissement d'un casier central.** — Le casier judiciaire a été établi par un arrêté du Conseil d'Etat du canton de Vaud, en date du 10 juin 1898.

Aux termes de l'article 2 de cet arrêté, « le casier judiciaire « central est tenu au Département de Justice et Police ». — Il est formé de bulletins individuels, dressés au fur et à mesure que sont rendues les décisions, et régulièrement classés par ordre alphabétique.

§ 2. — *Bulletins du casier judiciaire*

277. — **Cas où il en doit être établi.** — L'article 3 indique quelles décisions doivent être constatées au casier. Ce sont :

1° les jugements définitifs rendus en matière pénale par les tribunaux, présidents de tribunaux ou juges de paix et les arrêts de la Cour de cassation ; sont exceptés toutefois les jugements d'acquittement pur et simple ;

2° les arrêts de réhabilitation ;

3° les décrets de grâce ;

4° les décisions du Conseil d'Etat accordant la libération conditionnelle ou la remise de peine ;

5° les condamnations prononcées dans d'autres cantons ou à l'étranger contre des Vaudois ;

6° les jugements définitifs rendus par les tribunaux militaires suisses concernant, soit des Vaudois, soit des confédérés domiciliés dans le canton de Vaud.

278. — **Par qui ces bulletins sont dressés.** — Le greffier de la juridiction de laquelle émane la décision, n'établit pas de bulletin pour le casier central ; il envoie simplement un extrait de la décision au casier. C'est le préposé à la tenue du casier qui, à la réception de chaque extrait de condamnation (nos **1,**

5 et 6 de la nomenclature précédente), dresse lui-même le bulletin (Arr., art. 4).

279. — **Forme de ces bulletins.** — **Mentions qu'ils doivent contenir.** — Les bulletins ont 17 cent. de hauteur sur 13 cent. de largeur. Ils sont en carton blanc, pour les condamnations prononcées dans le canton, et en carton chamois, pour les condamnations prononcées hors du canton (Arr., art. 9).

Chaque bulletin contient : — le nom et les prénoms du condamné ; — sa filiation ; — la date et le lieu de sa naissance ; — son état civil et de famille ; — sa profession ; — sa bourgeoisie ; — la nature du délit ; — la date du jugement ; — le tribunal qui a jugé ; — la condamnation principale ; — la privation des droits civiques (Art. 4).

Le fait que le condamné est récidiviste ou qu'il a été jugé par défaut ou qu'il a été admis au bénéfice du sursis à l'exécution du jugement, est mentionné sous la rubrique *Observations* (Art. 4).

280. — **Comment ces bulletins sont établis.** — Avant de dresser le bulletin, le préposé vérifie s'il n'en existe pas déjà un au casier. Ce n'est qu'autant qu'il n'y a pas de bulletin antérieur, qu'il en établit un. S'il en avait déjà été classé un, c'est au verso de celui-ci qu'il mentionne au fur et à mesure les condamnations subséquentes (Art. 8).

C'est également sur le bulletin déjà classé au casier que le greffier mentionne l'arrêt de réhabilitation, le décret de grâce, la décision accordant la libération conditionnelle ou la remise de peine, au fur et à mesure que lui parviennent les extraits de ces décisions (Art. 7).

281. — **Classement.** — Les bulletins sont placés immédiatement dans l'ordre rigoureusement alphabétique, dans des boîtes mobiles sans couvercle, dites *cabriolets*. — Chaque cabriolet porte extérieurement la syllabe initiale du nom qui figure sur la première et de celui inscrit sur la dernière fiche. Ces cabriolets sont disposés par ordre alphabétique dans une armoire fermée à clef établie dans un local dont l'entrée est interdite au public (Arr., art. 10 à 13).

282. — **Revision mensuelle.** — A la fin de chaque mois, le préposé procède à la revision du casier; il retire et détruit les fiches des condamnés décédés et celles des condamnés âgés de 75 ans (art. 25).

§ 3. — Extraits du Casier judiciaire

283. — **A qui des extraits peuvent être délivrés.** — Il est délivré des extraits du casier judiciaire sur réquisition : — 1° de toute autorité publique, administrative ou judiciaire ; — 2° d'un particulier justifiant de sa vocation et de son identité (art. 15).

284. — **Demandes d'extraits.** — **Délivrance.** — Les demandes d'extraits sont adressées au Département de Justice et Police. — Celles qui sont formulées par le parquet ou par l'autorité judiciaire, dans l'intérêt d'une enquête criminelle, sont exemptes de tout examen. — Celles des particuliers ne sont prises en considération que si elles sont reconnues fondées sur des motifs sérieux et légitimes (Arr., art. 16 et 17).

Les extraits demandés sont délivrés dans le plus bref délai possible.

Ceux remis à une autorité sont gratuits ; ceux destinés aux particuliers sont soumis à un émolument d'un franc, plus les frais d'affranchissement (art. 18).

285. — **Forme des extraits.** — Les extraits portent le relevé des condamnations dans l'ordre chronologique (art. 20).

Aux termes de l'article 3, on ne mentionne que sur les extraits destinés à l'autorité judiciaire : — 1° les jugements de sursis, tant qu'ils ne sont pas exécutoires ; — 2° les jugements et arrêts acquittant des prévenus et les renvoyant à la disposition du Conseil d'Etat.

Les condamnations prononcées pour *contraventions* ne sont pas mentionnées dans les extraits délivrés dans un intérêt privé (art. 19).

SECTION IV. — Canton de Genève

§ 1er. — Organisation

286. — **Office du Casier judiciaire.** — La loi du 17 mars 1900 a créé dans le canton de Genève un *Office du Casier judiciaire* dont l'organisation a été précisée par un Règlement du 29 juin 1900.

Cet office est placé sous la direction du Département de Justice et Police (Loi, 17 mars 1900, art. 3).

Il est destiné à constater, à l'aide de bulletins individuels, toutes les condamnations encourues.

§ 2. — Bulletins du Casier judiciaire

287. — **Décisions qui doivent être constatées.** — Il doit être fait mention au casier judiciaire de toutes les condamnations pénales, contradictoires, par contumace ou par défaut, non frappées d'opposition, à une peine privative de la liberté de plus de huit jours, prononcées :

1° en quelque lieu que ce soit, contre des Genevois ou des personnes nées dans le canton de Genève ;

2° dans le canton de Genève, alors même qu'il s'agirait d'une personne née à l'étranger (Loi, 17 mars 1900, art. 1 et 2).

Il y est de plus fait mention de tout arrêt portant cassation, revision ou réhabilitation, ou prononçant l'acquittement d'une des personnes ci-dessus spécifiées (Loi, 17 mars 1900, art. 2 ; — Règlement, 29 juin 1900, art. 1).

288. — **Par qui et comment les bulletins sont dressés.** — Lorsqu'il est prononcé un arrêt ou jugement, rentrant dans les catégories prévues par la loi du 17 mars 1900 et devant être constaté au casier, le greffier de cette juridiction doit envoyer à l'Office du casier judiciaire un extrait de cette décision, dans la semaine qui suit sa prononciation (Règlement, 29 juin 1900, art. 2).

La Chancellerie d'Etat communique également à cet Office, aussitôt après réception, les extraits de jugements en matière pénale prononcés contre les Genevois ou des personnes nées à Genève et transmis par la voie diplomatique ou par les Chancelleries des autres cantons (Règlem., art. 3).

C'est à l'Office qu'incombe la mission de dresser les fiches ou bulletins qui sont ensuite classés au casier. A cet effet, il inscrit tous les extraits de jugements qui lui sont communiqués, sur des fiches classées dans l'ordre alphabétique rigoureux et portant l'état civil, tel qu'il est énoncé dans le jugement. Il s'assure de l'exactitude de cet état civil en ce qui concerne les personnes nées dans le canton de Genève. S'il y a lieu à rectification, l'Office la mentionne sur la fiche à titre de renseignement.

Il inscrit sur la fiche de condamnation la mention de l'arrêt de réhabilitation. — En cas de cassation suivie de nouvelle condamnation, d'annulation d'arrêt par contumace, d'arrêt sur appel de jugement du tribunal de police, d'opposition à un arrêt ou jugement par défaut de la Cour correctionnelle ou du tribunal de police, l'Office ne laisse figurer sur la fiche que le second arrêt ou jugement (Règlem., art. 4 et 5).

289. — **Modèle des bulletins.** — Les bulletins ou fiches sont établis sur des imprimés conformes au modèle ci-contre (page suivante).

§ 3. — *Extraits du Casier judiciaire*

290. — **A qui des extraits peuvent être délivrés.** — Il est délivré des extraits du casier judiciaire ; — 1° aux autorités

RÉPUBLIQUE ET CANTON DE GENÈVE

<table>
<tr><td>Nom, prénoms.
Surnom.</td><td></td><td>ANNÉE

Numéro d'ordre.</td></tr>
<tr><td>Prénoms du père.</td><td></td><td>EXTRAIT DE LA DÉCISION</td></tr>
<tr><td>Noms et prénoms
de la mère.</td><td></td><td>Date de la condamnation.</td></tr>
<tr><td rowspan="6">Date et lieu de naissance</td><td>Jour.</td><td rowspan="3">Cour qui a condamné.</td></tr>
<tr><td>Mois.</td></tr>
<tr><td>Année.</td></tr>
<tr><td>Commune.</td><td rowspan="3">Nature du crime ou délit.</td></tr>
<tr><td>Arrondissement.</td></tr>
<tr><td>Département.</td></tr>
<tr><td>Dernier domicile.</td><td></td><td rowspan="2">Peine prononcée.</td></tr>
<tr><td>Profession.</td><td></td></tr>
</table>

OBSERVATIONS

Pour extrait conforme :

judiciaires cantonales ; — 2° aux autorités étrangères, avec l'autorisation écrite du Département de Justice et Police ; — 3° à toute personne née à Genève, soit à elle-même, soit à son mandataire (Loi, 17 mars 1900, art. 4 et 5 ; — Règlement, 29 juin 1900, art. 7 et 8).

L'extrait ne peut, en aucun cas, être délivré à un tiers (Loi, art. 5 ; — Règlement, art. 11, § 4).

291. — **Registre des extraits délivrés.** — Il est tenu à l'Office un registre, constamment à jour, de tous les extraits délivrés (Règlem., art. 14).

292. — **Formalités spéciales pour la délivrance aux particuliers.** — Lorsqu'il reçoit une demande émanant d'une personne privée, l'Office doit constater, avant de dresser l'extrait, si le requérant justifie de son identité ou si le mandataire est muni d'un pouvoir spécial. — La légalisation de la demande d'extrait est faite sans frais (Règlem., art. 8, §§ 1 et 2).

L'Office constate également si le requérant a déjà obtenu un extrait de son casier et, dans ce cas, il s'assure que cet extrait n'est plus en sa possession ; le cas échéant, il le retire (Règlem., art. 8, § 3).

293. — **Mentions que doivent contenir les extraits délivrés aux autorités.** — Lorsque l'extrait est demandé par une autorité judiciaire cantonale ou par une autorité étrangère, l'Office relève sur cet extrait tous les renseignements qu'il possède relativement à l'individu que concerne cette pièce. Cet extrait contient : — 1° l'état civil du titulaire ; — 2° les condamnations attribuées à cet état civil et relevées par ordre chronologique ; — 3° la juridiction qui a prononcé ; — 4° les décisions portant éventuellement modifications aux condamnations (Règlem., art. 7).

294. — **Mentions que doivent contenir les extraits délivrés aux particuliers.** — L'extrait délivré aux particuliers mentionne toute condamnation recueillie par l'office, à l'exception des condamnations suivantes, spécifiées dans l'article 6 :

1° les condamnations effacées par la réhabilitation ou par la révision ;

2° celles à l'occasion desquelles un sursis a été obtenu, à moins qu'elles ne soient devenues effectives par une condamnation postérieure ;

3° les condamnations prononcées hors du canton pour faits non prévus par les lois pénales genevoises ;

4° la condamnation pour délit prononcée contre un individu âgé de moins de vingt ans, si depuis lors il n'en a pas subi de nouvelle (Loi, 17 mars 1900, art. 6 ; — Règlement, 29 juin 1900, art. 9).

Lorsqu'il n'existe à l'Office aucune fiche de condamnation contre le requérant ou que celui-ci a bénéficié des dispositions des articles 6 et 7 (1) de la loi du 17 mars 1900, l'Office délivre un extrait de casier judiciaire sans mention, en traçant dans l'espace réservé pour le relevé des condamnations une barre transversale (Règlem., art. 10).

295. — **Mentions qui, au bout d'un certain délai, cessent de figurer sur les extraits délivrés aux particuliers.** — De plus, aux termes de l'article 7, cessent de figurer sur cet extrait :

1° toute condamnation unique à une peine privative de liberté inférieure à six mois, si, dans les cinq ans de l'expiration ou de la prescription de cette peine, aucune condamnation à une peine de même nature n'a été encourue ;

2° toute condamnation unique à une peine privative de la liberté de six mois à deux ans, si, dans les dix ans de l'expiration ou de la prescription de cette peine, aucune condamnation à une peine de même nature n'a été encourue ;

3° toute condamnation unique à une peine privative de la liberté de plus de deux ans, si, dans les vingt ans de l'expira-

____

(1) Voir : *infra*, n° 295.

tion ou de la prescription de cette peine, aucune condamnation à une peine de même nature n'a été encourue.

Toutefois, la condamnation unique à une peine privative de la liberté, prononcée conjointement avec une peine accessoire, telle que l'expulsion judiciaire, la privation de certains droits, l'amende, etc., doit figurer à l'extrait, jusqu'à complète exécution ou prescription de la peine (Loi, art. 7, § final).

Toute condamnation ultérieure à une peine privative de la liberté de plus de huit jours fait cesser le bénéfice de l'art. 7 (art. 8).

296. — Certificats demandés par les personnes qui ne sont pas nées à Genève. — L'Office délivre, sur sa demande, à toute personne qui n'est pas née à Genève, un certificat constatant qu'elle n'a pas subi de condamnation à Genève. — Au cas où il existerait contre elle une fiche de condamnation, un extrait de casier est établi dans la même forme que pour les personnes originaires du canton (Règlem., art. 12).

297. — Coût des extraits. — Le coût de l'extrait du casier judiciaire est de 2 francs. L'extrait est dispensé du timbre et de l'enregistrement. — Les indigents peuvent l'obtenir gratuitement (Règlem., art. 11).

§ 4. — *Dispositions pénales*

298. — Inscription d'une condamnation au nom d'un tiers. — Quiconque, en prenant le nom d'un tiers, a déterminé l'inscription d'une condamnation au casier de ce tiers, est puni d'une peine de six mois à cinq ans de prison (art. 9, § 1).

299. — Délivrance d'un extrait à l'aide d'un faux nom. — Quiconque, en prenant un faux nom ou une fausse qualité, s'est fait délivrer l'extrait du casier judiciaire d'un tiers ou en a fait usage, est puni d'une peine d'un mois à un an de prison (art. 9, § 2).

DEUXIÈME PARTIE

Examen critique

des

différents systèmes adoptés

CHAPITRE PREMIER

PRINCIPE DU CASIER JUDICIAIRE

—

SECTION PREMIÈRE. — **Le maintien du casier judiciaire s'impose**

300. — Critiques contre la base même de l'institution. —
L'institution même du casier judiciaire doit-elle être maintenue ? Quelques attaques violentes ont été formulées contre le
casier judiciaire. « Le casier judiciaire, disaient MM. Dejeante,
Groussier, etc., dans l'exposé des motifs d'un projet de loi
annexé au procès-verbal de la séance du 12 juillet 1898,
comme toute œuvre inavouable d'ailleurs, est né dans l'ombre,
non en vertu de loi ni de décret, mais d'une simple circulaire de MM. Rouher et Abbatucci qui préparaient ainsi le
crime qu'ils voulaient commettre contre la République et
contre la France. Ces noms et cette date de 1851 suffiraient
seuls à démontrer que leurs auteurs n'avaient pas tant en vue
la moralisation des condamnés, la protection de la société,
que d'assurer, par cette œuvre policière, leurs criminels des-
seins, dont le pays subit si lourdement aujourd'hui les désas-
treuses conséquences ».

Le même argument a été repris et développé par M. Louis
Theureau (1). Après avoir rappelé que le casier judiciaire a
été organisé par « les ministres d'un gouvernement despoti-
que et sans contrôle », il expose que, par une anomalie
étrange, alors que l'on a supprimé les peines accessoires perpétuelles, on a établi l'inscription au casier qui constitue une
flétrissure ineffaçable et imprescriptible et empêche le reclassement des condamnés : « Les casiers judiciaires, dit-il, par

---

(1) *Les casiers judiciaires et un projet de casiers civils* (Paris, 1892), p. 54
et s.

« leur large publicité et par la perpétuité de leur durée, rem-
« placent donc tout cela. Et tout cela venait de l'idée de l'é-
« ternité du châtiment qui est, si l'on veut, une idée reli-
« gieuse et canonique, celle du christianisme, mais qui ne
« saurait être une idée juridique. — Les libérés se voyaient
« repoussés, *parce qu'ils étaient sous la surveillance de la
« haute police;* on refuse aujourd'hui tout travail, tout
« moyen de vivre à une foule de malheureux, *parce qu'ils
« ont un casier judiciaire* » (1).

301. — **Discussion de ces arguments.** — Deux arguments
sont donc invoqués (2).

Le premier peut se résumer ainsi : c'est sous le gouvernement impérial que les casiers ont été institués ; or toute
institution née sous ce régime ne peut avoir été organisée
que pour étouffer la liberté ; donc le casier judiciaire doit
être supprimé. — Il est peut-être superflu de répondre à
un tel argument. Si nous pouvons *a priori* considérer
comme suspecte une organisation émanant d'un gouvernement qui n'a pas nos sympathies et dont nous combattons
les tendances, nous ne devons cependant la condamner
qu'après avoir reconnu que, en fait, nos soupçons étaient jus-
tifiés, et qu'elle n'est pas en harmonie avec nos principes. Si,
au contraire, elle est bonne en soi, qu'importe son origine ?
A-t-on jamais songé, depuis 1870, à abroger en bloc toutes
les ordonnances de la Restauration et tous les décrets de
l'Empire ? De plus, si les casiers ont été organisés par un
ministre de l'Empire, l'idée première appartient à un magistrat de la République, car c'est en 1848 qu'elle a été formulée !

---

(1) Voir aussi : *supra,* n° 35, p. 47 et 48.

(2) « M. Theureau seul attaque la base même de l'institution, mais par des
« arguments si faibles qu'il est difficile de s'y arrêter » (J. Appleton, *La réforme des casiers judiciaires,* p. 40).

Le second argument a-t-il une plus grande valeur? La loi française, dit M. Theureau, veut que les crimes se prescrivent par dix ou vingt ans, les délits par trois ou cinq ans, certains délits spéciaux au bout seulement de quelques mois ; comment admettre que les mentions du casier ne soient au contraire jamais atteintes par la prescription? Puisque la prescription est d'ordre public, les casiers judiciaires ne doivent pas échapper à la loi commune. — En admettant que ce raisonnement soit exact, il démontrerait qu'il y avait lieu de modifier les casiers, tels qu'ils existaient en France sous le régime des circulaires, mais il laisse intacte la base même de l'institution.

302. — **Raisons de maintenir cette institution.** — En réalité, aucune objection sérieuse ne peut être formulée contre les casiers judiciaires, et une pratique de plus d'un demi-siècle a établi, d'une façon indiscutable, qu'ils rendent d'importants services et même qu'ils sont indispensables pour le bon fonctionnement de la justice.

C'est ce que constatait un criminaliste éminent, M. Luigi Lucchini, dans le discours qu'il a prononcé le 17 mai 1901, à Rome, à la Chambre des députés : « Ils sont très nombreux, « divers et importants, les avantages et les services que rend « le casier judiciaire : — en ce qui concerne la justice et la « police pour lesquelles il a été surtout établi, il facilite la « recherche, la poursuite et l'identification des délinquants, « et, en révélant les antécédents des inculpés, il permet d'aggraver, en cas de condamnation, la peine, comme le veut « la loi, s'ils sont récidivistes, et autrement de mieux apprécier la responsabilité et de mieux proportionner la peine; « — en ce qui regarde les administrations publiques, il les « éclaire, quand il s'agit de savoir, pour l'exercice des droits, « l'attribution des offices ou des distinctions honorifiques, s'il « n'existe pas quelque cause d'exclusion, d'indignité, d'inca-

« pacité, résultant de condamnations encourues ; — enfin,
« relativement à tous les rapports sociaux, les citoyens peu-
« vent être informés de la conduite des personnes auxquelles
« elles doivent accorder spécialement leur confiance à raison
« de leurs fonctions, de leurs travaux, de leurs relations de
« famille. — En un mot, le casier judiciaire forme une sorte
« de passeport dans toutes les relations de la vie civile ».

Ajoutons que le casier judiciaire est également nécessaire
pour le bon fonctionnement des lois électorales et des dispositions législatives sur la formation des listes du jury (1). —
Enfin, spécialement en France, il est indispensable pour assurer l'application exacte et régulière des lois sur la relégation et sur les condamnations conditionnelles.

SECTION II. — **La sanction législative est-elle nécessaire ?**

303. — **Variété des systèmes admis dans la pratique. —
Position de la question à résoudre.** — Quelle doit être la nature de l'acte qui établit le casier judiciaire et en fixe les
bases ? Faut-il nécessairement une loi ? Suffit-il d'un décret
ou même d'une simple circulaire.

En France, depuis 1899, en Allemagne, en Italie, et dans
le canton de Genève, le casier judiciaire est organisé par une
loi. — Le casier judiciaire est régi : — dans les Pays-Bas, en
Portugal et dans le canton de Berne, par des décrets ; — dans
le canton de Vaud, par un arrêté du Conseil d'Etat ; — en
Autriche, en Belgique et en Danemark, par des ordonnances
ministérielles ou même par de simples circulaires. Rappelons
que c'est sous ce dernier régime qu'était le casier judiciaire
français jusqu'en 1899.

Pratiquement, la règle est donc loin d'être uniforme ; mais
avant de la préciser théoriquement, il est indispensable de déterminer la nature du casier judiciaire.

----

(1) Voir : *supra*, nº 32, p. 37 ; nº 33, p. 39 et 40.

304. — **Nature du casier judiciaire.** — 1er système. **L'inscription au casier est une peine.** — M. le professeur Léveillé (1) a posé en principe que l'inscription au casier constitue une véritable peine accessoire (2), et voici par quel raisonnement il justifie cette proposition : « La peine en soi est une souf-« france que la société inflige au délinquant à raison de l'in-« fraction qu'il a commise. Il y a des peines qui atteignent « le coupable dans sa liberté, comme l'emprisonnement ; « d'autres qui l'atteignent dans sa fortune, comme l'amende ; « d'autres qui l'atteignent dans sa considération, comme la « publication d'un jugement de condamnation. Le Code pé-« nal, dans son article 36, avait prescrit l'affichage des arrêts « de la Cour d'assises, et les commentateurs du Code ont « qualifié très exactement de peine cette divulgation pénible « des sentences rendues contre les accusés. Eh bien ! l'ins-

---

(1) Journal *Le Temps*, 3 et 27 mars, 1er avril 1891.

(2) En ce sens : Appleton, *La réforme des casiers judiciaires*, p. 36 et s.; Theureau, *Les casiers judiciaires et un projet de casiers civils*, p. 52. — M. Theureau dit à propos des duplicata destinés à former le casier électoral : « Il n'en est pas moins de toute évidence que cet emploi politique des casiers « judiciaires fait qu'ils ne sont plus une simple collection de renseignements « pour les besoins de la justice, mais qu'ils constituent par eux-mêmes, sur-« tout dans un pays de suffrage universel, une des plus dures pénalités qui « est d'exclure pour toujours les personnes qu'ils concernent de l'exercice de « leurs droits de citoyens, sans qu'un tribunal quelconque leur ait légalement « enlevé ces droits. La peine principale, celle que le juge prononce en vertu « de la loi, n'aura été que de quelques semaines de prison ou même d'une « amende seulement, et les casiers judiciaires et casiers administratifs élec-« toraux, qui ne sont que les mêmes après tout, créent ainsi une peine annexe « véritablement formidable, une incapacité politique perpétuelle ni édictée « dans une loi ni prononcée par un tribunal et qui ne résulte que de circu-« laires ministérielles ». Quelle étrange erreur ! Evidemment le jugement ne prononce pas la privation du droit de vote, parce que les peines accessoires sont encourues de plein droit et que la loi électorale porte que tout individu ayant encouru telle condamnation sera privé du droit de vote, suivant le cas, pendant un temps déterminé ou à perpétuité. Mais c'est la *loi* qui édicte cette peine et le casier permet simplement d'en faire une exacte application. Et c'est avec des arguments de cette force que l'on a cherché à battre en brèche le casier judiciaire !

« cription au casier est plus cruelle encore que l'affiche de
« l'article 36. Celle-ci ne dure souvent qu'un jour ; le premier
« vent qui souffle, la première pluie qui tombe, la déchire et
« l'emporte en lambeaux. L'inscription au casier, c'est l'af-
« fiche permanente, c'est l'affiche qui ne disparaît plus, c'est
« l'affiche perpétuelle, c'est l'affiche qui dénonce même les
« plus légères infractions et les plus légères condamnations
« correctionnelles. Aussi, dans la commission de révision du
« Code pénal, avons-nous, sans hésiter, porté sur la liste des
« peines proprement dites la publication des jugements ré-
« pressifs, sans nous préoccuper des variétés possibles de la
« publication » (1).

305. — 2ᵉ **système**. — **Le casier judiciaire ne constitue
qu'un service d'ordre purement intérieur.** — Quelle que soit
l'autorité qui s'attache au nom de M. Léveillé, nous ne saurions
admettre son système.

Qu'est-ce en effet qu'une *peine accessoire ?* C'est une *peine*
qui a pour but d'assurer l'efficacité de la peine principale et
qui est la conséquence obligatoire de la condamnation à cette
peine principale. Que l'inscription au casier soit la conséquence obligatoire d'une condamnation, nous le reconnaissons.
Nous admettrons même que, dans une certaine mesure, elle
a pour but d'assurer l'efficacité de la peine principale, puisqu'elle permet d'en tirer toutes les conséquences de droit et
de fait au point de vue, tant de la récidive et même de la réitération, que des incapacités, des déchéances ou des indignités
qu'elle peut entraîner. Mais reste l'élément principal : a-t-elle
le caractère d'une peine au sens légal du mot ?

M. Léveillé dit : « l'inscription au casier c'est l'affiche
permanente » ; or l'affichage du jugement est une peine
accessoire (2). La déduction est très juste, mais à la condi-

____

(1) *Le Temps,* 27 mars 1891.
(2) On a soutenu que l'affichage de la condamnation n'est pas une peine :

tion que l'assimilation entre l'inscription au casier et l'affichage soit exacte. C'est ce qu'il importe de vérifier.

Pour que l'inscription au casier soit une *peine*, il faut que, par elle-même, elle constitue un châtiment, un mal qui vient s'ajouter aux autres mesures de répression résultant du jugement de condamnation. Or en est-il ainsi ? Nullement, et nous allons essayer de le démontrer.

D'abord, il est évident qu'en fait, aucune analogie n'existe entre l'inscription au casier et l'affichage. Comment peut-on assimiler à des placards, imprimés sur papier blanc pour les signaler à l'attention et apposés aux regards du public dans les endroits les plus fréquentés, des bulletins déposés dans les archives d'un greffe, dans un local dont l'accès est rigoureusement interdit au public? Il est vrai que des extraits peuvent en être délivrés ; mais, même au temps où la publicité a été la plus large, cette délivrance a toujours été entourée de mesures de précaution destinées à prévenir les abus.

Il n'y a pas là incontestablement cette publicité retentissante dont se plaignait M. Léveillé. Ce n'est pas, nous l'avons déjà dit autrefois dans un *Discours de rentrée* (1), l'incription au casier judiciaire qui donne aux condamnations leur véritable publicité, c'est l'insertion des débats dans nos journaux quotidiens. Au lendemain de chaque audience, la presse publie les résultats de toutes les affaires soumises aux tribunaux correctionnels et aux Cours d'assises ; elle relate soigneusement toutes les circonstances du délit ou du crime,

---

c'est seulement un mode de publication. L'inscription au casier, si on admet qu'elle constitue un système spécial d'affichage, est donc aussi, non une peine, mais un mode de publication (C. de Vence, *Bull. de la Soc. des pris.*, 1891, p. 740). Mais cet argument tombe en présence des termes de l'article 36 du Code pénal ; cet article, qui se trouve au Livre I de ce Code, intitulé « *Des peines en matière criminelle et correctionnelle et de leurs effets* », prévoit l'impression et l'affichage des arrêts en matière criminelle. Donc l'affichage est bien une peine.

(1) *La réforme du Casier judiciaire*, p. 14.

les diverses phases de la procédure, les incidents qui se sont produits, les déclarations des témoins, l'interrogatoire du prévenu et la décision du tribunal ou de la Cour. Tous ces détails ne sont-ils pas de nature à rester bien plus longtemps fixés dans l'esprit de ceux qui les lisent, que la formule concise, que le résumé de la qualification légale qui figure sur les bulletins du casier judiciaire? De plus, ces comptes rendus de la presse ne sont pas, comme les extraits du casier, communiqués seulement à certains fonctionnaires ; ils circulent librement, ils passent sous les yeux de tous : ce sont des documents imprimés que chacun peut conserver pour s'en servir au besoin et les produire au moment qu'il jugera opportun.

On répondra, il est vrai, que cette publicité, quelque retentissante qu'elle soit, se produit au moment même du jugement et ne laisse d'impression que dans la région même où les faits se sont passés : la plupart du temps, il suffira au condamné de se rendre, à sa sortie de prison, dans une autre localité, et là personne ne se doutera qu'il est un repris de justice et vient de subir une peine. — Au contraire, les inscriptions au casier, sous des apparences plus discrètes, sont bien autrement dangereuses : elles suivent partout le malheureux libéré et le montrent, à toute époque, non plus à la masse des indifférents, mais à ceux précisément qui ont un intérêt à connaître son passé.

Ce nouvel argument ne nous paraît pas devoir résister à un examen sérieux. En effet, la publicité indéfinie de la condamnation ne résulte pas de l'institution du casier judiciaire ; elle est de l'essence même du jugement. Il est de principe dans notre droit que tout jugement est absolument public : il est rendu, à peine de nullité, en audience publique, alors même que les débats ont eu lieu à huis clos, et il demeure indéfiniment public, puisque toute personne a le droit, à quelque époque que ce soit, d'en prendre communication et de s'en faire délivrer une expédition.

Le législateur a pensé qu'il y aurait les plus grands inconvénients, au point de vue de la moralisation sociale, à ce que les condamnations restâssent secrètes. Ceux qui ne sont pas guidés exclusivement par le sentiment du devoir, ceux, et ils sont nombreux dans toutes les classes de la société, dont le sens moral est affaibli, sont-ils arrêtés, quand il leur vient une pensée coupable, par la seule crainte du châtiment ? Quelques jours de prison, une amende plus ou moins forte, qu'ils éviteront peut-être, sont-ils de nature à tant les effrayer ? Ce qui les retient, c'est qu'ils savent que leur délit sera connu de tous, que la honte de leur condamnation sera publique et qu'ils seront déshonorés et flétris aux yeux de leurs concitoyens.

A-t-il eu tort (1) ? A-t-il eu raison ? Nous n'avons pas à le rechercher ici. Tout ce que nous devons constater, c'est que le casier judiciaire n'a été qu'une simple mesure d'exécution d'une prescription fondamentale de nos lois. Il ne constitue pas une institution spéciale et distincte : c'est un vaste répertoire, une immense table alphabétique de toutes les décisions judiciaires prononcées en France, dont les différentes séries de fiches sont réparties entre les greffes de tous les tribunaux de première instance. Ce n'est, en d'autres termes, que l'application, sous une forme pratique, des dispositions des articles 600 et suivants du Code d'instruction criminelle qui avaient établi la centralisation des renseignements aux Ministères de la Justice et de la Police générale de toutes les décisions rendues par la justice criminelle (2).

____

(1) On a invoqué en sens contraire les inconvénients de la publicité qui empêche les libérés de trouver du travail. Il y a une certaine part d'exagération ; de plus, c'est une conséquence nécessaire de toute institution humaine : il se trouvera des cas particuliers où des individus dignes d'intérêt seront lésés. Mais qu'on prenne garde à ce sentimentalisme, trop à la mode depuis quelques années, qui nous entraîne souvent dans une voie dangereuse et prépare pour l'avenir une violente réaction ! Qu'on n'oublie pas non plus que toute loi est faite, avant tout, dans l'intérêt du grand nombre et pour la protection de l'ordre social !

(2) Voir en ce sens : C. de Vence (*Bull. de la Soc. des pris.*, 1891, p. 740).

Peut-être insistera-t-on encore et dira-t-on, en fait, que, sans le casier, ces dispositions légales seraient restées à l'état de lettre morte et que les condamnations antérieures demeureraient inconnues. — La réponse est facile : toute loi est faite pour être exécutée intégralement dans toutes ses dispositions et avec toutes ses conséquences. Ce n'est donc pas ajouter à la loi que de prendre des mesures qui, sans toucher à l'état des citoyens et sans leur imposer des obligations personnelles, permettent d'assurer complètement son exécution.

Remarquons en terminant que nous avons supposé dans cette discussion que les extraits du casier étaient délivrés à d'autres personnes qu'aux magistrats ; quand le casier sert uniquement à assurer le fonctionnement des services judiciaires, la question de savoir s'il constitue une peine accessoire ne pourrait même se poser.

306. — **Conclusion**. — Si le casier judiciaire ne constitue qu'un service d'ordre purement intérieur, il est évident qu'il ne touche pas directement à l'état des citoyens, que les dispositions qui le régissent, ne constituent qu'un ensemble de prescriptions administratives qui dès lors peuvent être très régulièrement imposées aux fonctionnaires compétents par des décrets ou même par de simples circulaires de leurs chefs hiérarchiques. Mais, si une loi n'est pas indispensable, elle peut cependant utilement intervenir. Elle présente en effet l'avantage d'assurer la fixité de son organisation et de le soustraire à tout arbitraire gouvernemental.

En France (1), il était nécessaire de recourir à une loi, étant donné les principes d'après lesquels est actuellement établi notre casier. — On a admis, en effet, que l'inscription au casier était une sorte de peine, tantôt temporaire, tantôt

______

(1) Ce que nous disons de la France s'applique également à l'Italie et au canton de Genève,

perpétuelle. Nous examinerons plus complètement la théorie ainsi admise par le législateur, en étudiant les principes relatifs à la délivrance des extraits du casier judiciaire (1).

____

(1) Voir : *infra*, n° 324, p. 304 et s.

CHAPITRE II

—

SECTION PREMIÈRE. — Objet du casier judiciaire

307. — **Renseignements sur les antécédents. — Recherche des inculpés.** — Le but essentiel du casier judiciaire est de donner un tableau exact et complet du passé judiciaire de tout individu, de manière à permettre de lui faire une exacte application de la loi au cas de poursuites, et de constater s'il a encouru des condamnations entraînant des incapacités (1).

Le casier peut aussi faciliter la recherche des inculpés ou condamnés en fuite. — Ainsi, lorsqu'un mandat d'arrêt a été décerné et que l'inculpé n'a pu être retrouvé, il est bon de dresser une fiche spéciale, relatant l'existence de ce mandat et invitant le greffier chargé de la tenue du casier à aviser le Parquet du lieu où se poursuit l'instruction, de tout envoi de bulletin n° 1 et de toute demande de bulletin n° 2 concernant cet individu. Ce renseignement peut permettre de ramener à exécution le mandat d'arrêt décerné si l'individu est arrêté ; tout au moins, il apporte de nouveaux indices qui aideront à retrouver ses traces.

« Les fiches de recherches, porte la circulaire du 15 dé-
« cembre 1899, § XV, destinées à être classées au casier
« judiciaire et dont l'emploi ne saurait trop être recommandé
« pour retrouver les condamnés qui se sont soustraits à l'exé-
« cution des condamnations, devront à l'avenir être toujours
« établies sur des feuilles ayant le format des bulletins n° 1 ».

Il est regrettable que les lois du 5 août 1899 et du 11 juil-

---

(1) Voir : *supra*, n° 32, p. 36 ; n°s 300 à 302, p. 271 et s.

let 1900, en énumérant les décisions et les faits qui doivent être constatés au casier, n'aient pas mentionné les mandats d'arrêt et rendu obligatoire l'établissement de ces fiches.

La législation allemande ne présente pas la même lacune. Nous avons vu (1) qu'aux termes du § 18 du décret du 16 juin 1882, les casiers judiciaires sont utilisés pour la recherche des personnes contre lesquelles des lettres d'arrestation ont été décernées.

En Italie, pour faciliter la découverte des prévenus ou condamnés en fuite et aussi pour permettre à la police de connaître les différentes procédures simultanément suivies contre un inculpé, il est prescrit à tout greffier qui, dans un délai de six mois au maximum, reçoit de diverses autorités judiciaires des demandes d'extraits concernant une même personne, d'aviser chacune de ces autorités des demandes faites par les autres (2).

Dans les colonies portugaises, il doit être dressé un bulletin pour constater tout mandat d'arrêt décerné contre un prévenu, un accusé ou un condamné en fuite (3).

308. — **Eléments de la statistique criminelle.** — Les casiers judiciaires peuvent seuls former les bases d'une statistique criminelle, ayant un caractère vraiment scientifique (4).

---

(1) *Supra*, n° 145, p. 163.

(2) Voir : *supra*, n° 224, p. 227.

(3) *Supra*, n° 251, p. 242.

(4) Cfr. : O. Köbner, *Méthode d'une statistique scientifique de la récidive comme base d'une réforme de la statistique criminelle* (Bull. de l'Un. Int. de dr. pén., t. IV, p. 147 à 265); — Von Mayr, *Zur Reform der Rückfallstatistik* (Allgemeine Zeitung, 23 décembre 1893); *Reform der Rückfallstatistik* (Allgemeines statistisches Archiv, III, t. 2); — Bodio, *Rapport* (Bull. de l'Un. Int. de dr. pén., t. IV, p. 265 à 312); — Von Mayr, Garçon et O. Köbner, *Projet d'un mémoire sur l'organisation de la statistique des récidives* (Bull. de l'Un. Int. de dr. pén., t. V, p. 45 à 58); — Luigi Lucchini, *Di una riforma tecnica del Casellario giudiziale e del suo coordinamento con la statistica giudiziaria penale*, Roma 1901.

Dans leur rapport sur l'organisation scientifique de la récidive, MM. von Mayr, Garçon et O. Köbner constatent que le véritable principe fondamental de la statistique criminelle consiste à fixer les chiffres exacts des capables de récidiver, c'est-à-dire des déjà condamnés, encore en vie, appartenant aux divers groupes, et de rechercher dans quelle mesure et de quelle manière ils sont, d'année en année, devenus ou non récidivistes. Ils ajoutent : « La mise en pratique de ce prin- « cipe fertile n'est possible qu'au moyen des *casiers judi- « ciaires*. Ces casiers, tenus au *lieu de naissance* du délin- « quant, forment le seul point fixe et immuable où conver- « gent, durant la vie agitée et souvent vagabonde du « délinquant, toutes les informations relatives à sa carrière « criminelle, à ses délits et à ses peines » (1).

Plusieurs pays étrangers l'ont très bien compris ; ainsi, le service de la Statistique judiciaire fonctionne exclusivement : — à l'aide des bulletins mêmes du casier judiciaire en Belgique (2) et en Danemark (3) ; — à l'aide de duplicata, établis spécialement en vue de ce service, en Autriche (4) et en Italie (5).

En France, on a reconnu que, malgré le soin apporté à leur rédaction, les comptes criminels ne répondent plus aux exigences scientifiques modernes et ne renferment pas actuellement certains renseignements qui figurent dans la plupart des statistiques étrangères. La Chancellerie a elle-même signalé ces lacunes et en a indiqué la cause : « Il est vrai, porte sa « circulaire du 30 décembre 1905, que, pour arriver à une « représentation aussi précise des faits, la statistique française « manque d'un instrument qui, à l'heure actuelle, est l'auxi-

---

(1) *Bull. de l'Un. Int. de dr. pén.*, t. V, p. 49.
(2) *Supra*, n° 157, p. 178.
(3) *Supra*, n° 168, p. 190 ; n° 173, p. 193.
(4) *Supra*, n° 154, p. 174.
(5) *Supra*, n° 186, p. 203 ; n° 193, p. 211 ; n° 203, p. 216.

« liaire le plus précieux de presque tous les statisticiens
« étrangers. Je veux parler du *bulletin individuel...* ».

SECTION II. — **Organisation du casier judiciaire**

§ 1ᵉʳ. — *Lieu où doivent être concentrés les renseignements*

309. — **Règles générales.** — La question s'est posée de
savoir si, dans chaque pays, il convient de n'avoir qu'un
casier unique et de centraliser tous les bulletins constatant
toutes les décisions dans un vaste dépôt, par exemple, au
Ministère de la Justice. Nous avons vu comment elle a été
résolue en France et quels motifs ont fait repousser le système d'un casier unique et admettre l'établissement de
casiers d'arrondissement (1).

Cette solution a été adoptée par presque tous les pays
étrangers. Il n'y a toutefois qu'un casier unique en Belgique (2)
et dans chacun des cantons de Berne (3), de Vaud (4) et de
Genève (5). On s'explique très bien cette exception. Ces pays
ont une superficie très restreinte ; il en résulte que le nombre
des condamnations y est relativement minime ; par suite, il
n'y a pas à redouter les deux grands inconvénients de la centralisation : l'encombrement et la difficulté d'expédier rapidement les extraits. — En Egypte (6), il n'existe non plus qu'un
casier unique établi au greffe de la Cour d'appel indigène.

A l'exception de l'Autriche, tous les pays qui ont établi des
casiers d'arrondissement, ont pris pour base du classement des
bulletins le lieu de naissance des condamnés : c'est le seul

---

(1) Voir : *supra*, n° 33, p. 40 et 41.
(2) *Supra*, n° 157, p. 177.
(3) *Supra*, n° 272, p. 253.
(4) *Supra*, n° 276, p. 260.
(5) *Supra*, n° 286, p. 263.
(6) *Supra*, n° 177, p. 197.

endroit qui présente le caractère de fixité indispensable pour assurer la régularité du classement (1).

Mais, dans ce système, il faut évidemment choisir, en outre, un lieu spécial pour les bulletins concernant les étrangers et les individus d'origine inconnue ; ce lieu peut être, soit le Ministère de la Justice, soit le greffe d'un tribunal désigné spécialement à cet effet. C'est ainsi qu'en France (2), en Allemagne (3), dans les Pays-Bas (4), il est établi un casier central au Ministère de la Justice. — Ces bulletins sont classés : en Danemark, à la Cour de Copenhague (5) ; — en Italie, au tribunal de Rome (6) ; — en Portugal, dans les Cours de Lisbonne, Porto et Ponta-Delgada (7). — En Autriche (8), tout bulletin de cette sorte est classé au parquet du ressort dans lequel la condamnation a été prononcée. Ce dernier mode de classement est évidemment défectueux, car on ignorera souvent le lieu de la dernière condamnation.

310. — **Cas où le casier doit servir à l'établissement de la statistique.** — Lorsque le casier judiciaire doit servir à l'établissement de la statistique, il paraît indispensable que tous les renseignements fournis par ce casier puissent être concentrés dans un lieu unique. — Des statistiques criminelles ne peuvent, en effet, être dressées avec suite et méthode que par un service spécial, placé sous la direction d'un homme compétent.

En Belgique, on a résolu la question, en établissant un

(1) *Supra*, n° 33, p. 41.
(2) *Supra*, n° 40, p. 54.
(3) *Supra*, n° 133, p. 150 ; n° 139, p. 159.
(4) *Supra*, n° 242, p. 237.
(5) *Supra*, n° 171, p. 193.
(6) *Supra*, n° 193, p. 211.
(7) *Supra*, n° 265, p. 249.
(8) *Supra*, n° 152, p. 171.

casier central unique au Ministère de la Justice (1) ; en Danemark, les bulletins sont simplement communiqués aux greffiers des tribunaux qui notent sur des registres les mentions consignées ; puis ils sont transmis au bureau de la Statistique (2). — En Belgique et en Danemark, ces deux systèmes sont praticables, parce qu'il s'agit de petits pays comptant une population d'un chiffre relativement faible et où, chaque année, le nombre des condamnations est peu élevé. Mais il est évident qu'on ne saurait songer à les établir dans de grands Etats.

Aussi, en Autriche (3) et en Italie (4), il y a une double organisation : d'abord, des casiers d'arrondissement, pour permettre de constater les antécédents de toutes personnes ; puis, un casier central spécialement affecté au service de la statistique (5). Par suite, il est dressé, au moment de la confection des bulletins, un duplicata destiné à ce casier central. — Si l'on veut que la statistique française puisse rivaliser avec les statistiques étrangères, il sera nécessaire d'établir en France une organisation identique (6).

§ 2. — Eléments du casier

311. — **Nécessité de recourir à des bulletins ou à des fiches mobiles**. — Tous les pays dans lesquels fonctionne le casier judiciaire, sauf le Danemark, ont adopté le système des bulletins ou fiches mobiles.

Le Danemark est peu étendu et le nombre des poursuites est restreint ; par suite, les casiers locaux n'ont à relever qu'un

---

(1) *Supra*, n° 157, p. 178 et 179.

(2) *Supra*, n⁰ˢ 172 et 173, p. 193 et s.

(3) *Supra*, n° 154, p. 174.

(4) *Supra*, n⁰ˢ 199 et s., p. 215 et s.

(5) En Autriche, le lieu de concentration de ces duplicata n'est pas désigné sous le nom de Casier central ; mais les bulletins ainsi réunis, et classés à la *Commission centrale de statistique*, forment bien en réalité un casier central.

(6) Voir : *supra*, n° 308, p. 283.

petit nombre de condamnations. Aussi, à la rigueur, on a pu se contenter de registres complétés par des répertoires alphabétiques (1). Mais, même dans ce pays, le casier tenu au bureau de la Statistique, et qui forme un véritable casier central, est composé uniquement de bulletins.

Il est inutile d'insister pour montrer que les recherches dans un casier, où sont relevées un nombre important de condamnations, deviennent impossibles, quand on n'a pas recours au système des fiches mobiles. Nous en avons fourni d'ailleurs des preuves indiscutables, en exposant les résultats auxquels on est arrivé en France avec les anciens registres de la Préfecture de police (2).

312. — **Etablissement de ces bulletins par la juridiction qui a statué.** — Tout casier bien organisé doit fonctionner à l'aide de bulletins individuels donnant l'état civil du condamné et un résumé des dispositions du jugement de condamnation.

Par qui doivent être établis ces bulletins ? Partout, sauf en Suisse, les bulletins sont établis, sous le contrôle des magistrats, par le greffier de la juridiction qui a prononcé la condamnation. En Suisse (Cantons de Vaud et de Genève) (3), le greffier se borne à envoyer un extrait du jugement et ce sont les fonctionnaires de la Police chargés de la tenue du casier qui, à l'aide de ces extraits, établissent les bulletins classés au casier.

Le seul danger que présente l'établissement des bulletins par le greffier, réside dans les omissions qui peuvent être commises par celui-ci.

En France, il n'existe, à ce point de vue, aucun contrôle sérieux ; le visa, quand il n'est pas de pure forme, que donne

____

(1) *Supra*, n° 172, p. 193.
(2) *Supra*, n°ˢ 15, 16 et 17, p. 25 et s.
(3) *Supra*, n° 278, p. 260 ; n° 288, p. 263.

le Procureur de la République, prouve seulement que chacun des bulletins établis a été vérifié par lui, mais il n'établit pas que ce magistrat s'est assuré, en comparant les feuilles d'audience avec les bulletins remis au visa, qu'un bulletin a bien été dressé pour chaque condamné. — Il y a là une lacune évidente. En effet, le greffier peut, par inadvertance, omettre de dresser un bulletin ; ainsi, dans une affaire qui concerne un certain nombre d'individus, rien n'est plus facile que d'oublier l'un d'eux. Un greffier soigneux et consciencieux aura soin de mettre sur la minute un signe en regard de chaque nom, au fur et à mesure de l'établissement du bulletin correspondant ; et, grâce à cette mesure, aucune omission n'est alors à redouter. Mais il est bien certain que, surtout quand aucune vérification sérieuse n'est faite, quelques greffiers tout au moins ne prendront pas ces précautions. De plus, il arrive souvent que ce n'est pas le greffier d'audience qui établit les bulletins ; très occupé par la rédaction des minutes, il se décharge de ce travail sur un employé subalterne et se borne à vérifier et à signer les bulletins ainsi établis. Il est à craindre que certains condamnés ne parviennent à suborner cet employé et à obtenir, à prix d'argent, qu'il *oublie* de dresser leur bulletin n° 1.

Le législateur italien a bien compris ce danger et, pour l'éviter, il a pris les précautions les plus minutieuses. Nous avons exposé dans tous ses détails ce système de contrôle (1) : il a l'inconvénient d'être un peu compliqué et d'imposer un surcroît de travail relativement important aux greffiers et aux magistrats du Ministère public, mais il offre les garanties les plus complètes : aucune omission ne saurait passer inaperçue.

§ 3. — *Décisions qui doivent être constatées au casier*

313. — **Condamnations pour crimes ou délits.** — **Grâces et réhabilitations.** — Incontestablement doivent figurer au casier

____

(1) *Supra*, n° 192, p. 211 ; 194, p. 211 ; 195 et s,, p. 213 et s.

judiciaire toutes les condamnations prononcées, par quelque
juridiction que ce soit, pour crimes ou pour délits. Il est certain également qu'il y a lieu de mentionner, au fur et à mesure
qu'elles se produisent, toutes les mesures et décisions qui
modifient la situation pénale du condamné ; il en est ainsi
notamment des arrêts de réhabilitation, de la réhabilitation
de droit, des grâces ou des réductions de peines, etc... Nous
n'avons pas à insister sur ce point ; c'est en effet une règle
suivie dans tous les pays où fonctionne le casier judiciaire.

Remarquons qu'il est également admis partout qu'une
condamnation ne doit être inscrite au casier qu'autant qu'elle
a acquis force de chose jugée.

314. — **Obligation de tenir compte des motifs des arrêts
de rejet de la Cour de cassation.** — En ce qui concerne les
condamnations pour crimes et délits, il est un point que la
Chancellerie a omis de signaler à l'attention des parquets et
qui cependant présente un très sérieux intérêt.

Il semble que, quand un arrêt criminel ou correctionnel a
été l'objet d'un recours en cassation et que le pourvoi a été
rejeté, le greffier n'ait qu'à dresser purement et simplement
le bulletin n° 1 conformément au dispositif de l'arrêt de la Cour
d'assises ou de la Chambre des appels correctionnels devenu
ainsi définitif. Mais il n'en est pas toujours ainsi.

L'art. 411 du Code d'instruction criminelle porte : « Lorsque
« la peine prononcée sera la même que celle portée par la loi
« qui s'applique au crime, nul ne pourra demander l'annula-
« tion de l'arrêt, sous le prétexte qu'il y aurait erreur dans la
« citation du texte de la loi ». La Cour de cassation a considéré
que l'art. 411 constituait, non une mesure exceptionnelle et
limitative, mais au contraire une disposition générale applicable
dans toutes les hypothèses analogues. Plus exactement, elle
estime que cet art. 411 n'est en réalité qu'un cas spécial d'application de cette règle qui domine toute la matière des pour-

vois, que, pour se pourvoir utilement, il faut avoir un intérêt. Elle admet que, dès lors que la peine prononcée est la même que celle qui aurait été légalement appliquée, il n'y a pas lieu à cassation : 1° lorsqu'il y a erreur sur un élément du délit, sans influence sur la qualification, par exemple, lorsqu'en matière d'abus de confiance, le contrat violé a été considéré comme un contrat de dépôt, alors qu'il constituait un mandat ; 2° lorsqu'il y a erreur sur la qualification ; 3° lorsqu'il y a erreur sur la nature de la participation du coupable, par exemple, quand un complice a été considéré à tort comme coauteur ou réciproquement ; 4° lorsque plusieurs infractions, soit de même nature, soit de nature différente, ont été retenues, que des moyens de cassation sont relevés contre certaines, mais qu'il 'en subsiste une ou plusieurs autres qui suffisent pour entraîner la peine prononcée (1).

Au point de vue du casier judiciaire, l'application pure et simple de cette théorie de la *peine justifiée* présente les plus grands inconvénients. En effet, le rejet du pourvoi laisse subsister la condamnation telle qu'elle a été prononcée par la juridiction de jugement : ainsi, c'est à tort que les faits ont été qualifiés *vol*, alors qu'ils ne constituent qu'une *tromperie sur la quantité de la marchandise vendue*, le bulletin n° 1 relèvera une condamnation pour vol et ce bulletin sera classé au casier judiciaire du condamné.

Ce danger n'a pas échappé à la Cour de cassation ; aussi elle a cherché le moyen, tout à la fois, d'éviter une annulation de l'arrêt et d'empêcher la mention au casier d'une condamnation pour une infraction non établie : « Attendu, a-t-elle dit en rejetant un pourvoi, que vainement le demandeur soutient que cette condamnation n'en devrait pas moins être cassée parce que la peine s'appliquant en même temps au délit de

____

(1) Voir notre *Note* (D. 1905. 1. 20) ; la *Note* de M. SARRUT, sous Cass., 1ᵉʳ février 1894 (D. 97. 1. 393).

détournement d'objets saisis insuffisamment établi par la Cour d'appel, constitue, de ce second chef, la base d'une récidive spéciale, en vertu de l'art. 58 C. pén., modifié par la loi du 26 mars 1891 ; que l'arrêt attaqué ne saurait avoir cette portée, puisqu'il est déclaré par le présent arrêt que la condamnation manque de base légale, quant au délit de détournement d'objets saisis (1) ». Ainsi elle rejette le pourvoi, mais a soin dans les motifs de constater qu'il ne saurait être fait état, au point de vue de la récidive, — et, par conséquent, au point de vue de l'inscription au casier — du chef pour lequel la qualification a été reconnue inexacte. — Elle a, depuis lors, maintenu cette pratique. C'est ainsi que, dans son arrêt du 16 février 1899 (2), après avoir constaté qu'il n'y a pas lieu d'annuler l'arrêt déféré, elle ajoute : « qu'il convient seulement de constater que le demandeur reste condamné, non pour complicité de vol, mais pour complicité de tromperie sur la quantité des choses livrées ». L'arrêt du 23 juin 1899 (3) est plus explicite encore : « Attendu, dit-il, qu'il suffit que la peine prononcée soit justifiée en elle-même par l'article de la loi dont l'application aurait dû être faite ; que, spécialement, le jugement attaqué ne saurait avoir pour résultat de constituer, au préjudice du demandeur, la base d'une récidive spéciale en vertu de l'art. 479, puisqu'il est déclaré par le présent arrêt que la condamnation à un franc d'amende aurait dû être prononcée en vertu de l'article 471 C. pén. ».

Ce mode de procéder est des plus discutables en droit (4) ; mais, en fait, il est consacré par une pratique constante. Il en résulte que, au cas où il y a eu pourvoi en cassation et où il est intervenu un arrêt de rejet, une obligation nouvelle est

---

(1) Cass., 14 févr. 1895 (*Bull. crim.*, nᵒ 59; D. 97. 1. 396).

(2) *Bull. crim.*, nᵒ 15 ; D. 99. 1. 203.

(3) *Bull. crim.*, nᵒ 171.

(4) Voir notre *Note*, sous Cass., 11 mars 1904, publiée dans le Recueil DALLOZ, année 1907, 1re partie.

imposée au greffier. Celui-ci doit, avant de rédiger le bulletin n° 1 destiné au casier judiciaire, lire attentivement les motifs de cet arrêt, rechercher s'ils ne modifient pas la décision de la Cour d'appel ou de la Cour d'assises et tenir compte, dans la rédaction, des modifications apportées aux qualifications par la Cour de cassation.

Il est à craindre qu'à ce point de vue des omissions ne soient commises ; de plus, bien que son travail soit soumis au contrôle du procureur général ou du procureur de la République près la Cour d'assises, n'est-ce pas donner au greffier une mission bien délicate ? Aussi il serait à désirer que la Chancellerie invitât les parquets à reviser spécialement les bulletins dressés dans ces conditions.

315. — **Ordonnances ou arrêts de non-lieu ; jugements ou arrêts d'acquittement.** — En France, il n'est pas tenu compte au casier judiciaire des ordonnances et arrêts de non-lieu, des jugements et arrêts d'acquittement. — Il en est autrement en Italie. Nous avons vu (1) que les casiers judiciaires italiens mentionnent toutes les décisions en matière pénale, sans distinguer entre les jugements et arrêts de condamnation et les décisions d'absolution ou de non-lieu à suivre, mais que cette dernière catégorie de décisions ne figure pas sur les extraits, même délivrés au ministère public, et qu'il faut recourir à des formalités spéciales (*Dichiarazioni di penalità*) (2) pour en obtenir le relevé.

Il serait bon d'introduire en France des dispositions analogues, entourées des mêmes réserves, tout au moins quand il s'agit de certaines infractions. Il existe en effet des délits, tels que l'excitation de mineurs à la débauche et l'usure, qui ne se constituent que par la réitération. Or, faute de connaître les faits antérieurs de même nature déjà relevés contre un

---

(1) *Supra*, n° 187, p. 204.
(2) *Supra*, n° 222, p. 226.

inculpé, le ministère public se trouve souvent dans l'impossibilité d'exercer utilement des poursuites.

316. — **Autres décisions**. — En France, le casier judiciaire contient les déclarations de faillite et de liquidation judiciaire. En Italie, on a étendu cette mesure aux déclarations d'interdiction et d'incapacité (1). Cette disposition nous paraît excellente et il serait à désirer qu'elle fût adoptée en France : il semble logique de faire figurer au casier les décisions qui modifient la capacité des personnes, aussi bien en matière civile qu'en matière commerciale.

------

(1) *Supra*, n° 187, p. 207.

CHAPITRE III

DÉLIVRANCE DES EXTRAITS

—

317. — **Obligation de délivrer des extraits complets pour le service de la justice.** — Il est incontestable que les magistrats ont le droit et le devoir de puiser dans le casier tous les renseignements qui leur sont nécessaires : ils doivent donc pouvoir se faire délivrer, toutes les fois qu'ils le jugent utile pour le service de la justice, des extraits du casier judiciaire et il faut que ces extraits contiennent le relevé complet de tous les bulletins classés au casier judiciaire. Cette connaissance exacte du passé judiciaire leur est en effet indispensable pour appliquer exactement la loi pénale, pour savoir si le sursis à l'exécution de la peine peut être ordonné, s'il y a lieu à application des peines de la récidive, si la relégation est encourue, si le condamné peut bénéficier de la réhabilitation, etc...

Tous les auteurs sont d'accord sur ce point, et nous venons de voir que dans toutes les législations cette règle a été admise.

En Italie (1), certaines décisions (ordonnances de non-lieu, jugements ou arrêts d'acquittement, condamnations pour faits qui, depuis lors, ne sont plus atteints par la loi, condamnations à l'étranger pour faits non punis par la loi italienne, condamnations pour contraventions depuis plus de cinq ans) ne sont pas, il est vrai, relevées sur les bulletins délivrés même à l'autorité judiciaire : cette réserve s'explique par la nature toute spéciale de ces décisions. De plus, les autorités judiciaires peuvent même, quand cela est reconnu

---

(1) *Supra*, n° 219, p. 223 ; n° 315, p. 293.

utile, en obtenir le relevé au moyen des *Dichiarazioni del casellario* (1).

SECTION II. — **Délivrance à d'autres autorités ou à des tiers**

318. — **1er système.** — **Clandestinité absolue.** — Le casier judiciaire doit-il être expressément réservé au service judiciaire ? Ou bien d'autres autorités et même de simples particuliers peuvent-ils avoir communication des renseignements qu'il contient ?

La question a été vivement discutée et, comme on a pu le voir, en parcourant les divers modes de fonctionnement admis par les pays où est établi le casier judiciaire, les règles admises sont loin d'être uniformes.

Dans un premier système, dont M. le sénateur Bérenger (2) a été, lors de la discussion de la loi de 1899, l'un des plus infatigables défenseurs, on soutient qu'il faut que le casier judiciaire soit clandestin : il doit fournir aux autorités judiciaires les renseignements nécessaires pour le bon fonctionnement de la justice ; mais aucune autre autorité, aucun particulier ne peuvent en obtenir des extraits (3).

Ce système est suivi en Belgique (4) et dans le canton de Berne (5).

319. — **2e système.** — **Publicité complète.** — Dans un second système, on soutient que toute administration publique et même que tout particulier peut demander l'extrait du casier

---

(1) *Supra*, n° 222, p. 226.

(2) Sénat, séance du 8 décembre 1898 (*Journ. off.*, 9 décembre 1898 ; *Déb. parlem.*, p. 965).

(3) **En ce sens** : Theureau, *Les casiers judiciaires et un projet de casiers civils*, p. 66 et s.

(4) *Supra*, n° 162, p. 184.

(5) *Supra*, n° 272, p. 253 ; n° 275, p. 256.

judiciaire d'un individu sur le compte duquel ils désirent être renseignés (1).

Ce système a pour lui la logique. — En réalité, nous croyons en avoir fait la démonstration (2), l'ensemble des casiers judiciaires d'un pays n'est en réalité qu'un Répertoire général alphabétique divisé, pour la facilité des recherches, en autant de parties distinctes (casiers d'arrondissement) qu'il existe de circonscriptions judiciaires. Il faut en conclure que, les décisions ainsi constatées par les bulletins étant, par leur nature même, publiques et perpétuelles, la table ou le répertoire qui les récapitule, doit, en principe, avoir les mêmes caractères.

Mais cette publicité aussi étendue a l'inconvénient de faciliter les recherches et les divulgations dans un but de dénigrement ou de vengeance. Aussi la délivrance des extraits aux tiers, admise en France à l'origine (3), n'a pas tardé à être soumise à des restrictions.

Les lois ou les règlements qui organisent ce vaste répertoire que l'on nomme *casier judiciaire*, peuvent incontestablement apporter certaines réserves au droit de le consulter.

320. — 3ᵉ système. — **Publicité sous réserve d'un contrôle de l'autorité judiciaire.** — Il semble facile de remédier aux dangers de la publicité absolue : il suffit de permettre la délivrance aux administrations publiques pour les besoins de leur service, mais de soumettre les demandes des simples particuliers, autres que les intéressés eux-mêmes, au contrôle de l'autorité judiciaire : la demande est motivée, et le magistrat du ministère public, chargé de la surveillance du casier,

---

(1) Ce système a été soutenu avec une très grande force d'argumentation par M. Richaud (*Etude de la loi du 5 août 1899, sur le casier judiciaire* [Bourges, 1899], p. 19 et s.).

(2) *Supra*, n° 305, p. 276.

(3) *Supra*, n° 35. p. 46.

examine les motifs invoqués et n'autorise la délivrance qu'autant qu'ils lui paraissent sérieux. Tel était le système admis en France, de 1876 à 1884 (1), tel est le système qui fonctionne encore en Danemark (2), dans les colonies portugaises (3), dans le royaume de Portugal (4).

Ce mode de procéder n'a été suivi, ni en France dans l'organisation nouvelle, ni dans les autres pays d'Europe, parce qu'il présente le grave inconvénient de laisser place à un certain arbitraire. De plus, des fraudes peuvent facilement se produire : le magistrat du ministère public ne peut faire procéder à une enquête sur chacune des demandes qui lui parviennent, et il est, par suite, obligé de considérer comme exacts les motifs allégués ; sa décision a donc pour base des éléments de fait dont rien ne garantit l'exactitude, et qui peuvent être de pure invention.

321. — 4e système. — **Délivrance limitée aux administrations publiques et aux intéressés**. — On évite ce danger en limitant la publicité et en fixant limitativement la liste des personnes qui pourront se faire délivrer des extraits et en excluant absolument les cas de délivrance facultative.

Ce système a été admis par plusieurs pays ; mais la publicité, suivant les pays, est plus ou moins restreinte.

Dans un premier groupe de pays, non seulement les administrations publiques, mais encore les intéressés eux-mêmes peuvent obtenir un extrait complet du casier judiciaire. Ce système, suivi en France de 1884 à 1899, a été admis dans le canton de Vaud (5). En Egypte, les intéressés ont également le droit de se faire délivrer un extrait de leur casier (6).

____

(1) *Supra*, n° 35, p. 46.
(2) *Supra*, n° 174, p. 194.
(3) *Supra*, n° 259, p. 245.
(4) *Supra*, n° 268, p. 249.
(5) *Supra*, n° 283, p. 262.
(6) *Supra*, n° 182, p. 200.

On s'est élevé très vivement contre cette délivrance aux intéressés. Elle a pour conséquence de révéler le passé des condamnés et de les empêcher de trouver du travail ; en effet (1), qu'un individu veuille entrer dans un atelier, qu'il sollicite un emploi dans un magasin, dans un bureau, on exigera de lui un extrait de son casier judiciaire et, si une condamnation y figure, on refusera de l'admettre : « Quand, « a-t-on dit, le réclusionnaire, son temps fini, vient frapper à « toutes les portes, quand il offre ses bras, quand il demande « du travail, il se heurte aux résistances des patrons qui, « consultant d'abord son casier et y voyant une tache, ne « veulent plus de son contact. — Le casier agit donc comme « la marque d'autrefois que le bourreau imprimait en carac- « tères indélébiles sur la chair même des coupables. Le casier « fait des parias, et les parias sont presque malgré eux les « récidivistes de demain ».

C'est aussi ce que disait M. Bérenger au Sénat (2) : « Ceux- « là, suivez-les, une fois que, sortis de prison, ils ont à re- « chercher du travail. Malheur à eux, s'ils n'ont pas une « famille qui puisse venir à leur aide ou s'ils n'ont pas quel- « ques ressources personnelles ! Partout où ils se présente- « ront, on leur dira : *Apportez votre casier judiciaire ou* « *vous serez repoussé.* — Or, comment dans ces conditions « pourraient-ils l'apporter ? C'est l'impossible qu'on leur de- « mande. Ils se retirent donc et vont ailleurs ; mais ailleurs « même refus ; et ailleurs encore, même demande et même « implacable impossibilité ».

Cet argument ne nous semble pas péremptoire. Tous ceux qui ont vu de près ce monde des maisons centrales, savent que les individus qui sortent de ces établissements, même quand ils paraissent regretter leur conduite passée, doivent

____

(1) Léveillé (*Le Temps*, n° du 1ᵉʳ avril 1890).
(2) Sénat, séance du 8 décembre 1898.

être tenus en suspicion, jusqu'à ce que, par leur bonne conduite et leur assiduité au travail, ils aient prouvé leur complète régénération morale. — C'est d'ailleurs leur rendre un mauvais service que de leur donner trop tôt un poste de confiance ; il est certain qu'ils ont des instincts mauvais et que c'est seulement après un long traitement qu'ils peuvent acquérir la force morale nécessaire pour leur résister victorieusement. N'est-ce pas leur préparer une rechute certaine que de leur donner brusquement une place dans laquelle ils auront à leur disposition, soit de l'argent, soit des objets ou des matières premières qu'ils pourront facilement emporter ? N'est-ce pas les exposer à des tentations auxquelles ils devront succomber, quand on les met au milieu de tout ce qui a excité autrefois leurs convoitises et les a entraînés dans une voie fatale ?

Ce sont des individus moralement malades : appliquons-leur, au moral, des traitements appropriés, comme nous soignerions des personnes atteintes d'infirmités physiques. A-t-on jamais songé à faire gérer un magasin d'eaux-de-vie par l'alcoolique qui sort de l'hôpital, même quand il promet de ne plus boire d'alcool ; ou à confier un dépôt de morphine au morphinomane qui déclare vouloir renoncer à ses funestes habitudes ? Mais alors pourquoi veut-on faire un caissier ou un comptable de celui qui a déjà indûment puisé dans sa caisse, de l'employé qui a détourné et vendu à son profit les marchandises de son patron ? Qu'il aille chercher du travail sur les chantiers de construction, qu'il s'embauche comme manœuvre ou comme terrassier, qu'il se place dans un poste où il n'aura, ni maniements de fonds, ni comptabilité matières, et où il se trouvera constamment sous le contrôle d'un collègue ou d'un chef. Il n'aura pas besoin de justifier d'un passé sans tâche ; son patron ne désirera pas connaître ses antécédents judiciaires (1). Et c'est dans ces conditions que, la guérison

____

(1) Dans la discussion de la loi de 1899, on a beaucoup exagéré cette obligation de produire les casiers judiciaires. En fait, cette production n'est exi-

morale s'accomplissant peu à peu, il finira par acquérir, avec
le sentiment du devoir, une volonté suffisamment robuste
pour résister aux désirs mauvais et redevenir un homme de
bien.

Peu hélas! arriveront ainsi à une régénération complète;
mais ceux qui, par leur bonne conduite, pendant ce temps
d'épreuve, auront racheté leurs fautes, obtiendront leur réhabilitation et pourront alors se présenter la tête haute chez
n'importe quel patron, solliciter même un poste de confiance,
car, réhabilités, ils produiront un extrait du casier judiciaire
vierge de toute condamnation.

D'ailleurs, est-ce bien le casier judiciaire qui empêche le
problématique reclassement du condamné, en l'empêchant de
trouver le travail qui est le plus à sa convenance? Nullement;
le commerçant ou l'industriel ne veut donner un emploi qui
exige des garanties d'honorabilité et de probité qu'à un individu qui réunit les conditions voulues. Si donc la loi ne permet pas qu'un extrait de casier judiciaire lui soit produit, il ne
prendra pas purement et simplement à son service celui qui se
présentera; avant de l'engager, il se livrera à une enquête qui
finira par lui révéler le passé du solliciteur. Si même cet individu vient d'une localité éloignée et si l'enquête paraît trop
difficile à faire, il lui répondra par une fin de non-recevoir. On
peut dire que ce seront alors les honnêtes travailleurs qui
seront lésés. M. Léveillé (1) est lui-même obligé de le reconnaître : « L'institution du casier est, depuis 1850, entrée dans
« nos mœurs publiques et privées ; elle rend aux honnêtes
« gens, dont il faut bien s'occuper après tout, un double ser-
« vice ; elle leur permet, en montrant qu'ils n'ont pas de con-

---

gée que pour le personnel qui a, à sa disposition, des fonds ou des marchandises. Les patrons ne demandent jamais l'extrait du casier des manœuvres,
journaliers, hommes de peine, etc., ni même, en général, des simples ouvriers.

(1) *Le Temps*, 3 mars 1891.

« damnation inscrite à leur nom, d'établir la pureté officielle
« de leur passé ; elle leur permet, en outre, de ne plus
« introduire et de ne plus employer dans leur maison ou dans
« leur atelier des individus tarés ».

322. — 5ᵉ Système. — **Délivrance restreinte aux administrations publiques.** — Quoi qu'il en soit, on a estimé dans
certains pays qu'il y avait inconvénient à délivrer aux intéressés des extraits de leur propre casier et la délivrance des
extraits n'est permise qu'aux administrations publiques. C'est
ce système qui a été adopté en Allemagne (1), en Autriche (2)
et dans les Pays-Bas (3).

On comprend très bien que les administrations publiques
puissent, à l'exclusion des simples particuliers et des intéressés
eux-mêmes, avoir communication des casiers judiciaires, mais
à la condition que cette mesure soit nécessitée pour l'exécution
des prescriptions d'une loi d'intérêt général, par exemple,
pour la formation des listes électorales ou la nomination des
fonctionnaires, ayant la qualité de dépositaires de l'autorité
publique.

323. — 6ᵉ Système. — **Droit accordé aux magistrats de
faire ou non figurer les condamnations au casier.** — Dans
tous les systèmes que nous avons exposés et discutés jusqu'ici,
il est admis que les mentions du casier ont un caractère perpétuel, c'est-à-dire que toutes les condamnations doivent être
intégralement relevées, même sur les bulletins délivrés aux
administrations publiques et aux simples particuliers, tant
qu'elles n'ont pas été effacées par l'amnistie ou par la réhabilitation.

Ce système qui nous paraît imposé par la nature même du

____

(1) *Supra*, nᵒ 142, p. 161.
(2) *Supra*, nᵒ 155, p. 176.
(3) *Supra*, nᵒ 247, p. 239.

casier judiciaire, est soutenu par la plupart des auteurs (1).
C'est aussi en ce sens que, dans la discussion fort importante
qui s'est engagée sur cette grave question à la Société générale
des prisons, se sont prononcés la majorité des orateurs (2),
notamment MM. Petit, conseiller à la Cour de cassation,
Georges Dubois et Camoin de Vence, anciens avocats généraux, Berthélemy, alors professeur à la Faculté de droit de
Lyon, Bournat, secrétaire général de la Société de patronage
des jeunes détenus, etc...

Mais nous avons vu que, dans une théorie, on soutient que
l'inscription d'une condamnation au casier est une peine accessoire (3). Partant de ce principe, on en a conclu que le juge
doit pouvoir, suivant les circonstances de la cause, ordonner ou
non l'inscription au casier judiciaire et fixer le délai pendant
lequel se continuera cette inscription (4).

---

(1) Appleton, *La réforme des casiers judiciaires*, p. 44 et s. ; — Bonneville
de Marsangy, *La Réforme du casier judiciaire* (*Gaz. des trib.*, 16 et 17 novembre 1891); — Jouvenet, *Etude sur le casier judiciaire* (plus spécialement
p. 295 et s.); — Lacointa, *La réforme du casier judiciaire* (*Bull. de la Soc.
gén. des pris.*, 1893, p. 303 et s.); — G. Le Poittevin, *La réforme du casier judiciaire*, p. 18 et s.

(2) Séances des 13 mai, 17 juin et 18 novembre 1891 (*Bull. de la Soc. gén.
des pris.*, 1891, p. 1037 et s.). — Voir aussi, en ce sens : le Rapport sur cette
question fait au mois de mars 1887 à la Société générale des prisons par
M. le conseiller Bonneville de Marsangy (*Bull. de la Soc. gén. des pris.*, 1887,
p. 300 et s.).

(3) *Supra*, n° 304, p. 275.

(4) En ce sens : Léveillé, *La réforme du casier judiciaire* (*Le Temps*,
3 mars, 27 mars et 1er avril 1891) ; Discussion à la séance de la Société
générale des prisons du 18 novembre 1891 (*Bull. de la Soc. gén. des pris.*,
1891, p. 1047) ; Mironesco, *Traité théor. et prat. du casier judiciaire*, p. 222
et s. ; Rey, *Du casier judiciaire dans ses rapports avec la récidive* [Mont-
pellier, 1891], p. 25 et s. — M. Moret (*Le casier judiciaire et la réhabilitation
du droit* [Paris, 1900], p. 110 et s.) estime que l'on doit simplement donner au
Procureur de la République le droit de décider. pour chaque cas, s'il y a lieu
ou non de délivrer l'extrait demandé par l'intéressé : « Au solliciteur d'emploi
« non condamné, il faudrait que le Procureur de la République, au lieu de
« délivrer un casier blanc qui ne dit rien sur son compte, refuse la commu-
« nication du casier; ce refus ne pourrait être qu'une présomption d'honora-

Ce droit a été reconnu aux juges par la législation italienne (1).
Il est irréprochable, si l'on accepte le point de départ ; mais
nous croyons avoir démontré (2) que l'inscription au casier
n'est pas une peine.

324. — *7ᵉ Système.* — **Délivrance soumise à une double
restriction, quant à la nature des condamnations et au délai
écoulé.** — Enfin un dernier système admet la délivrance aux
administrations publiques et aux intéressés, mais la soumet à
une double restriction : — 1° certaines mentions ne figurent
jamais sur les extraits délivrés aux particuliers et même certaines ne sont portées ni sur ces extraits, ni sur ceux destinés
aux administrations ; — 2° au bout d'un certain délai et bien
que le bénéfice de la réhabilitation ne soit pas acquis, certaines
mentions cessent d'être relevées sur les extraits destinés aux
particuliers (3).

« bilité. Ce même refus devrait être opposé à tous ceux dont les antécédents
« n'indiquent pas que l'exercice de la fonction postulée serait pour lui une
« cause permanente de nouveaux délits. Par exemple, si un individu a failli
« à la probité, il conviendra de lui éviter les tentations qui résulteraient pour
« lui de l'argent à manier ; si la faute a été contre la morale, de la fréquen-
« tation des enfants. Mais que ces individus sachent qu'en sollicitant d'autres
« emplois qui leur conviennent mieux, ils ne rencontreront plus d'obstacles de
« la part du casier ». Il n'est pas nécessaire d'insister pour montrer que ce
dernier système est absolument impraticable : comment le Procureur de la
République pourrait-il exactement savoir quelles seront les fonctions confiées
à tel individu qui désire entrer comme ouvrier ou employé dans une maison
de commerce ou un établissement industriel ? Comment s'assurera-t-il que
l'intéressé ne fera pas usage de la note remise qui établit son honorabilité, pour
obtenir un emploi autre que celui indiqué dans sa demande ? Enfin est-il
admissible qu'un même individu soit présenté par les magistrats, comme un
honnête homme, à tel patron, et comme un fripon à tel autre ?

(1) *Supra*, n° 220, p. 224.

(2) *Supra*, n° 305, p. 276.

(3) En ce sens : Ferdinand Dreyfus, *La réforme du casier judiciaire*
(*Revue bleue*, 7 octobre 1899, p. 469 et s.) ; Theureau, *Les casiers judiciaires
et un projet de casiers civils*, p. 54 et s.

Tel est le système qui a été adopté en France (1), en Italie (2) et dans le canton de Genève (3).

En premier lieu, il convient de se demander s'il y a lieu de faire indéfiniment figurer les mentions au casier judiciaire.

On a dit : « Un des vices majeurs du casier actuel, c'est la « perpétuité de ses effets, la perpétuité de ses dénonciations. « A vingt ans, un jeune homme a commis un mince délit ; « il a été condamné à trois mois de prison ; il a fait ses trois « mois ; il a aujourd'hui cinquante, soixante, quatre-vingts « ans, il traîne toujours le boulet de son passé. La répression « ici dépasse la faute. Trois mois de prison et soixante ans de « honte ! La honte est latente, dira-t-on ; oui, jusqu'au jour « où le casier parlera ; et le casier peut parler tant que le « condamné n'est pas mort. Si l'on accepte avec moi que « l'inscription au casier est une peine, on s'expliquera aisé- « ment que cette peine soit édictée pour un temps et non « pour la vie » (4).

N'y a-t-il pas là quelque exagération ? Si le délit est si mince, si le prévenu est digne d'intérêt, les juges ne manque- ront pas d'appliquer la loi sur les condamnations condition- nelles, et, au bout de cinq ans de bonne conduite, l'inscription sera effacée du casier. — Le fait a-t-il paru trop grave et cette mesure de clémence a-t-elle été refusée ? Il ne tiendra qu'au prévenu de faire disparaître cette tache : qu'il se con- duise bien pendant trois ans, s'il a commis un simple délit, pen- dant cinq ans, s'il s'est rendu coupable d'un crime, qu'il montre

---

(1) *Supra,* nᵒˢ 81 et s., p. 98 et s. ; nᵒˢ 100 et s., p. 120 et s.

(2) Remarquons qu'en Italie ce système a été combiné avec le précédent : non seulement l'inscription au casier se prescrit par un certain délai par l'effet de la loi, mais encore la durée de cette prescription peut être abrégée par le jugement, et même le tribunal peut dispenser complètement de l'ins- cription au casier (Voir : *supra*, nᵒ 220, p. 224).

(3) *Supra,* nᵒˢ 290, 293 et 294, p. 265 et s.

(4) Léveillé (*Le Temps*, nᵒ du 1ᵉʳ avril 1890).

par ses actes que sa régénération est complète, et, sans frais, sans démarches longues et difficiles, il obtiendra sa réhabilitation.

Bien plus, et nous plaçant au point de vue de la loi française actuelle, craint-il les indiscrétions, trouve-t-il pénible de solliciter de la Cour une réhabilitation judiciaire, il n'a qu'à éviter toute nouvelle condamnation et il obtiendra de plein droit sa réhabilitation après un certain délai.

Du moment surtout où l'on a admis la réhabilitation de droit, nous ne pouvons comprendre cette sorte de demi-réhabilitation qu'on appelle la prescription de l'inscription de la condamnation au casier judiciaire. On cherche, en réalité, à dissimuler aux tiers une condamnation encourue en délivrant à l'intéressé des bulletins n° 3 qui ne la reproduisent pas, alors cependant que cette condamnation subsiste avec tous ses effets, avec toutes ses conséquences légales.

Enfin, aux termes de l'article 853 du Code de procédure civile, applicable en toutes matières, les greffiers sont tenus, à peine de dépens et dommages-intérêts, de délivrer, sans ordonnance de justice, à *tous requérants* expédition, copie ou extrait de leurs registres (1); par suite, les greffiers des Cours d'assises, des Cours d'appel, des tribunaux de police correctionnelle et de simple police doivent, pourvu que le montant de leurs honoraires et déboursés soit consigné, délivrer à toute personne, même étrangère au procès, l'expédition de jugement qu'elle réclame. La Chancellerie n'a jamais contesté ce droit des tiers d'obtenir une expédition d'un jugement ou d'un arrêt, sans aucune autorisation préalable (2).

---

(1) « L'article 853 du Code de procédure civile, aux termes duquel les « greffiers et dépositaires des registres publics en délivreront, sans ordon- « nance de justice, expédition, copie ou extrait, à tous requérants, ne « s'applique qu'aux registres et documents dont un intérêt général commande « la publicité, tels que *jugements*, actes de l'état civil, registres hypothé- « caires » : Cass., 23 octobre 1899 [S. et P. 1901. 1. 137 ; D. 99. 1. 571].

(2) En ce sens : Lettre du Garde des Sceaux, 20 août 1827 [Gillet et

On arrive ainsi à une situation étrange : d'une part, l'intéressé produit un bulletin n° 3 où ne figure plus sa condamnation ; d'autre part, toute personne peut se faire délivrer une expédition de ce même jugement qu'on prétend dissimuler aux tiers. C'est là une conséquence nécessaire de l'erreur initiale commise par le législateur sur la nature de l'inscription au casier.

325. — Conclusion. — De ce qui précède, il nous paraît résulter qu'au point de vue de la délivrance des extraits du casier judiciaire, on pouvait hésiter entre deux systèmes.

Il était permis de se demander si les bulletins classés au casier judiciaire ne devaient pas constituer, en quelque sorte, des archives secrètes destinées à renseigner les magistrats et à assurer le bon fonctionnement de la justice. On pouvait, au contraire, admettre que des extraits, contenant le relevé intégral des condamnations inscrites au casier judiciaire, continueraient à être délivrés, sauf à limiter plus ou moins la liste des personnes auxquelles cette délivrance serait faite. Entre ces deux solutions, l'hésitation est possible : nous avons vu que chacune a ses avantages et ses inconvénients ; mais, dans tous les cas, l'une et l'autre reposent sur une notion exacte de la nature du casier judiciaire. Le casier, nous l'avons dit et nous ne saurions trop le répéter, n'est qu'un immense répertoire, méthodiquement classé, de certaines catégories d'arrêts, jugements et décisions ; or, un répertoire peut être ou bien public, ou exclusivement réservé à un service déterminé. Mais on méconnaît ce caractère, quand on admet que des extraits peuvent être délivrés aux intéressés, et que, suivant la nature des peines, à raison de certaines conditions de temps, tantôt ces extraits relateront toutes les mentions du casier, tantôt ils

Demoly, *Anal. des circ., instr. et décis. émanées du Min. de la Just.*, t, Ier, n° 2101] ; Lettre du Garde des Sceaux au Proc. gén. d'Aix, 15 mars 1899 [Le Poittevin, *Dict.-form. des Parq.*, v° *Expéditions*, n° 11].

passeront sous silence des condamnations inscrites et existantes : la fidélité et l'exactitude sont de l'essence même d'un répertoire.

De plus, on procure ainsi à un condamné les fausses apparences d'une réhabilitation, alors qu'on ne sait s'il sera jamais digne de cette faveur ; or, nous croyons l'avoir démontré, il est dangereux d'opérer ainsi, puisqu'en réalité on trompe les tiers qui vont prendre cet homme à leur service ou contracter avec lui sur la foi de l'extrait délivré : c'est tellement vrai que, en France, l'Etat a eu bien soin de stipuler que lui aurait toujours le droit d'obtenir un bulletin n° 2, alors même qu'il recrute le personnel de ses ateliers ou manufactures, c'est-à-dire quand il agit comme un simple industriel.

Nous regrettons donc de voir que c'est cependant ce dernier système qui, d'après les dernières lois intervenues en France et à l'étranger (1), paraît être le plus en faveur.

SECTION III. — Force probante des extraits délivrés

326. — **Ce qu'elle était avant la loi du 5 août 1899.** — Avant la loi du 5 août 1899, la preuve des condamnations antérieures était suffisamment faite par un extrait du casier judiciaire, pourvu que le prévenu n'en contestât pas les énonciations. C'est ce qui avait été jugé à diverses reprises en matière de récidive légale (2).

Mais la Cour de cassation ne considérait cependant ces extraits que comme de simples renseignements ; par suite, il est évident qu'en cas de contestation de la part du prévenu ils n'avaient aucune force probante, quant à l'existence des condamnations énoncées 3).

---

(1) En Italie et, en Suisse, dans le canton de Genève.

(2) Cass., 1er décembre 1859 (*Bull. crim.*, n° 429) ; 4 février 1860 (S. 61. 1. 395 ; P. 61. 219 ; D. 61. 1. 93) ; 19 septembre 1872 (*Bull. crim.*, n° 415) ; 6 mars 1874 (S. 74. 1. 449 ; P. 74. 1124 ; D. 74. 1. 277) ; 10 avril 1880 (S. 81. 1. 91 ; P. 81. 1. 184 ; D. 80. 1. 435).

(3) Cass., 21 septembre 1882 (S. 84. 1. 170 ; P. 84. 1. 396 ; D. 82. 1. 488) ; 5 mai 1887 (S. 88. 1. 348 ; P. 88. 1. 821).

La Cour de cassation, tout en maintenant ces mêmes principes, se montrait beaucoup plus rigoureuse dans leur application, quand il s'agissait de prononcer la peine de la relégation : « Les affirmations du juge du fait, disait dans son rapport M. le conseiller Sallantin (1), ne vous suffisent pas ; vous exigez une preuve judiciaire nette, précise, incontestable ; vous ne vous contentez pas de simples présomptions, car ce serait exorbitant qu'une peine perpétuelle pût être infligée, sans qu'il vous fût possible de vérifier si elle a une base légale ». L'arrêt du 16 mars 1889 (2), rendu sur ce rapport, dispose que : « Si, relativement à la preuve de la récidive légale, établie par les articles 56 et suivants du Code pénal, le silence du prévenu a pu être considéré comme un aveu tacite des condamnations portées sur l'extrait de son casier judiciaire, lorsque cet extrait est visé dans l'arrêt de condamnation, une semblable interprétation ne saurait être admise en matière de relégation ; en effet, la présomption qui lui sert de fondement, est inconciliable avec les garanties spéciales dont la loi du 27 mai 1885 a voulu entourer les individus exposés à l'application de la peine perpétuelle qu'elle édicte ».

A la suite de ces arrêts, des instructions ont été données, pour que le dossier contînt, toutes les fois qu'un prévenu paraissait encourir la relégation, des extraits réguliers de tous les jugements et arrêts prononçant les condamnations devant entrer en ligne de compte.

327. — **Ce qu'elle est sous la législation actuelle.** — Depuis la loi du 5 août 1899, il n'en est évidemment plus ainsi. En effet, si, antérieurement à cette loi, la Cour suprême n'admettait pas que les énonciations du casier pussent constituer par elles-mêmes une preuve suffisante, cette réserve se fondait exclusivement, comme l'indique dans son rapport M. le

------

(1) *Journ. des Parq.*, 89. 2. 111.
(2) *Journ. des Parq.*, 89. 2. 112 ; S. 90. 1. 41 ; P. 90. 1. 66.

conseiller Tanon, sur cette considération que « l'institution du casier judiciaire, quelle que fût son importance, avait été organisée administrativement et n'avait pas reçu de sanction législative, et qu'ainsi ses extraits ne constituaient que de simples renseignements ».

Or, aujourd'hui, en présence de la loi du 5 août 1899, ce motif de décider a disparu : le casier n'est plus organisé administrativement ; c'est une institution judiciaire, formellement reconnue et sanctionnée par la loi. La situation est donc entièrement changée : le premier terme de la récidive et même les éléments de la relégation sont suffisamment établis par ce bulletin joint au dossier.

Ce résultat est indiscutable au cas où le prévenu a reconnu l'exactitude des mentions du bulletin n° 2. Dès le 26 février 1900, une *Note* du procureur de la République près le Tribunal de la Seine a abrogé les prescriptions d'une circulaire de l'un de ses prédécesseurs du 8 juin 1897 ; elle est ainsi conçue : « La circulaire du 8 juin 1887 exigeait la production de l'extrait du jugement ou de l'arrêt relatif à la condamnation antérieure susceptible d'entraîner l'application de la récidive, afin d'établir que cette décision judiciaire était devenue définitive par suite de l'expiration des délais d'appel. — A cet égard, la Cour de cassation avait décidé par arrêts des 16 août 1872 et 10 avril 1880, que la simple production du casier judiciaire pouvait suffire, pour établir le premier élément de la récidive, lorsque l'inculpé ne contestait pas les mentions portées au casier. — Toutefois, le casier judiciaire n'ayant, à cette époque, aucune existence légale, il n'avait point paru qu'on pût se fonder uniquement sur les mentions qui y figuraient, pour provoquer l'application des peines de la récidive. — Cette considération a perdu toute valeur depuis la promulgation de la loi du 5 août 1899 qui a donné un caractère légal au casier judiciaire. — Il y a lieu, en conséquence, de renoncer à une pratique qui augmentait, d'une façon appréciable, les frais de justice criminelle et pouvait, parfois, prolonger inutilement la détention préventive : en conséquence, il devient inutile de joindre, à l'avenir, aux dossiers les extraits des jugements ou arrêts susceptibles de constituer l'inculpé en état de récidive légale, les mentions portées aux extraits du casier judiciaire devant être considérées comme ayant un caractère légal. — Cependant, afin d'éviter toute erreur ou toute contestation tardive devant le tribunal, il serait utile que le magistrat instructeur interpellât l'inculpé, au sujet de la condamnation antérieure portée à son casier qui le constituerait en état de récidive légale et, dans le cas exceptionnel où l'inculpé ne reconnaîtrait pas qu'elle lui fût applicable, l'extrait du jugement ou de l'arrêt contesté devrait être annexé à la procédure ».

La note précitée ne s'occupe que de la récidive ; mais ne doit-elle pas, pour les mêmes motifs, être appliquée au cas où la relégation est encourue ? La question s'est posée devant la 8e Chambre du Tribunal de la Seine (affaire Savary), et celle-ci l'a résolue affirmativement. Appel de cette décision a été interjeté et la Cour de Paris, par un arrêt fortement motivé du 18 mai 1900 (1), a confirmé la décision des premiers juges. Le pourvoi formé par Savary contre cet arrêt a été rejeté par un arrêt de la Chambre criminelle de la Cour de casssation, le 7 juillet 1900, au rapport de M. le conseiller Delcurrou et sur les conclusions de M. l'avocat général Duboin.

A la suite de cet arrêt, la Chancellerie a envoyé, le 10 août 1900, des instructions (2), pour faire connaître que, « depuis que la loi du 5 août 1899, modifiée par celle du 11 juillet 1900, a organisé le casier judiciaire, les bulletins certifiés par les greffiers et visés par les parquets offrent les mêmes garanties d'exactitude que les extraits de jugements ou d'arrêts et

____

(1) *Journ. des Parq.*, 1900. 2. 49.
(2) *Journ. des Parq.*, 1900. 3. 145.

suffisent à faire la preuve des mentions qu'ils contiennent ».
Cette circulaire reconnaît donc force probante aux bulletins
n° 2, mais cependant avec une restriction : « Il va sans dire
d'ailleurs, porte une disposition finale, que, comme l'arrêt (de
la Cour d'appel de Paris) l'indique lui-même, le bulletin n° 2
ne fait foi qu'autant que les mentions en sont reconnues par
l'inculpé ». La même restriction était formulée dans la *Note*
du Parquet de la Seine.

Nous sommes ainsi amenés à rechercher, comment il doit être
opéré au cas où les condamnations sont déniées par le prévenu.

Suffit-il de joindre au dossier des extraits des jugements ou
arrêts ? Les deux instructions précitées l'admettent pour les
motifs suivants : le bulletin n° 1 est un extrait d'un arrêt ou
d'un jugement, et le bulletin n° 2 que l'on oppose au prévenu
est un extrait d'un ou de plusieurs bulletins n° 1 ; ce n'est donc
en réalité qu'une copie de copie. Or, aux termes de l'article
1335-4° du Code civil, les copies de copies ne valent que
comme simples renseignements.

Cet argument est simplement spécieux.

En premier lieu, l'article 1335-4° n'est applicable que dans
un seul cas : celui où le titre original n'existe plus. Or, telle
n'est pas l'hypothèse dans laquelle nous nous trouvons : le
titre original, le jugement ou l'arrêt subsiste, et, dès lors,
c'est à l'article 1334 et non à l'article 1335, qu'il faut recourir.
L'article 1334 est ainsi conçu : « Les copies, lorsque le titre
« original subsiste, ne font foi que de ce qui est contenu au
« titre, dont la représentation peut toujours être exigée ».

Admettons donc, pour un instant, que le bulletin n° 2 ne
soit, à l'heure actuelle, qu'une copie de copie et que l'article 1334 soit applicable aux jugements ; il en résultera :
1° qu'en principe le bulletin n° 2, copie d'une copie du jugement, fera foi contre le prévenu ; 2° que, toutefois, celui-ci
aura le droit de réclamer l'apport de l'original pour vérification de conformité. — Le résultat — c'est un point sur lequel

nous ne saurions trop insister — serait le même, si un extrait en forme du jugement avait été joint. D'une part, en effet, la Cour de cassation a déclaré formellement que cette règle, « foi est due au titre jusqu'à inscription de faux », ne s'entend que du titre original. Si c'est seulement une expédition ou une copie qui est représentée, *fût-ce même une grosse*, il n'y est dû foi qu'au cas de conformité avec l'original (1). D'autre part, à la différence de l'article 1335, l'article 1334 ne distingue pas entre les diverses catégories de copies d'un acte : il les assimile au point de vue des effets et de la force probante. Donc, si l'article 1334 est applicable aux bulletins n° 2, il s'applique également aux extraits et même aux expéditions de jugements et d'arrêts, et, par conséquent, il est inutile de joindre un extrait au dossier.

En second lieu, l'article 1334 n'a pas une portée générale : loin de s'appliquer à tous les actes authentiques, sans distinction, il n'est édicté que « pour les actes destinés à constater des conventions » (2). Par application de ce principe, il a été jugé notamment que l'expédition d'un jugement est un acte authentique et qu'elle fait foi de ses énonciations comme tous les actes authentiques. Ainsi, lorsque l'expédition d'un jugement porte que ce jugement a été prononcé en audience publique, cette constatation fait foi jusqu'à inscription de faux (3). Par suite, ni l'article 1334, ni l'article 1335 du Code civil ne sont applicables et il nous faut chercher ailleurs les raisons de décider.

Le bulletin n° 2 a, en réalité, le caractère non d'une simple copie de copie, mais d'un acte authentique *sui generis*. — En effet, le bulletin n° 1, élément fondamental du casier judiciaire, est un acte dressé par un officier public conformément aux prescriptions de la loi, sur le vu de la minute d'un

---

(1) Cass., 15 juillet 1829 (S. et P. chr. ; D. *Rép.*, v° *Jugement*, n° 260).

(2) Cass., 10 juin 1885 (S. 86. 1. 310 ; P. 86. 1. 741 ; D. 86. 1. 222).

(3) Cass., 17 mars 1876 (*Bull. crim.*, n° 86).

jugement ou arrêt et sous le contrôle du procureur de la République. Le bulletin n° 2, à son tour, est un acte destiné à résumer les antécédents d'un individu, rédigé sur le vu des bulletins n° 1, par un officier public, sous le contrôle du Parquet, dans une forme déterminée par la loi et par un règlement d'administration publique pris en exécution de cette loi.

Une autre considération suffit pour établir la force probante des bulletins n° 2 ; c'est qu'une décision de justice est nécessaire pour faire rectifier une mention portée au casier judiciaire, et qu'une procédure spéciale a été organisée pour obtenir cette rectification (L., 5 août 1899, art. 14 ; — L., 11 juillet 1900, art. 14).

Il nous paraît donc certain qu'au point de vue de la preuve, l'extrait de jugement ou d'arrêt n'a pas une plus grande valeur que le bulletin n° 2 et que, par suite, sa production est inutile, toutes les fois qu'il est joint au dossier un bulletin n° 2 complet et régulier.

De plus, en fait, ils convient de remarquer que le bulletin n° 2 présente au moins autant de garanties qu'un extrait de jugement. En effet, le greffier qui rédige un bulletin n° 2 n'a qu'à reproduire les énonciations mêmes de bulletins n° 1 soigneusement dressés et vérifiés, au moment même où la condamnation a été prononcée ; au contraire, celui qui établit l'extrait de jugement, est obligé de puiser ses éléments dans la minute d'une décision qui souvent s'applique à plusieurs prévenus et, s'il est pressé ou peu expérimenté, il peut omettre une partie du dispostitif ou faire des confusions entre les dispositions relatives aux différents prévenus. Les erreurs matérielles sont plus fréquentes dans les extraits que dans les bulletins n° 2.

Enfin, il est un dernier argument qu'il importe de faire valoir. Dans la pratique, l'inculpé ne soutient pas que l'énonciation du bulletin n° 2 relatant une condamnation prononcée contre lui n'est pas conforme à la minute du jugement ; ce qu'il prétend, c'est que cette condamnation, quoique son nom figure dans le jugement, ne lui est cependant pas applicable. Or peu importe, à ce point de vue, que l'on produise un bulletin n° 2 ou un extrait proprement dit. Ce qui importe, en pareil cas, c'est de faire vérifier si la minute du jugement contient bien les énonciations relatées ; si cet examen a donné un résultat affirmatif, il faudra mettre l'inculpé, devenu demandeur à l'exception, en demeure de faire la preuve de son allégation. Tout au moins, il devra fournir des éléments pour vérifier si le jugement n'aurait pas été en réalité prononcé contre un tiers qui, en prenant un faux état civil, aurait fait inscrire au casier de l'inculpé une condamnation que celui-ci n'avait pas encourue.

Si on ne veut pas laisser à l'inculpé la charge de faire entièrement la preuve, il y aura lieu de procéder de la manière suivante. Le juge d'instruction (ou, s'il n'y a pas eu d'information préalable, le tribunal correctionnel) fera vérifier tout d'abord sur la minute du jugement, l'exactitude de la mention portée au bulletin n° 2. Cette vérification faite, il demandera au service anthropométrique s'il y a identité entre l'individu contre lequel a été réellement prononcée la condamnation contestée et l'inculpé. Si ce service n'a pas les éléments nécessaires pour se prononcer d'une façon catégorique, il faudra demander en communication l'ancien dossier. Cette procédure pourra le plus souvent permettre de reconnaître si les allégations de l'inculpé sont fondées ; au besoin, on pourra confronter l'inculpé avec les témoins de l'affaire ancienne, les agents qui avaient opéré l'arrestation ou les gardiens de la prison où la peine a été subie. De cette façon, on saura si la prétention de l'inculpé doit ou non être admise.

Pour les mêmes motifs, il n'y a plus lieu de joindre aux dossiers les extraits de naissance des mineurs de 16 ans et de 18 ans qui sont l'objet de poursuites ; la preuve de leur

minorité résulte suffisamment des énonciations du bulletin
n° 2.

Après nouvel examen, la Chancellerie a admis ces solutions : « Les bulletins certifiés par le greffier et visés par le
parquet, porte sa circulaire du 16 mars 1907 (1), offrent les
mêmes garanties d'exactitude que les extraits de jugements
ou d'arrêts et suffisent à faire la preuve des mentions qu'ils
contiennent. En raison de cette situation nouvelle, une circulaire de ma Chancellerie du 10 août 1900 a prescrit aux
magistrats de s'abstenir de joindre aux dossiers de procédure
les extraits d'arrêts ou de jugements et de se contenter pour
établir les antécédents des récidivistes ou des relégables, des
bulletins n° 2 du Casier judiciaire. J'estime que ces instructions doivent être suivies dans tous les cas, et alors même
que le prévenu n'aurait pas formellement reconnu à l'instruction les condamnations relevées contre lui. Les magistrats
instructeurs ne doivent pas perdre de vue également que le
bulletin n° 2 donne l'état civil exact de l'inculpé et spécialement la date de sa naissance ; il n'y a donc pas lieu de joindre
aux procédures des expéditions des actes de naissance des
mineurs de 16 ans et de 18 ans. » (2).

---

(1) *Journ. des Parq.*, 1907. 3. 167.

(2) Dans une circulaire du 21 décembre 1906 (*Journ. des Parq.*, 1907. 3.
42), la Chancellerie déclare : « Il est contraire à l'esprit de la loi du 5 août
1899 de divulguer à des tiers les antécédents des condamnés. En conséquence,
le ministère public devra désormais s'abstenir de révéler à l'audience les
condamnations mentionnées au casier judiciaire, lequel doit toujours conserver son caractère de document secret, destiné à éclairer seulement les magistrats et le jury dans le jugement des affaires qui leur sont soumises... Il ne
sera fait exception à cette règle qu'en ce qui concerne l'application possible
de certaines dispositions légales, telles que la récidive ou la relégation, la
Cour ou le tribunal devant nécessairement, dans ce cas, faire état dans sa
décision des condamnations antérieurement prononcées... J'ajoute qu'il me
paraît très désirable que les présidents des Cours et des tribunaux observent
également cette règle, en s'inspirant de la même pensée ». Cette circulaire a
le tort grave d'admettre qu'il peut exister dans un procès un document secret

qui passe sous les yeux du tribunal ou de la Cour et exerce une influence sur la décision des juges sans avoir été, au préalable, soumis à la discussion des parties. C'est là méconnaître un principe fondamental de notre droit criminel. De plus, et à force de prendre des mesures pour que personne ne puisse connaître les condamnations encourues, on arrive à ce résultat que bien des individus se risquent à commettre des crimes ou des délits avec l'espoir qu'ils bénéficieront du sursis et que personne ensuite ne saura qu'ils ont été condamnés. C'est là une des causes de l'accroissement de la criminalité que l'on constate actuellement.

TROISIÈME PARTIE

———

Le Casier judiciaire

et le

Droit international

CHAPITRE PREMIER

ECHANGES INTERNATIONAUX

—

SECTION PREMIÈRE. — **Bulletins de condamnation**

§ 1ᵉʳ. — *Règles suivies en France*

328. — Période de 1857 au 5 mai 1877. — Depuis 1857 et
en vertu de conventions successives, la France échange avec
divers pays étrangers les bulletins n° 1 constatant les condamnations prononcées contre les nationaux respectifs.

Jusqu'au 5 mai 1877, les duplicata destinés à cet échange
international étaient établis, en France, au Ministère de la
Justice. Les deux seules circulaires qui, dans cette période,
font allusion à cet échange, n'en parlent que pour recommander aux greffiers de porter sur les bulletins n° 1 des
étrangers, les indications qui seront nécessaires pour rédiger
et envoyer utilement les duplicata.

La circulaire du 30 décembre 1873, § VI (1) insiste sur
la nécessité de bien orthographier le lieu d'origine de tout
condamné étranger et de préciser la désignation de cette localité : elle explique ensuite pour quels motifs ces prescriptions doivent être exactement observées : « Mon administra-
« tion, dit le Garde des Sceaux, doit, en vertu de conventions
« diplomatiques, transmettre aux Gouvernements belge, ita-
« lien, bavarois, autrichien, etc., les bulletins des condam-
« nations prononcées en France contre des sujets de ces pays,
« et ceux qui ne présentent que des indications insuffisantes
« lui sont renvoyés comme étant tout à fait inutiles ».

Cette recommandation est renouvelée par la circulaire du

____

(1) *Rec. off. du Min. de la Justice*, t. III, p. 271.

8 décembre 1875, § XIII (1) : « Vous n'ignorez pas que des
« conventions diplomatiques ont établi entre la France et
« plusieurs pays limitrophes un échange mensuel de bulle-
« tins n° 1 concernant les nationaux respectifs. Il n'est pas
« de mois où un certain nombre de bulletins ne soient ren-
« voyés à la Chancellerie, faute d'indications suffisantes pour
« constater l'identité des condamnés. Les représentants des
« Puissances étrangères ont, plusieurs fois, exprimé le désir
« que le lieu d'origine du condamné et la province à laquelle
« il appartient, fussent toujours exactement mentionnés. Il
« serait à désirer, en effet, qu'il en fût ainsi, et je compte
« sur vos substituts pour y veiller ».

Dans cette première période, des conventions, au point de
vue de l'échange des bulletins n° 1, ont été conclues avec
l'Autriche, la Bavière, l'Italie, le Grand-Duché de Bade, la
Belgique, l'Allemagne (pour l'Alsace-Lorraine), le Grand-Duché de Luxembourg et le Pérou.

329. — **Période de 1877 à 1899.** — En 1877, une modification importante est introduite : la Chancellerie décide par sa
Circulaire du 5 mai 1877, § IV (2), que, à l'avenir, les copies
de bulletins n° 1 destinées aux gouvernements étrangers seront établies par les greffiers, aux conditions déterminées par
le § 19 de la Circulaire du 6 décembre 1876 (3).

Les duplicata ont donc cessé d'être dressés à la Chancellerie ;
le soin de les établir était confié aux greffiers chargés de
dresser les bulletins n° 1. — On employait pour ces duplicata
les formules ordinaires de bulletins n° 1 (4). Les uns et les
autres portaient les mêmes mentions, sauf que, sur les dupli-

---

(1) *Rec. off. du Min. de la Justice*, t. III, p. 408.
(2) *Bull. off. du Min. de la Justice*, 1877, p. 54.
(3) *Id.*, 1876, p. 245.
(4) Circulaire du Ministre de la Justice, 5 mai 1877, § V (*Bull. off.*, 1877,
p. 54).

cata, le pays d'origine du condamné devait être inscrit en marge, à la place qu'occupe d'ordinaire le nom de l'arrondissement où le bulletin doit être classé (1).

Ces duplicata étaient payés quinze centimes aux greffiers (2).

Ils n'étaient pas soumis au visa du Procureur Général. Le Procureur de la République les transmettait directement, chaque quinzaine, à la Chancellerie, en ayant soin de les classer par pays et d'énoncer, sur la lettre d'envoi, le nombre et la destination (3).

Pendant cette nouvelle période, à la liste des pays avec lesquels l'échange était admis, sont venus s'ajouter la Suisse et le Portugal.

330. — **Régime des lois du 5 août 1899 et du 11 juillet 1900.** — L'article 8 du décret du 12 décembre 1899 porte : « Lors- « que des conventions diplomatiques ont été conclues à cet « effet avec des Etats étrangers, le bulletin n° 1 est transmis « par les soins du service du casier central. Les bulletins « n° 1 concernant les étrangers appartenant à ces Etats sont « adressés à ce service avec un duplicata ».

Le décret du 12 décembre 1899 n'a fait en réalité que consacrer le régime établi par les circulaires des 5 mai 1877, § V, et 3 décembre 1877, § IX, dont les dispositions continuent à être observées pour le détail de la réglementation (Circ. Chanc., 15 décembre 1899) (4).

La nomenclature des pays avec lesquels se fait l'échange,

____

(1) Circulaire du Ministre de la Justice, 30 novembre 1878, § IV (*Bull. off.*, 1878, p. 126).

(2) Circulaire du Ministre de la Justice, 5 mai 1877, § IV (*Bull. off.*, 1877, p. 54).

(3) Circulaires du Ministre de la Justice, 5 mai 1877, § VI (*Bull. off.*, 1877, p. 54); — 3 décembre 1877, § IX (*Bull. off.*, 1877, p. 140); — 4 décembre 1884, § 2 (*Bull. off.*, 1884, p. 221).

(4) Voir : *supra*, 1re partie, n° 69, p. 84.

est restée la même que dans la période antérieure ; ainsi que l'a rappelé la circulaire du 15 décembre 1899, ce sont toujours l'Alsace-Lorraine, l'Autriche, le Grand-Duché de Bade, la Bavière, la Belgique, l'Italie, le Grand-Duché de Luxembourg, le Pérou, le Portugal et la Suisse. Il y a lieu toutefois de noter que des pourparlers sont actuellement engagés avec le Gouvernement des Pays-Bas.

Nous verrons que, parmi les conventions ainsi intervenues, quelques-unes, mais en petit nombre, résultent d'articles de traités et ont reçu une ratification législative (Conventions avec l'Allemagne [pour l'Alsace-Lorraine], avec le Pérou, avec le Grand-Duché de Luxembourg). Pour toutes les autres, il y a eu de simples échanges de déclarations ministérielles, par l'intermédiaire du Ministère des Affaires étrangères.

§ 2. — *Pays qui ont admis l'échange des bulletins*

331. — **Observations préliminaires.** — Il est simplement stipulé, dans les conventions remontant à une époque déjà ancienne, que deux pays contractants s'engagent à se donner réciproquement avis des condamnations prononcées par leurs tribunaux contre des nationaux de l'autre pays. Quand ces conventions prévoient plus explicitement le mode suivant lequel ces avis seront donnés, elles indiquent que les jugements et arrêts seront communiqués ou qu'il en sera envoyé des expéditions ou des extraits. On ne trouve que dans des conventions relativement récentes la stipulation qu'il y aura échange de bulletins du casier judiciaire.

En effet, la France est le premier Etat où ait fonctionné le casier judiciaire. Cette institution, malgré les attaques injustifiées dont elle a été l'objet dans son pays d'origine, tend à se répandre dans toute l'Europe, et, à l'heure actuelle, ainsi que nous l'avons vu, la plupart des puissances étrangères l'ont adoptée. Mais, dans beaucoup de pays, cette création remonte à quelques années seulement. De plus, chaque casier est formé d'après des règles qui lui sont propres : la nature des mentions et, ce qui est encore plus grave au point de vue de l'échange, les dispositions matérielles, spécialement le format, diffèrent d'un pays à l'autre. Aussi on a compris que ce qui importait avant tout, c'était d'avoir, pour chaque condamné, un résumé complet des dispositions du jugement prononcé contre lui, quelle que fût la forme sous laquelle il serait envoyé, sous celle d'un extrait de jugement ou sous celle d'un bulletin du casier. — Le Gouvernement qui reçoit le document, peut, en effet, s'en servir, sinon pour le classer directement au casier, du moins pour faire dresser par ses agents un bulletin régulier établi sur l'imprimé en usage dans le pays.

Toutefois, il est à noter que les Etats où le casier est organisé font, en général, usage de duplicata de ces bulletins pour l'échange international, alors même que les conventions conclues stipulent expressément des envois d'extraits et même d'expéditions.

Nous pouvons citer, comme exemple, ce qui s'est produit dans les échanges entre la Belgique et l'Italie. C'est dans le projet de traité d'extradition soumis par le cabinet de Turin au Gouvernement belge le 20 avril 1865, que l'engagement réciproque de se communiquer les condamnations prononcées dans l'un des deux pays contre les régnicoles de l'autre, a fait sa première apparition. — Ce traité porte à l'article 19 : « Les deux Gouvernements s'engagent à « se communiquer réciproquement *les arrêts de condamna-* « *tion*, etc... ». C'étaient donc des expéditions et non des bulletins qu'il s'agissait alors d'échanger. Un mois plus tard, le cabinet de Florence proposa de substituer aux jugements et arrêts des bulletins uniformes ; le département de la Justice belge estima qu'il valait mieux s'en tenir aux termes de la convention et cette communication fut laissée sans suite. Plus tard, un nouveau traité a été conclu le 15 janvier 1875, l'article 19 y a été purement et simplement reproduit. Mais, malgré ces textes, l'usage a prévalu d'échanger des bulletins.

332. — **Empire d'Allemagne.** — L'échange international des bulletins du casier judiciaire est réglé en Allemagne par l'ordonnance ministérielle (*Allgemeine Verfügung*) du 30 juin 1888, modifiée et complétée par celle du 9 novembre 1889.

L'article 1ᵉʳ de l'ordonnance du 30 juin 1888 porte qu'à raison des conventions conclues, il doit être donné avis par la voie diplomatique, aux gouvernements de Belgique, Brésil, Italie, Luxembourg, Suisse et Espagne, des condamnations passées en force de chose jugée prononcées contre un citoyen de l'un de ces pays à raison d'un crime, d'un délit ou d'une contravention prévue par le § 361, nᵒˢ 1 à 8, du Code pénal allemand (1). Cet avis est donné à l'aide d'un *bulletin de condamnation* A (*Straffnachricht* A) (2).

Les ordonnances du 17 décembre 1894 et du 25 avril 1898, basées sur des conventions diplomatiques conclues avec le Portugal et les Pays-Bas, ont étendu à ces deux pays les règles établies par les ordonnances de 1888 et 1889.

Avec la France, l'échange n'a été admis qu'en ce qui concerne l'Alsace-Lorraine. — L'article 6 de la convention additionnelle au traité de Francfort, ratifiée par la loi du 9 janvier 1872, porte : « L'Empire allemand remettra à l'avenir, sans « frais, à la France les bulletins des condamnations pronon022 « cées par les tribunaux de répression des territoires cédés « contre des individus de nationalité française. — Réciproque- « ment, la France remettra à l'avenir, sans frais, à l'Alle- « magne les bulletins des condamnations prononcées par ses « tribunaux de répression contre des individus originaires « des territoires cédés qui seront devenus sujets allemands ».

---

(1) Voir l'énumération de ces contraventions, *infra*, nᵒ 334, p. 328.
(2) Voir : *supra*, p. 155.

En conséquence, la Chancellerie française a prescrit (1) de lui envoyer, tous les mois, pour être adressés, par voie diplomatique, au Gouvernement de l'Empire, les bulletins des condamnations prononcées par nos tribunaux contre des individus originaires des territoires cédés devenus sujets allemands (2).

333. — Autriche-Hongrie. — L'Autriche-Hongrie pratique l'échange des bulletins de condamnation, en vertu de clauses spéciales de traités d'extradition avec les pays suivants : Italie (Traité du 27 février 1869, art. 16) ; — Russie (Traité du 15 mars 1874, art. 16) ; — Serbie (Traité du 6 mai 1888, art. 19) ; — Suisse (Traité du 10 mars 1896, art. 23).

L'échange s'opère en vertu de simples accords avec les Etats allemands.

C'est aussi en vertu de simples accords entre les Ministères de la Justice de France et d'Autriche, intervenus le 25 avril 1857 (3), que, depuis 1858, l'échange se fait entre les deux pays.

334. — Grand-Duché de Bade. — Le 24 mars 1870, le Gouvernement Badois transmettait, *proprio motu*, à la Chancellerie française, par l'intermédiaire du Ministre des Affaires étrangères, un extrait d'un jugement rendu contre un Français ; la Chancellerie saisissait cette occasion pour provoquer, par lettre du 29 avril suivant, un échange régulier de bulletins de condamnation concernant les nationaux respectifs des deux pays. Le Gouvernement Grand-Ducal, sans déférer abso-

---

(1) Circulaire du Ministre de la Justice, 26 février 1872 (*Rec. off.*, t. III, p. 194).

(2) Ces dispositions ont été rappelées par la circulaire du 30 novembre 1872, § XII (*Rec. off.*, t. III, p. 234).

(3) M. Bonneville de Marsangy (*De l'amélioration de la loi criminelle*, t. II, p. 631) a reproduit la note du Ministre des Affaires étrangères d'Autriche priant l'Ambassadeur à Paris de proposer au Gouvernement français l'échange des extraits.

lument au désir exprimé par notre Ministre des Affaires étrangères (Lettre du 28 juin 1870), continua à envoyer de temps à autre des bulletins ou extraits des condamnations prononcées contre des Français dans le Grand-Duché. Quant à nous, nous n'avons pas cessé de transmettre les bulletins des condamnations prononcées en France contre des Badois (1).

Ce n'est toutefois qu'en 1888 que la question a été complètement résolue. Une ordonnance grand-ducale du 23 juin 1888 (2) a déclaré que les décisions en matière répressive rendues contre un Français seraient, à l'avenir, communiquées au Gouvernement de la République par la voie diplomatique. Cette ordonnance porte : « Les sentences judiciaires, rendues contre « un Français par suite d'un crime ou d'un délit, seront com- « muniquées au Gouvernement de la République par la voie « diplomatique. Cette notification aura lieu également dans le « cas de condamnations prononcées pour violation des para- « graphes 1 à 8 de l'article 361 du Code pénal de l'Empire « allemand, c'est-à-dire dans le cas de sentences rendues : — « 1° contre des individus qui, étant sous la surveillance de « la haute police, se soustraient aux obligations spéciales qui « leur sont imposées ; — 2° contre les expulsés qui rentrent « sur le territoire allemand ; — 3° contre les vagabonds ; — « 4° contre les mendiants ; — 5° contre les personnes adon- « nées au jeu, à l'ivrognerie ou à la débauche ; — 6° contre « les femmes de mauvaise vie ; — 7° contre les personnes « secourues par la commune qui, par paresse, refusent le « travail que leur offre l'administration ; — 8° contre les indi- « vidus qui, ayant perdu leur place, ne justifient pas avoir été « dans l'impossibilité de s'en procurer une nouvelle dans le « délai fixé par les autorités ».

----

(1) Note de M. Yvernès, chef de la division de la Statistique au Ministère de la Justice (Arch. du Min. de la Just., 1. W. 107).

(2) Archives du Min. de la Justice, 2241. A. 88.

Aux termes de la même ordonnance, le Grand-Duché fait également cet échange avec l'Autriche-Hongrie, la Belgique, le Brésil, l'Espagne, l'Italie, le Luxembourg et la Suisse. — Depuis lors, ces dispositions ont été étendues aux Pays-Bas et au Portugal.

335. — **Bavière.** — Dès 1856, le Ministre de Bavière à Paris proposait de faire l'échange des bulletins de condamnation entre la France et la Bavière ; le 6 septembre 1856, le Ministre de la Justice faisait connaître au département des Affaires étrangères qu'il était disposé à donner suite à cette proposition. En conséquence de cet accord, le Ministre de. la Justice de Munich a rendu le 12 décembre 1857 une ordonnance déterminant les conditions d'établissement et d'envoi des extraits de jugements.

L'article 1er de cette ordonnance précise que les envois seront faits : — directement aux préfectures de police des pays allemands et autrichiens ; — par la voie diplomatique, aux autorités russes et françaises.

L'article 3 ajoute : « Les communications aux polices « étrangères seront faites en forme de lettres et devront « contenir la notification suivante : « *N...* (Nom et prénom, « surnom, âge, profession, lieu de naissance, canton, etc.), « *par jugement du tribunal en date du*............ (jour où « la sentence a acquis force de chose jugée), *pour* (indiquer « le délit ou crime), *par application de l'article*....... *du* « *Code*......., *a été condamné à*...........» (1).

La Bavière fait aussi l'échange avec la Belgique, le Brésil, l'Espagne, l'Italie, le Luxembourg, les Pays-Bas, le Portugal et la Suisse.

336. — **Belgique.** — Le 21 mars 1870, le Ministre de la Justice de France priait son collègue des Affaires étrangères de

---

(1) Archives du Min. de la Justice, 1-W.

vouloir bien interposer ses bons offices auprès du Gouvernement Belge, pour obtenir l'échange des bulletins de condamnation concernant les nationaux des deux pays. Le 9 septembre suivant, le Ministre des Affaires étrangères répondait
que le Gouvernement belge était disposé à conclure un arrangement dans ce but ; un simple échange de déclarations ministérielles a paru suffisant pour constater cet engagement
réciproque. Depuis cette époque, les envois ont été faits régulièrement de part et d'autre (1).

Des traités ont été conclus pour régler l'échange des jugements de condamnation : avec l'Espagne (17 juin 1870) ; —
la Russie (4 septembre-23 août 1872) ; — Monaco (29 juin
1874) ; — le Pérou (14 août 1874); — l'Italie (15 janvier
1875) (2) ; — le Portugal (8 mars 1875) ; — l'Empire d'Allemagne (24 décembre 1877) (3). — Des conventions existent
également avec le Grand-Duché de Luxembourg et les Pays-
Bas. — Enfin la Belgique a conclu avec la Suisse un arrangement en vertu duquel les autorités judiciaires des deux
pays se communiquent réciproquement les arrêts et les
jugements de condamnation prononcés par les tribunaux de
l'un des pays contre les citoyens de l'autre (4).

337. — Italie. — L'article 8 du décret royal du 13 avril
1902 porte : « Quand il s'agit d'un étranger contre lequel a
« été rendue une sentence pénale de condamnation, il est
« établi un troisième exemplaire du bulletin qui est transmis
« au Ministre de la Justice pour être communiqué au Gou-
« vernement de l'Etat étranger, en conformité des conven-

---

(1) Archives du Min. de la Justice, 1-W.

(2) Voir aussi : *supra*, n° 331, p. 325.

(3) C'est le premier traité conclu par la Belgique qui prévoie l'échange de
bulletins ou plus exactement d'*extraits de jugements* ; dans tous ceux qui
précèdent, on retrouve la formule : « s'engagent à se communiquer réciproquement les *arrêts* de condamnation ».

(4) Circulaire du Min. de la Justice de Belgique, 12 novembre 1879.

« tions existantes ». L'article 3 du règlement approuvé par
décret du 15 octobre 1905 ajoute que ce troisième exemplaire
est marqué de la lettre C.

Plusieurs traités d'extradition intervenus entre l'Italie et
d'autres puissances contiennent un article stipulant expressément l'échange des jugements de condamnation pour crimes
ou délits de toute nature ; tels sont ceux que l'Italie a conclus
avec la principauté de Monaco (6 mai 1866), la Suisse (22 juillet
1868), l'Espagne (24 janvier 1869), l'Autriche-Hongrie (27 février 1869), la Russie (2 septembre 1871) et l'Empire d'Allemagne (30 octobre 1871).

Avec d'autres nations, notamment avec la France, il existe
un accord pour l'échange régulier des bulletins du casier judiciaire.

L'accord entre l'Italie et la France remonte à 1868. Le
15 décembre 1868, le Ministre des Affaires étrangères transmettait au Garde des Sceaux de France des extraits de jugements prononcés par les tribunaux italiens contre des sujets
français, et, en même temps, il lui annonçait que le Gouvernement italien avait exprimé le désir que le Gouvernement
français voulût bien, en échange, lui transmettre une copie
des arrêts et jugements rendus par les tribunaux français.
Notre Chancellerie répondit, le 19 du même mois, qu'à partir
du 1ᵉʳ janvier 1869, il serait tenu note des condamnations
prononcées en France contre des Italiens et que, tous les trois
mois, il serait adressé au Ministre de la Justice d'Italie, par
l'intermédiaire du Département des Affaires étrangères, une
copie des bulletins constatant ces condamnations (1).

338. — **Grand-Duché de Luxembourg**. — L'échange des
bulletins entre la France et le Grand-Duché de Luxembourg
est réglé par l'article 18 du traité d'extradition du 12 sep-

---

(1) Archives du Min. de la Justice, 1-W.

tembre 1875, ratifié le 18 décembre de la même année (1). Cet article est ainsi conçu : « Les parties contractantes s'obli- « gent à se communiquer réciproquement les condamnations « pour crimes ou délits prononcées dans un pays à charge « des nationaux de l'autre ».

339. — **Pérou.** — L'échange avec la France s'opère en vertu de l'article 15 du traité d'extradition du 30 septembre 1875, ratifié le 18 décembre 1875. Cet article est ainsi conçu : « Les deux Gouvernements s'engagent à se communiquer « réciproquement, par voie diplomatique, des bulletins ou « extraits constatant les condamnations prononcées contre les « nationaux de l'autre Pays ».

340. — **Portugal.** — Le 1ᵉʳ mars 1893, le Ministre des Affaires étrangères envoyait à la Chancellerie l'expédition d'une sentence rendue contre un Français par le tribunal d'Inhambane. Il lui faisait connaître en même temps que le Ministre de Portugal, en le chargeant de cette transmission, exprimait, au nom de son Gouvernement, « l'espoir que, dans « des cas analogues, le Gouvernement de la République, par « réciprocité, se montrerait, de son côté, disposé à aviser les « autorités royales des condamnations prononcées en terri- « toire français contre des sujets portugais ». — Le 17 du même mois, le Garde des Sceaux a répondu en acquiesçant à

---

(1) Les termes de la circulaire du Ministre de la Justice du 30 novembre 1878, § III (*Bull. off.*, 1878, p. 125) auraient pu faire supposer qu'il n'existe qu'un simple accord entre les ministères de la Justice de France et du Grand-Duché : « Les autorités judiciaires du Grand-Duché de Luxembourg trans- « mettant à mon administration, pour être classés dans les casiers judiciaires « des arrondissements d'origine, des bulletins n° 1 constatant les condamna- « tions encourues dans ce pays par des Français, il importe, par réciprocité, « de leur adresser des copies de bulletins n° 1 pour les individus nés dans le « Grand-Duché et condamnés en France ou en Algérie. Les greffiers devront « donc, à l'égard de ces derniers, dresser des duplicata, conformément au § IV « de la circulaire du 5 mai 1877 ».

cette demande (1). Puis, le 28 décembre suivant, en envoyant les cadres de la statistique, il a fait connaître aux procureurs généraux que « cet échange, prévu d'ailleurs par « l'exposé des motifs du décret du Roi Don Luiz Ier, du « 24 août 1863, sur l'établissement du casier judiciaire dans « les colonies portugaises, aura lieu désormais » (2).

341. — Suisse. — A la suite d'une circulaire du président de la Confédération helvétique du 29 décembre 1880, l'échange des bulletins de condamnation ou, plus exactement, des extraits de jugements, existe entre tous les cantons.

Outre cet échange intercantonal, il existe un échange international entre la Suisse, d'une part, et, d'autre part, l'Allemagne, l'Autriche-Hongrie, la Belgique, la France, l'Italie et le Luxembourg (3).

Avec la France, un arrangement est intervenu sur les bases suivantes :

« 1° les condamnations prononcées en Suisse contre des Français seront notifiées mensuellement par le Conseil Fédéral à l'Ambassade de France à Berne ;

« 2° les condamnations prononcées en France contre des Suisses seront notifiées, chaque mois, directement par le Ministère français de la Justice à la Légation de Suisse à Paris ;

« 3° la transmission des bulletins de condamnation sera gratuite de part et d'autre ;

« 4° le formulaire en vigueur en France pour les échanges avec d'autres Etats et désigné sous le nom de *formulaire n° 1* sera adopté pour les échanges avec la Suisse. Toutefois, le

---

(1) Archives du Min. de la Justice, 817. A. 93.

(2) *Journal des Parquets*, 1894, *3e partie*, p. 85.

(3) « Avec ces divers pays, la Suisse pratique l'échange de bulletins de condamnation en vertu d'arrangements diplomatiques ou de traités, dont le premier en date est l'arrangement convenu avec la Confédération de l'Allemagne du Nord en 1869 et le plus récent est le traité conclu avec l'Autriche-Hongrie en 1896 » (G. Mironesco, *Tr. théor. et prat. du casier jud.*, p. 168).

Ministère de la Justice veillera strictement à ce qu'il soit fait mention du lieu de bourgeoisie et du dernier domicile du condamné en Suisse. Des instructions spéciales seront adressées, dans ce but, aux autorités judiciaires françaises ;

« 5° le formulaire à adopter par les autorités suisses sera conforme au modèle joint à la dépêche de la Légation de Suisse à Paris en date du 4 novembre 1880 ;

« 6° les échanges de bulletins commenceront le 1ᵉʳ janvier 1881 ».

L'accord a été constaté par un simple échange de correspondances diplomatiques. Le 17 décembre 1880, M. Kern, Ministre plénipotentiaire de Suisse à Paris, a notifié au Ministre des Affaires Étrangères que l'entente pouvait être considérée comme définitive en ce qui concernait la Suisse ; puis, le 24 du même mois, le Garde des Sceaux a répondu par une communication analogue qui constituait l'adhésion de la France (1) ; puis, aussitôt après, il a envoyé aux procureurs généraux les instructions nécessaires pour assurer l'établissement des bulletins concernant des Suisses condamnés en France, avec les mentions spéciales exigées, et leur envoi régulier (2).

§ 3. — *Projets de généralisation et de régularisation*

342. — **Congrès de Rome**. — Au congrès pénitentiaire international de Rome au mois de novembre 1885, la question suivante avait été soumise à la discussion : « Quelle serait la meilleure manière pour arriver à l'échange régulier des bulletins du casier entre les divers Etats ? » (3). Sur le rapport de

____

(1) Archives du Min. de la Justice, 1-W.

(2) Circulaire du Garde des Sceaux, Ministre de la Justice, 20 décembre 1880 (*Bull. off.*, 1880, p. 283).

(3) *Atti di congresso penitenziario internazionale*, vol. I, p. 445 et s. — Le rapport de M. Yvernès a été publié *in extenso* dans le *Bulletin de la Société gén. des Prisons*, 1887, p. 272 et s.

M. Yvernès, délégué du Ministère de la Justice de France, et après un échange d'observations présentées par MM. Silvela, délégué espagnol, de Foresta, Bertillon et de Kirchenheim, les conclusions suivantes ont été adoptées à l'unanimité : « Le « congrès émet le vœu qu'il soit adopté par le plus grand « nombre possible de pays, un système uniforme de casiers « judiciaires ; il estime que, pour atteindre ce but, ce serait « le cas de réunir une conférence diplomatique. Enfin, quand « cette uniformité sera établie, l'échange des bulletins de « condamnation relatifs aux nationaux respectifs pourra se « faire entre les divers Gouvernements au moyen de traités ou « de simples conventions ».

Il est à désirer que ce vœu se réalise le plus tôt possible : le défaut d'uniformité des casiers, les différences dans la rédaction et surtout dans le format des bulletins présentent en effet les plus grands inconvénients au point de vue de l'échange international. Nous avons déjà signalé (1) cet inconvénient qui d'ailleurs, en pratique, s'était déjà révélé. C'est ainsi que la France a été amenée, en 1879, à demander au Gouvernement belge de modifier le format des bulletins qu'il nous adressait : les bulletins belges, à cause de leurs dimensions, ne pouvaient être classés dans nos casiers. A quoi, la Belgique répondit (2) qu'à la suite du traité du 24 décembre 1874, l'Allemagne avait proposé d'employer pour l'échange prévu par ce traité, des formules de bulletins identiques à celles dont elle usait dans ses échanges avec l'Italie et la Suisse, que ce modèle avait été adopté, sauf quelques modifications de détail, et qu'il avait été décidé que la formule ainsi établie servirait pour tous les échanges internationaux (3).

---

(1) Voir : *supra*, n° 331, p. 325.

(2) Note de la 3ᵉ Direction, 3ᵉ Section, n° 335-E.

(3) C'est la circulaire du Ministre de la Justice de Belgique du 24 juin 1875 qui a déterminé la formule des bulletins pour les échanges internationaux.

SECTION II. — **Echange d'extraits du casier judiciaire**

343. — **Règles générales.** — La délivrance réciproque d'extraits du casier judiciaire a lieu pour tous les pays entre lesquels existe l'échange des bulletins de condamnation, sans qu'il soit nécessaire que des stipulations formelles aient été faites à cet égard.

Toutefois, pour prévenir toute difficulté, certaines conventions ont prévu expressément cette question.

Ainsi, en ce qui concerne l'Alsace-Lorraine, une mention a été faite dans l'article 6 de la Convention additionnelle au traité de Francfort. Cet article porte : « Les extraits des « casiers judiciaires relatifs aux communes que la nouvelle « frontière sépare de leur ancien arrondissement, seront réci- « proquement échangés entre le Gouvernement français et « l'Empire allemand. — Les autorités judiciaires et admi- « nistratives françaises, ainsi que les particuliers, auront la « faculté de se faire délivrer des extraits des casiers judiciaires « conservés dans les territoires cédés ».

C'est le Portugal qui paraît avoir le premier prévu par un texte l'échange des extraits ou relevés du casier judiciaire. — En effet, l'article 26 du décret du 24 août 1863, sur l'établis- sement du casier judiciaire dans les colonies portugaises, porte : « Si un étranger est poursuivi pour crime dans son pays ou « dans tout autre où il ait résidé, et que, à raison de cette pour- « suite, on ait besoin de connaître ses antécédents judiciaires, « on fera la demande du bulletin ou des renseignements « nécessaires à l'autorité portugaise compétente, conformé- « ment aux habitudes internationales actuellement en vigueur. « On agira ainsi jusqu'à ce que des traités soient venus régler « ce mode de communications. — Aussitôt qu'un pays étran- « ger fera, par l'entremise de l'autorité compétente, la même « demande, tant sur un Portugais poursuivi pour crime que sur « un étranger, ce pays recevra immédiatement satisfaction ».

344. — **Demande et envoi par la voie diplomatique.** — Les demandes d'extraits du casier judiciaire doivent être trans-mises par la voie diplomatique. Il est à désirer que cette règle disparaisse ; mais, quant à présent, elle doit être strictement appliquée, à moins qu'il n'y soit dérogé expressément par une disposition spéciale d'une convention.

Ainsi, dans le silence de l'article 6 de la Convention addi-tionnelle conclue avec l'Empire d'Allemagne, on avait inter-prété cet acte en ce sens que les magistrats français et alle-mands pourraient correspondre directement entre eux pour la délivrance des casiers judiciaires des Alsaciens-Lorrains. — Dès le 2 septembre 1872 (1), la Chancellerie faisait connaître aux Procureurs généraux qu'elle était avisée par le Ministre des Affaires étrangères que, pour l'exécution de cet article 6, les correspondances pouvaient avoir lieu, sans qu'il fût néces-saire de recourir à la voie diplomatique, et, en conséquence, un arrêté du Ministre des Finances avait réglé les conditions d'envoi en franchise de ces correspondances. Mais, au cours de 1885 (2), le Gouvernement impérial a adressé aux autori-tés judiciaires d'Alsace-Lorraine une circulaire ayant pour objet de mettre fin à ce mode de communication ; en consé-quence, notre Chancellerie a prescrit à son tour aux par-quets français de toujours demander par la voie diplomatique les extraits du casier judiciaire en Alsace-Lorraine (3) : il n'est fait actuellement aucune exception à cette règle, même en ce qui concerne les rapports de frontière et les cas urgents (4).

---

(1) Circulaire du Ministre de la Justice, 2 septembre 1872 (*Rec. off.*, t. III, p. 218).

(2) Circulaire du 8 août 1885.

(3) Circulaire du Ministre de la Justice, 13 novembre 1885 (*Bull. off.*, 1885, p. 208).

(4) Note de la Chancellerie, 15 janvier 1886 (*Journ. des Parq.*, 1886. 3. 67). — L'arrêté ministériel (*Ausfuhrungsverfügung des Ministeriums*) du 26 sep-tembre 1896 porte, dans son § 13 : « Les correspondances avec l'étranger dans

Cette règle de l'envoi par voie diplomatique, quelque générale qu'elle soit, comporte pour certains Etats quelques exceptions limitativement déterminées par des traités ou des conventions.

Ainsi, l'article 12 de la Convention intervenue le 9 juillet 1869 entre la France et la Confédération helvétique prescrit, d'une manière absolue, l'usage de la voie diplomatique, lorsqu'il s'agit de l'envoi d'une commission rogatoire. Mais il a paru aux deux Gouvernements que, sans porter atteinte au traité, il était possible d'autoriser les magistrats des deux pays à correspondre entre eux, en vue d'obtenir l'envoi d'extraits du casier judiciaire. Cet accord a été notifié aux Procureurs généraux par les circulaires du Ministre de la Justice du 22 janvier 1885 (1) et du 10 avril 1902 (2).

En vertu d'une convention conclue entre le Gouvernement des Pays-Bas et le Gouvernement français, les autorités judiciaires de chacun des deux pays sont autorisées à s'adresser réciproquement les unes aux autres pour obtenir la délivrance des bulletins n° 2 des individus contre lesquels elles exercent des poursuites. — En conséquence, la Chancellerie, par sa circulaire du 20 décembre 1904 (3), a invité les parquets français à répondre à toute demande qui pourrait être ainsi adressée par un magistrat néerlandais et leur a rappelé qu'ils ont le droit de demander directement aux autorités

---

« le but d'obtenir des extraits du casier judiciaire sont exclusivement en-
« voyées par la voie diplomatique. Il n'est admis d'exceptions, ni pour les
« rapports de frontière, ni pour les cas urgents ».

(1) *Bull. off.*, 1885, p. 2.

(2) *Journ. des Parq.*, 1902. 3. 87. — Cette dernière circulaire fait connaître en même temps que les autorités compétentes pour la délivrance des extraits du casier judiciaire ou des extraits de jugements sont les suivantes dans les cantons suisses limitrophes de la France : le département de police, pour les cantons de Genève, Vaud, Valais et Neuchâtel; — l'inspectorat de police cantonale à Berne, pour le canton de Berne.

(3) *Journ. des Parq.*, 1904. 3. 174.

judiciaires des Pays-Bas des renseignements de cette nature concernant des individus originaires de ce pays poursuivis en France.

345. — **Conditions de la délivrance.** — Lorsqu'il existe une convention diplomatique, sanctionnée par une loi, réglant les conditions dans lesquelles la délivrance des extraits du casier judiciaire aura lieu entre deux pays, il ne peut y avoir de difficultés qu'en ce qui concerne l'interprétation des termes mêmes de cette convention.

Mais, la plupart du temps, il n'en est pas ainsi. Souvent, la convention stipule purement et simplement la délivrance réciproque des extraits, sans préciser dans quels cas et à quelles autorités ils pourront être remis; plus fréquemment encore, tout se borne à un accord écrit ou même tacite entre les ministères des deux pays sans aucune consécration législative.

Lorsqu'il en est ainsi, dans quels cas et sous quelles conditions, les extraits doivent-ils être délivrés? Suffira-t-il d'une simple demande de l'autorité étrangère, quelle qu'elle soit et quel que soit le motif de la demande? Il est évident que, pour résoudre cette question, il faut examiner successivement deux hypothèses : — 1° celle où le casier du pays appelé à délivrer l'extrait est réglementé par des décrets, des ordonnances ou même par de simples circulaires ; — 2° celle où il est régi par une loi. ·

Dans la première hypothèse, puisqu'il s'agit d'une simple réglementation administrative, le Gouvernement a toutes facilités pour déterminer, de concert avec les Etats étrangers, comment, dans quelles conditions et à qui la délivrance des extraits sera effectuée.

Dans la seconde hypothèse, il peut se présenter, au contraire, des questions délicates. Ainsi, en France, les casiers judiciaires sont régis par la loi : l'article 4 de la loi du 5 août

1899, modifié par la loi du 11 juillet 1900, détermine limita-tivement les personnes et les autorités auxquelles peuvent être délivrés des extraits du casier judiciaire ou bulletins n° 2; or ce texte n'y comprend pas les Gouvernements étrangers. Quelles conséquences faut-il en tirer ?

Il nous paraît certain que, lorsqu'une convention a stipulé l'échange réciproque des extraits et que cette convention, — ce qui n'existe actuellement que pour l'Alsace-Lorraine, — a été sanctionnée par une loi, elle a pour effet d'étendre à l'Etat contractant les dispositions de l'article 4 dans les limites qu'elle fixe.

Mais doit-il en être ainsi, lorsque — et c'est le cas ordinaire — il n'existe qu'un simple accord ?

On peut faire remarquer que, dans le cas où une autorité française réclame un bulletin n° 2, ce bulletin doit lui être rigoureusement refusé, si elle n'est pas expressément comprise dans l'énumération de l'article 4 et ne remplit pas les conditions exigées par cet article ; on ne saurait, par voie d'analogie, étendre en sa faveur les dispositions de l'article 4, puisqu'elles sont essentiellement restrictives. Donc, on ne pourrait non plus invoquer l'analogie des situations pour accorder à des étrangers ce que la loi réserve aux magistrats ou fonctionnaires français. — L'accord convenu entre les deux Etats ne saurait d'ailleurs justifier cette dérogation : un acte de Gouvernement, quel qu'il soit, n'a jamais modifié ce qui est établi et réglé par la loi.

Cependant, les extraits ont continué à être délivrés, comme avant 1899, aux Gouvernements étrangers. En fait, il était bien difficile de répondre par des refus, alors qu'on tend à développer les relations internationales, et d'avouer que, là encore, il existait une regrettable lacune dans la loi ; mais, en droit, sur quels motifs la Chancellerie s'est-elle appuyée ? Nous l'ignorons. Nous pensons toutefois que la pratique suivie peut se justifier.

Nous avons déjà vu, en effet (1), et nous verrons plus complètement encore, qu'au point de vue des décisions qui sont inscrites au casier judiciaire, les lois de 1899 et 1900 ont assimilé les jugements étrangers aux jugements français et que cette idée d'une assimilation complète a tellement dominé le législateur qu'il s'est borné à spécifier dans l'article 7-3° l'exception qu'il entendait apporter ; quant au principe même, il a trouvé superflu de le formuler dans un texte, tellement il lui paraissait incontestable. On est amené à en conclure que, pour les bulletins n° 2, il s'est placé au même point de vue : il a entendu donner, en quelque sorte, au casier un caractère international et, par suite, il n'a pas distingué, au point de vue des autorités qui pourraient se faire délivrer des extraits, suivant qu'elles sont françaises ou étrangères, pourvu, bien entendu, que l'assimilation soit possible et qu'une restriction n'ait pas été implicitement apportée.

Ce principe posé, reportons-nous au texte de l'article 4. Nous voyons tout d'abord qu'il contient certaines dispositions qui, à raison tant de leur caractère tout spécial que des principes généralement suivis dans les relations internationales, ne peuvent être étendues aux pays étrangers. Ainsi, il nous paraît évident qu'en France seulement des bulletins n° 2 doivent être délivrés : — aux autorités militaires et maritimes pour le service du recrutement de l'armée et de la marine ; — aux juges de paix pour le jugement des contestations en matière d'inscription sur les listes électorales ; — aux autorités publiques de l'Etat, dans les cas prévus par l'alinéa 4 de l'article 4 : l'expression « *de l'Etat* » spécifie bien que le législateur n'a eu en vue que l'Etat français.

De même, on ne saurait étendre aux préfets de police et, à plus forte raison, aux directeurs de la Sûreté étrangers, la

---

(1) Voir : *supra*, n° 81, p. 100. — Voir aussi : *infra*, n°s 351, p. 355 ; 354, p. 360 ; 355, p. 361.

disposition ajoutée à l'article 4 par la loi du 11 juillet 1900, qui permet au Préfet de police de se faire délivrer des bulletins n° 2. — Les travaux préparatoires établissent que cette expression *Préfet de police* vise exclusivement le *Préfet de police de Paris*.

Au contraire, en employant cette formule extrêmement large « *aux magistrats du parquet et de l'instruction* », le législateur semble avoir autorisé, d'une façon générale, la délivrance des bulletins n° 2 pour assurer le bon fonctionnement des services de la justice répressive, sans distinguer entre les tribunaux de France et ceux de l'étranger. — Par suite, un bulletin n° 2 doit être délivré à tout magistrat étranger pour l'instruction ou le jugement d'une affaire criminelle ou correctionnelle, lorsqu'il appartient à un pays avec lequel un accord est intervenu pour les échanges d'extraits, et qu'il en a fait la demande dans les formes prévues par la convention.

Il nous paraît également possible que des bulletins n° 2 soient délivrés à des gouvernements étrangers dans deux autres cas prévus par le 2ᵉ alinéa de l'article 4 : — 1° aux présidents des tribunaux jugeant en matière commerciale, pour être joints aux procédures de faillites et de liquidations judiciaires ; — 2° aux sociétés de patronage, reconnues d'utilité publique ou spécialement autorisées à cet effet, pour les personnes assistées par elles.

CHAPITRE II

EFFETS DES CONDAMNATIONS PRONONCÉES A L'ÉTRANGER AU POINT DE VUE DU CASIER JUDICIAIRE

—

SECTION PREMIÈRE. — Principes généraux relatifs aux effets des jugements répressifs

346. — **Exécution dans le pays d'origine des peines prononcées à l'étranger.** — Il est incontestable que des jugements rendus à l'étranger ne peuvent, par eux-mêmes, avoir en France force exécutoire. Comme le disait Faustin-Hélie, dans un rapport à la Cour de cassation (Affaire Demeyer), « émanés d'une souveraineté qui ne peut exercer aucune autorité « sur notre territoire, la force d'exécution qui leur a été communiquée, expire nécessairement à notre frontière » **(1)**.

Il est vrai que les jugements statuant en matière civile peuvent recouvrer en France, au moyen d'un *exequatur*, la force exécutoire dont ils se sont trouvés dépouillés en pénétrant sur notre territoire : c'est ce qui résulte des dispositions des articles 2123 du Code civil et 546 du Code de procédure civile. Mais les motifs qui ont fait admettre cette règle, ne sauraient être étendus aux matières criminelles. C'est là un principe certain, bien que les lois françaises ne l'aient formulé qu'implicitement (2), en organisant uniquement pour les matières civiles la procédure d'*exequatur* (3).

---

(1) Sous Cass., 21 mars 1862 [S. 62. 1. 541 ; P. 62. 911].

(2) On peut noter cependant dans notre droit intermédiaire le décret des 20-27 mai 1790 (Duverger, t. I, p. 78) qui défend de recevoir dans les galères de France toute personne condamnée par un jugement étranger.

(3) Carnot, *De l'instr. crim.*, 2ᵉ édit., t. I, art. 7, nᵒˢ 7 et 8, p. 123 ; — Faustin Hélie, *Tr. de l'Instr. crim.*, 2ᵉ édit., t. II, nᵒ 1042, p. 654 ; — Garraud, *Tr. théor. et prat. du dr. pénal fr.*, 2ᵉ édit., t. I, nᵒˢ 171 à 177, p. 318 et s.; — *Précis de dr. crim.*, 9ᵉ édit., nᵒ 92, p. 121 ; — Le Sellyer, *Tr. de l'exer-*

Non seulement la France, mais encore tous les autres pays ont ainsi admis qu'un jugement répressif ne peut avoir force exécutoire que dans l'Etat auquel appartient le tribunal qui l'a rendu.

347. — **Autorité de la chose jugée à l'étranger.** — Si les jugements étrangers ne sont susceptibles d'aucune exécution en France, il faut reconnaître cependant qu'ils peuvent produire certains effets ; c'est ce qui résulte des articles 5 à 7 du Code d'instruction criminelle modifiés par les lois du 27 juin 1866 et du 3 avril 1903.

En 1866, lorsque le Gouvernement proposa de refondre les dispositions des articles 5 à 7 du Code d'instruction criminelle et de rendre nos tribunaux compétents pour juger les Français qui s'étaient rendus coupables de crimes ou de délits à l'étranger, une première question se présenta : devait-on admettre que l'inculpé ne serait pas poursuivi, s'il prouvait qu'il avait été définitivement jugé à l'étranger? Le projet de loi portait que, en ce cas, aucune poursuite n'aurait lieu, et voici comment M. le conseiller d'Etat Langlais, dans son *Exposé des motifs*, justifiait cette règle : « Le principe de « cette disposition existe déjà dans le Code d'instruction cri- « minelle ; on le trouve consacré dans toutes les législations « de l'Europe, et il n'a rencontré, dans la magistrature et « dans les Chambres, aucune opposition. On a reconnu, en « effet, de tout temps, que celui qui a été jugé, ne peut plus « être poursuivi à raison du même fait, et cette maxime est « fondée à la fois sur le respect dû aux décisions de la justice « et sur les vraies notions de l'humanité. La succession des

---

cice et de l'ext. de l'act. publ. et priv., t. II, n°ˢ 746 et s., p. 484 et s.; — Mangin, *Tr. de l'act. publ. et de l'act. civ.*, t. I, n° 70, p. 91; — Bard, *Précis de dr. intern.*, p. 123; — Fœlix, *Dr. intern. privé*, t. I, p. 312; — Klüber, *Droit des gens*, § 65 ; — De Martens, *Droit des gens*, § 104; — Wheaton, *Elém. de dr. intern.*, t. I, p. 140.

« poursuites pourrait amener des sentences contradictoires,
« et il n'y aurait plus de repos, de sécurité pour les per-
« sonnes. *Cette règle*, il est vrai, *a été faite surtout pour*
« *les tribunaux d'une même nation; car les actes d'un*
« *Etat n'ont par eux-mêmes aucune autorité dans un*
« *autre Etat.* Mais ce qui doit prévaloir, c'est le sentiment
« de justice, d'humanité, qui l'a dictée à tous les législateurs
« et qui n'est pas moins impérieux quand il s'agit de chose
« jugée à l'étranger. La grande raison qui légitime l'interven-
« tion de la justice nationale, en matière de délits commis
« hors du territoire, c'est le trouble social naissant de l'impu-
« nité ; or cette impunité n'existe pas, lorsque le délit a déjà
« trouvé son châtiment ».

Au contraire, lorsqu'il s'agissait d'un crime ou d'un délit
commis en France par un étranger, il était de principe, après
comme avant les modifications introduites par la loi du 27 juin
1866, que la condamnation prononcée à l'étranger restait sans
influence sur la poursuite exercée en France à raison du
même fait (1).

Mais, déjà en 1862, devant la Cour de cassation, M. l'avocat général Savary prévoyait que, dans un avenir rapproché,
cette règle serait changée : « Vous le voyez, Messieurs,

______

(1) Cass., 21 mars 1862 [*Bull. crim.*, n° 90; S. 62. 1. 541; P. 62. 911; D. 62.
1. 146]; — 11 septembre 1873 [*Bull. crim.*, n° 248; S. 74. 1. 335; P. 74. 830;
D. 74. 1. 132]; — Cass. belge, 31 octobre 1859 [*Journ. du dr. crim.*, 1862,
p. 107, note 23]; — Metz, Ch. d'acc., 19 juillet 1859 [S. 59. 2. 642; P. 59. 989;
D. 60. 2. 1]; — C. d'ass. du Var, 28 juillet 1866 [S. 67. 1. 457; P. 67. 1204];
— C. d'ass. de Seine-et-Oise, 17 novembre 1886 [*Journ. des Parq.*, 87. 2. 21].
— *Contra* : Douai, 31 décembre 1861 [*Journ. du dr. crim.*, 1862, p. 108,
note 24]; — C. d'ass. du Nord, 12 février 1862 [*Journ. du dr. crim.*, 1862,
p. 109, note 25]. (Ces deux arrêts ont été cassés). — Voir aussi sur cette question : « *Dans quels cas un jugement rendu à l'étranger en matière criminelle a-t-il autorité de chose jugée en France relativement à la poursuite
qui s'exerce contre le même individu selon nos lois ?* » (Journ. du dr. crim.,
1862, art. 7386, p. 97) ; — Montéage, *De l'autorité de la chose jugée qui
s'attache aux jugements étrangers rendus en matière criminelle* (Journ. du
dr. intern. privé, 1885, p. 397).

« disait-il en achevant son réquisitoire, il n'est pas possible
« de poser en principe qu'en vertu de la maxime *non bis in*
« *idem*, tous les jugements rendus à l'étranger arrêtent l'ac-
« tion publique en France. L'autorité législative peut seule
« assurer ce résultat, désirable sans doute et vers lequel nous
« marchons chaque jour ; mais il ne peut être que l'œuvre
« du temps et des traités... ».

Ce n'est cependant que bien plus tard et par la loi du
3 avril 1903 que cette réforme a été réalisée ; l'article 5 de
cette loi a ajouté à l'article 7 du Code d'instruction criminelle
un paragraphe ainsi conçu : « Aucune poursuite ne peut être
« dirigée contre un étranger pour crime ou délit commis en
« France, si l'inculpé justifie qu'il a été jugé définitivement à
« l'étranger, et, en cas de condamnation, qu'il a subi ou
« prescrit sa peine ou obtenu sa grâce ». — Comme l'a dit
M. Maurice Colin, dans son rapport à la Chambre des députés,
notre législation présentait une lacune : il fallait étendre aux
étrangers le bénéfice d'une disposition qui protégeait déjà nos
nationaux. Le législateur de 1903 n'a fait, en réalité, que
consacrer une nouvelle application du principe posé en 1866,
en ayant soin, toutefois, de réparer une omission dont la pratique avait révélé les graves inconvénients (1).

Il est évident que ces dispositions des articles 5 et 7 du
Code d'instruction criminelle, dans leur forme actuelle, ne
portent aucune atteinte au principe que les jugements étrangers sont privés de toute force d'exécution. Ces textes déci-
dent simplement que, lorsque le prévenu a été jugé en pays
étranger, il ne peut plus, à raison du même fait, être de nouveau jugé en France. Or les travaux préparatoires ne laissent
aucune incertitude sur les raisons qui ont fait introduire cette

____

(1) La loi du 3 avril 1903 a spécifié que, non seulement dans l'hypothèse de
l'article 7, mais encore dans celle de l'article 5, l'auteur de l'infraction ne
doit être protégé par la maxime *non bis in idem* qu'à la condition que la
peine ait été subie ou prescrite ou qu'un acte de grâce en ait fait remise.

règle. Le législateur a, en effet, e u soin de déclarer qu'il ne base pas sa réforme sur ce qu'un jugement étranger aurait maintenant une autorité quelconque en France ; il s'appuie simplement sur cette considération que l'on se trouve en présence d'une situation de fait dont il faut bien tenir compte : il est constant qu'un premier jugement existe ; or la règle *non bis in idem* fondée sur un motif d'humanité, ne doit-elle pas s'opposer à ce qu'un individu ainsi jugé soit de nouveau déféré aux juges français ? La loi peut-elle permettre qu'une même personne soit, à raison d'un seul fait, l'objet de deux poursuites et subisse deux peines ?

Faustin-Hélie, alors que la réforme de 1866 n'était pas encore introduite, développait déjà cette idée que la maxime *non bis in idem* devrait s'opposer à une double poursuite, et il insistait sur cette considération que le principe de la souveraineté n'en recevrait aucune atteinte : « On a dit que la « maxime *non bis in idem* appartient, suivant l'expression de « Berlier, au droit universel des nations ; que le principe de « justice qui l'a fondée, a la même puissance à l'égard de « tous les jugements qui ont été rendus sur le même fait, « qu'ils émanent de juges étrangers ou nationaux ; en effet, « de ce que le jugement émane de juges étrangers, résulte- « t-il que le prévenu ne serait pas successivement traduit « devant deux juridictions et frappé de deux condamnations « pour le même fait ? La souveraineté est-elle compromise par « cette sorte d'autorité qui s'attache au jugement étranger ? « Non, puisqu'il ne s'agit pas de le rendre exécutoire, mais « simplement de reconnaître qu'il a jugé le fait et de ne pas « priver le prévenu du bénéfice de ce jugement » (1).

Les dispositions des articles 5 à 7 de notre Code d'instruction criminelle se retrouvent avec quelques légères modifica-

______

(1) Rapp. sur l'aff. Demeyer, sous Cass., 21 mars 1862 [S. 62. 1. 541 ; P. 62. 911].

tions dans la plupart des Codes étrangers : — en Autriche,
art. 36 à 40 du Code pénal (1) ; — en Belgique, art. 12, 13
et 14 du Code du 17 avril 1878 (2) ; — dans les Pays-Bas,
art. 4 à 8 du Code pénal du 3 mars 1881 (3) ; — en Italie,
art. 4 à 7 du Code pénal du 1er janvier 1890 (4) ; etc. (5).

348. — **Absence d'influence au point de vue de la récidive
légale**. — Nous venons de voir que les condamnations étrangères peuvent avoir l'autorité de chose jugée et mettent ainsi
obstacle à des poursuites pour le même fait dans le pays d'origine. Nous avons en même temps dégagé les motifs sur lesquels cette règle est fondée et nous croyons avoir établi
qu'il en résulte qu'un jugement en matière répressive ne
peut acquérir dans un pays étranger d'autre autorité que celle
résultant de la constatation matérielle de son existence. Ce
qui vient encore le démontrer, c'est qu'il est de principe (6)
qu'un jugement étranger ne peut constituer le premier terme
de la récidive légale. Cette solution est consacrée par une
jurisprudence constante : « Attendu, dit la Cour de cassa-
« tion, que les dispositions de l'article 56 du Code pénal,

---

(1) E. Bertrand et Ch. Lyon-Caen, *Code d'Instruction criminelle autrichien
traduit et annoté*, p. 31, note 2.

(2) Fernand Théry, *Cours de droit criminel*, p. 297 et s.

(3) Willem-Joan Wintgens, *Code pénal des Pays-Bas traduit et annoté*,
p. 1 et s.

(4) E. Turrel, *Code pénal italien traduit et annoté*, p. 20 et s. — Remarquons qu'en Italie, aux termes de l'article 4, § 1, du Code pénal, les Italiens
et même les étrangers peuvent être poursuivis pour certains délits commis
en pays étranger contre la sûreté ou le crédit de l'Etat, et le § 2 ajoute : « Si
« le Ministre de la Justice le requiert, ils seront jugés dans le Royaume,
« alors même qu'ils auraient déjà été jugés à l'Etranger ».

(5) Voir : L. Renault, *Etude sur quelques lois récentes relatives à la répression des infractions commises en pays étranger* (Bull. de la Société de
législ. comp., 1880).

(6) Le contraire a été soutenu : Nicolini (*Principes philosophiques et pratiques du droit pénal* [trad. Flotard], p. 67 et s.). Mais cette opinion est de-
meurée isolée.

« pour l'aggravation des peines en cas de récidive, quelque
« générales et absolues qu'elles soient, ne peuvent s'appli-
« quer qu'aux jugements et arrêts rendus par les Cours et
« tribunaux français, par la considération que les limites du
« territoire sont les limites de la souveraineté et que ce serait
« donner, contre tous les principes du droit public, une exé-
« cution en France à un jugement rendu par un tribunal
« étranger, que de lui imprimer une force active pour l'appli-
« cation des peines de la récidive » (1).

La doctrine, est également fixée en ce sens (2). Mais il
nous faut cependant constater que les auteurs qui se placent
au point de vue purement théorique et rationnel, admettent
que les condamnations étrangères pourraient être prises en
considération pour l'application des peines de la récidive,
mais sous certaines conditions. C'est ainsi que Fiore (3) exige
que le jugement étranger soit soumis à une révision de la
part du tribunal appelé à appliquer les peines de la récidive, à
l'effet de vérifier s'il émane d'un tribunal compétent et s'il a
acquis l'autorité de la chose jugée. Von Bar (4) accorde au
tribunal appelé à statuer sur la nouvelle infraction le droit

---

(1) Cass., 27 novembre 1828 [*Bull. crim.*, n. 313 ; S. et P. chr. ; D. *Rép.*,
v° *Peine*, n° 265]. — En ce sens : Cass., 14 avril 1868 (motifs) [S. 68. 1. 183;
P. 68. 418]; Aix, 14 avril 1875 [S. 76. 2. 5; P. 76. 86; D. 76. 2. 108]; — Be-
sançon, 15 janvier 1879 [S. 79. 2. 104; P. 79. 463; D. 79. 5. 351]. — C'est ce
qui a été également jugé au point de vue de la relégation : Nancy, 11 avril
1889 [D., *Rép. Suppl.*, v° *Récidive*, n. 140].

(2) Blanche, *Etudes sur le Code pénal* (2ᵉ édit.), t. I, n. 450; — Chauveau
et Faustin Hélie, *Théorie du Code pénal* (édit. Villey), t. I, n. 216; — Garçon,
Code pénal ann., art. 56, 57 et 58, n. 53 et s. ; — Garraud, *Tr. théor. et prat.
du dr. pén. français* (2ᵉ édit.), t. I, n. 174, p. 325 et s.; — Laborde, *Cours
de dr. crim.* (2ᵉ édit.), n. 434; — Ortolan, *Elém. de dr. pén.* (4ᵉ édit.), t. I,
n°ˢ 1200 et 1226; — Peiron, *Effets des jugements répressifs en droit international*, p. 105 et s.; — L. Renault (*Revue critique*, 1881, p. 467); — Trébu-
tien, *Cours élém. de dr. crim.*, t. I, p. 294.

(3) *Traité de droit pénal international et de l'extradition* (trad. Ch. Antoine), t. I, p. 182 et s.

(4) *Intern. Privat und Strafrecht*, p. 569 et s.

d'apprécier souverainement s'il convient ou non d'appliquer les peines de la récidive. C'est en ce dernier sens que s'est prononcé l'Institut de droit international, dans la session de 1883, tenue à Munich : « L'aggravation de la peine, à raison « de la récidive, quand la condamnation antérieure est émanée « d'un tribunal étranger, ne peut être appliquée qu'après « examen préalable de l'infraction antérieure. Cependant, « selon l'avis du tribunal, le dossier de l'instruction étrangère « devra suffire. Le tribunal, vu les circonstances et les doutes « soulevés, pourra écarter souverainement la question d'aggra- « vation à raison de la récidive » (1).

349. — **Effets au point de vue des incapacités et déchéances.** — Certaines incapacités ou déchéances peuvent être la consé- quence nécessaire d'une condamnation. Ainsi, par exemple, en France, l'interdiction légale et la dégradation civique for- ment l'état général de tous les condamnés à des peines afflic- tives ; certaines condamnations font, de plein droit, perdre la capacité d'être éligible ou même électeur, et d'être juré, etc... Doit-on admettre qu'une condamnation résultant d'un juge- ment étranger produise en France les mêmes déchéances et les mêmes incapacités que si elle avait été prononcée par les tribunaux français ?

En théorie, la question peut être discutée (2), mais, en droit positif, le doute n'est pas possible : les considérations qui mettent obstacle à ce que la peine soit exécutée, s'oppo- sent à ce qu'un Français subisse certaines déchéances à rai- son de cette condamnation : ce serait en effet admettre une exécution partielle de la peine.

Cette interprétation est consacrée par notre législation. En

---

(1) Voir aussi sur cette question : Peiron, *op. cit.*, p. 112 et s.

(2) Voir sur cette question : A. Peiron, *Effets des jugements répressifs en droit international*, p. 87 et s. ; A. Deloume, *Principes généraux du dr. in- ternat. en mat. criminelle*, p. 124 et 125.

effet, l'article 15 du décret organique du 2 février 1852 porte, dans son alinéa 17, que ne doivent pas être inscrits sur les listes électorales « les faillis non réhabilités dont la faillite a « été déclarée, soit par les tribunaux français, soit *par juge-* « *ments rendus à l'étranger, mais exécutoires en France* » ; or, pour aucune des condamnations en matière répressive, qui entraînent privation du droit de vote, le législateur n'a visé les jugements étrangers ; il est donc manifeste que l'hypothèse prévue par l'alinéa 17 de l'article 15 est la seule où un jugement étranger peut motiver la privation du droit de vote ; et encore le jugement ne produit cet effet que parce qu'un exequatur obtenu des tribunaux français lui a donné force exécutoire en France.

Tel est donc le principe : un jugement étranger en matière répressive ne peut entraîner aucune incapacité en France. Il a été affirmé par la Chambre des Requêtes de la Cour de cassation dans un arrêt du 14 avril 1868 (1) qui invoque l'argument tiré de l'article 15 du décret de 1852, et se base en outre sur ce motif que les jugements rendus par les tribunaux étrangers ne peuvent produire d'effet en France, et qu'il serait anormal qu'une autorité étrangère pût priver un Français de ses droits de citoyen et influer ainsi sur la composition du corps électoral. C'est aussi en ce sens que s'est prononcé le Conseil d'Etat qui, dans un Avis en date du 31 mars 1903, a déclaré que le principe de la souveraineté nationale fait obstacle à ce qu'un jugement prononcé par un tribunal étranger produise en France aucun effet direct ou indirect.

En Belgique et en Italie, la même solution a été consacrée par plusieurs arrêts (2).

Mais il n'en est pas moins certain que cette solution, quelque juridique qu'elle soit, aboutit souvent à des résultats cho-

----

(1) S. 68. 1. 183 ; P. 68. 418.
(2) Voir sur ce point : Peiron, *op. cit.*, p. 93, et les arrêts qu'il mentionne.

quants (1). Aussi on a cherché à introduire dans les lois nouvelles des dispositions qui, tout en sauvegardant le principe de souveraineté de chaque Etat, permettent cependant d'assurer aux jugements étrangers, en matière répressive, certains effets, relativement aux incapacités qu'ils entraînent.

Ainsi en Allemagne (2), en Hongrie (3), en Norvège (4), lorsqu'un sujet de l'un de ces Etats a été condamné à l'étranger pour un crime ou un délit de nature à entraîner la perte de certains droits, il est exercé dans son pays d'origine ne poursuite spéciale à l'effet de faire prononcer cette déchéance (5). — Nous trouvons également une disposition analogue dans l'article 7 du *Code pénal italien*. Ce Code pose, en principe, que tout Italien qui a commis à l'étranger un crime ou un délit, sera jugé en Italie suivant la loi italienne. L'article 7 spécifie deux cas dans lesquels, par dérogation à cette

---

(1) « Il est triste de penser qu'un Français condamné comme assassin en « Belgique ou en Angleterre pourrait réclamer et devrait obtenir son ins « cription sur la liste électorale en France » (Hérold, *Le droit électoral devant la Cour de cassation*, p. 25).

(2) *Code pénal de l'Empire d'Allemagne*, § 37 : « Toutes les fois qu'un « Allemand aura été puni en pays étranger pour un crime ou un délit em « portant ou pouvant emporter, d'après les lois de l'Empire d'Allemagne, la « privation des droits civiques en général ou de certains droits civiques en « particulier, la poursuite pourra être reprise à l'effet de faire prononcer la « privation de ces droits ».

(3) *Code pénal hongrois*, § 15 : « Si le sujet hongrois a commis à l'étran « ger un acte qui, aux termes du présent Code, entraine avec soi la perte de « la fonction ou la suspension de l'exercice des droits politiques, pour l'appli « cation de la peine accessoire, on doit exercer des poursuites, même lorsque « la peine a déjà été subie à l'étranger ou a été remise par l'autorité étran « gère compétente ».

(4) *Code pénal norvégien*, § 32 : « Celui qui a été condamné à l'étranger « pour un acte punissable qui peut, d'après la loi norvégienne, avoir pour « conséquence la perte d'un des droits mentionnés au § 29, pourra être privé « de ces droits sur la demande du ministère public, par décision du tribunal « d'enquête ». — Ce tribunal est composé d'un juge d'instruction et de deux assesseurs jurés.

(5) M. Peiron (*op. cit.*, p. 95) indique qu'une disposition semblable se trouve dans le *Code pénal suédois* du 16 février 1864.

règle, il n'y aura pas lieu de poursuivre, puis ce même article, dans son § 2, ajoute : « Néanmoins, quand il s'agira « d'un Italien qui aurait commis à l'étranger un délit autre « que ceux indiqués au § 1er du présent article, dans le cas « où la condamnation prononcée à l'étranger impliquerait, « d'après la loi italienne, soit à titre de peine, soit à titre de « conséquences pénales, l'interdiction des fonctions publiques « ou toutes autres incapacités, l'autorité judiciaire pourra dé- « clarer, à la requête du Ministère public, que la condamna- « tion prononcée à l'étranger produira dans le Royaume les « interdictions ou incapacités sus indiquées, sauf au condamné « à requérir qu'avant de suivre sur l'instance du Ministère « public, il soit procédé à la révision du jugement étran- « ger » (1).

En France, il n'a pas encore été question d'introduire dans notre législation cette action en déchéance, de façon à faire produire aux jugements étrangers des effets aussi étendus ; mais il est probable que cette réforme s'effectuera dans un temps plus ou moins prochain, car des dispositions insérées dans certaines lois spéciales accusent des tendances très marquées en ce sens.

C'est ainsi que la loi du 30 novembre 1892, sur l'exercice de la médecine, porte dans son article 25 : « En cas de « condamnation prononcée à l'étranger pour un des crimes « et délits ci-dessus spécifiés, le coupable pourra également, « à la requête du ministère public, être frappé par les tribu- « naux français, de suspension temporaire ou d'incapacité « absolue de l'exercice de sa profession ».

Nous en trouvons un nouvel exemple dans les articles 4 et 5 de la loi du 21 mars 1905, sur le recrutement de l'armée (2).

____

(1) Voir encore sur ce point : A. Le Poittevin, *Des crimes ou délits commis par des Français à l'étranger* (Journ. de dr. intern. privé, 1894, p. 215 et s.).

(2) Art. 4 : « Sont exclus de l'armée.... : 4º les individus condamnés à « l'étranger...., après constatation par le tribunal correctionnel du domicile

Le projet de loi permettait d'exclure de l'armée ou d'envoyer dans les bataillons d'infanterie légère d'Afrique, les individus ayant encouru certaines condamnations; à ce point de vue, les condamnations prononcées à l'étranger devaient produire les mêmes effets que celles résultant de jugements rendus par les tribunaux français. Au cours de la discussion (1), M. le député Marc Réville a déposé un amendement tendant à ajouter : « ... après constatation par le tribunal correctionnel « du domicile civil des intéressés, de la régularité et de la « légalité de la condamnation ». A l'appui de cet amendement, il a fait valoir les considérations suivantes : « Je vous demande « de mettre la proposition de M. le Ministre de la Guerre en « harmonie avec l'ensemble de nos lois, en ce qui touche la « mise à exécution des décisions de justice rendues à l'étran- « ger ou des conséquences de ces décisions, je vous demande « de permettre, d'exiger même que, dans le § 4 de la loi « nouvelle, on obtienne une sorte d'*exequatur* pour les « condamnations pénales prononcées à l'étranger à l'égard « de jeunes Français ». — L'amendement, accepté par la Commission et par le Gouvernement, a été voté par les Chambres.

SECTION II. — **Application de ces principes aux casiers judiciaires**

§ 1er. — *Système suivi en France antérieurement à la loi du 5 août 1899*

350. — Inscription des condamnations étrangères sur les bulletins délivrés au Ministère public et aux administrations de l'Etat. — Jusqu'au moment où les casiers judiciaires ont

---

« civil des intéressés, de la régularité et de la légalité de la condamnation ».

Art. 5 : « .... Pour l'application des dispositions qui précèdent, il ne sera « tenu compte des condamnations prononcées à l'étranger qu'après que la « régularité et la légalité de la condamnation auront été vérifiées par le tri- « bunal correctionnel du domicile civil du condamné ».

(1) Chambre des députés, séance du 9 juin 1904 (*Journ. off.*, 10 juin 1904; *Déb. parlem.*, p. 1870).

été réorganisés par la loi du 5 août 1899, les condamnations prononcées à l'étranger n'étaient relevées que sur les extraits du casier judiciaire délivrés au Ministère public et aux administrations de l'Etat. C'étaient de simples renseignements de moralité et jamais il ne pouvait en être fait mention dans les extraits délivrés aux particuliers.

La Circulaire du Garde des Sceaux du 28 décembre 1893 rappelle cette règle dans son § VIII (1) et en donne les motifs : « J'ai reçu, dans le courant de cette année (1893), porte « cette Circulaire, plusieurs plaintes de particuliers à qui il a « été délivré des extraits du casier judiciaire faisant mention « de condamnations prononcées par des tribunaux étrangers. « En vertu de conventions diplomatiques, les casiers judi- « ciaires français reçoivent, il est vrai, de plusieurs gouver- « nements les bulletins n° 1 concernant nos nationaux ; mais, « comme, en principe, les condamnations étrangères ne sont « pas susceptibles d'être effacées par des arrêts de réhabili- « tation émanant des Cours françaises, il est de toute équité « qu'elles ne soient pas portées sur les extraits délivrés dans « un intérêt privé... ».

§ 2. — *Système des lois du 5 août 1899 et du 11 juillet 1900*

A. — MENTION DES CONDAMNATIONS ÉTRANGÈRES
SUR LES BULLETINS N°ˢ 2 ET 3

351. — **Suppression de toute distinction basée sur la nationalité.** — L'article 12 de la loi du 5 août 1899 était ainsi conçu : « L'étranger n'aura droit aux dispenses d'inscription sur le *bulletin n° 2* que si, dans son pays d'origine, une loi ou un traité réserve aux condamnés français des avantages analogues ». Dans ce texte, on avait inséré les mots *bulletin n° 2* et non *bulletin n° 3* ; c'était là incontestable-

____

(1) *Journal des Parquets*, 93. 3. 85.

ment une erreur matérielle : en effet, pour les étrangers
comme pour les Français, les dispenses d'inscription ne peuvent jamais exister qu'en ce qui concerne le bulletin n° 3.
Aussi, le Gouvernement, dans son projet tendant à introduire
certaines modifications dans la loi de 1899, avait demandé au
Parlement de faire cette rectification.

Mais, au cours de la discussion, on a constaté que cet article
prêtait à la critique au point de vue non seulement de la
forme, mais encore du fond. En effet, il résultait de ses dispositions qu'en principe le bulletin n° 3 d'un étranger devait
reproduire toutes les énonciations des bulletins n° 1 et était
par suite identique au bulletin n° 2. Il en était autrement, il
est vrai, et on lui appliquait l'article 7, quand, dans son pays,
un avantage analogue était réservé aux Français. Mais, quand
il s'agissait de savoir si cette condition était réalisée, on se
trouvait en présence de difficultés presque insurmontables.

C'est ce que le rapporteur de la loi a fait remarquer au
Sénat : « On nous a mis, a-t-il dit, sous les yeux un traité en
date du 1ᵉʳ avril 1874, passé entre la Russie et la France. Ce
traité assure aux Russes l'égalité des droits avec les Français,
de même que, en Russie, l'égalité de droits avec les Russes
est accordée aux Français. En présence de cette disposition,
une difficulté pouvait déjà se présenter ; mais elle se trouve
aggravée par cette circonstance que, postérieurement, un
grand nombre de traités ont été faits avec des nations étrangères dans lesquels il a été stipulé que leurs nationaux joui-
ront en France des droits de la nation la plus favorisée. De
sorte que l'on se trouve là dans un dédale d'interprétations
très difficiles à débrouiller. Il est vrai que l'on aurait pu
répondre que ces traités, même celui avec la Russie, n'étaient
en réalité que des traités de commerce et que les droits dont
il y était question, n'étaient que des droits commerciaux, des
droits par rapport surtout aux lois des douanes. Néanmoins,
on nous a affirmé que des interprétations différentes pour-

raient être faites, que la difficulté serait soulevée et qu'un grand nombre de contestations pourraient en résulter. Nous avons alors cédé par cette considération dominante que ne mettre dans la loi aucune restriction relativement aux étrangers serait une mesure plus libérale et plus généreuse. Les admettre, même sans réciprocité, à profiter du bénéfice de la loi, nous a paru plus conforme à l'esprit de générosité et de courtoisie dont notre nation se fait honneur. Nous avons, en conséquence, accepté à cet égard les propositions du Gouvernement » (1).

Le Sénat s'est rangé à l'avis de sa commission, et la loi du 11 juillet 1900 a fait disparaître toute distinction entre les bulletins n° 3 des nationaux et ceux des étrangers.

352. — **Distinction suivant que le fait est prévu ou non par la loi pénale française.** — La loi du 5 août 1899 a fait une distinction suivant que le fait qui a motivé la condamnation prononcée à l'étranger, est ou n'est pas prévu par la loi pénale française. Dans le premier cas, la condamnation doit être relevée, tout à la fois, sur le bulletin n° 2 et sur le bulletin n° 3 ; dans le second cas, elle ne figure que sur le bulletin n° 2, sans qu'il y ait lieu de distinguer suivant que ce bulletin est réclamé par le ministère public ou par une des autorités ou des administrations qui ont le droit de se le faire délivrer. C'est ce qui résulte, nous l'avons déjà vu (2), de l'article 7-3° de la loi.

Il est intéressant de rapprocher ces dispositions de la loi française de celles de la loi du 30 janvier 1902 qui régit actuellement les casiers judiciaires en Italie. — D'une part, l'article 3 de cette dernière loi porte : « Dans les certificats délivrés à « l'autorité judiciaire pour raison de justice criminelle, il ne

---

(1) Sénat, séance du 15 juin 1900.
(2) Voir : *supra*, n. 81, p. 100; n. 102, p. 122. — Nous avons aussi signalé les difficultés d'application de cette disposition ; *supra*, n. 104, p. 123.

« doit pas être fait mention :... 2° des condamnations pour
« faits qu'une loi postérieure a rayés du nombre des infrac-
« tions ou qui, relativement aux jugements étrangers, ne sont
« pas prévus comme délits par la loi italienne ». D'autre
part, l'article 4 n'interdit d'inscrire sur les certificats ou
extraits du casier judiciaire délivrés aux administrations publiques et aux particuliers, en ce qui concerne les condamnations
étrangères, que les jugements visés dans le § 2 de l'article 3.

B. — Conséquences de cette inscription

353. — **Considérations générales.** — Tant que le casier est
demeuré sous le régime des circulaires et qu'il a été considéré
surtout comme un répertoire des documents nécessaires pour
permettre une juste et exacte application de la loi pénale, il
était tout naturel que les condamnations prononcées à l'étranger y fussent notées. Alors les extraits du casier judiciaire
n'avaient par eux-mêmes aucune autorité : ils ne valaient que
comme simples renseignements ; par suite, on ne pouvait dire
qu'en y relevant ces sortes de condamnations, on faisait produire un effet plus ou moins direct à des jugements rendus
par des tribunaux étrangers : ce n'était, en effet, que la constatation de leur existence, fait matériel qui échappait à toute
discussion. Il n'y avait même pas lieu de s'arrêter à cette
considération que la mention de ces jugements sur les bulletins n° 2 leur aurait assuré la publicité en France ; puisque,
ainsi que nous l'avons vu, ils n'étaient pas alors relevés sur
les extraits délivrés aux simples particuliers.

Lorsque le régime des circulaires a pris fin et que la loi a
réglé l'organisation et le fonctionnement des casiers, la constatation au casier judiciaire des condamnations prononcées à
l'étranger aurait pu subsister sans qu'aucune atteinte fût
portée aux principes du droit international privé. En effet, la
nature d'une institution ne change pas, parce que celle-ci est

régie par la loi, au lieu d'être soumise à des règlements administratifs. Mais il n'y a pas eu un simple changement de régime : les bases mêmes de l'institution ont été modifiées.

Bien qu'aucun texte ne le dise expressément et malgré un certain vague qu'ont laissé planer les travaux préparatoires, la loi de 1899 considère l'inscription d'une condamnation au casier, sinon comme une véritable peine, du moins comme une flétrissure morale consécutive à la peine et qui peut disparaître, quand le condamné a rempli certaines conditions déterminées. En d'autres termes, le condamné peut obtenir au bout d'un certain temps, une sorte de demi-réhabilitation : la condamnation subsiste avec tous ses autres effets, mais elle n'est plus mentionnée sur les bulletins n° 3 qui lui sont délivrés. De plus, à partir du moment où cette première faveur lui est acquise, va s'ouvrir une nouvelle période, à l'expiration de laquelle, si les conditions exigées se trouvent réalisées, la réhabilitation complète lui sera acquise de plein droit.

Ne semble-t-il pas dès lors qu'en assimilant au point de vue de l'inscription sur les extraits du casier judiciaire, les jugements étrangers à ceux rendus par les tribunaux français, on leur fait produire effet en France, alors qu'aucun jugement d'exequatur ne leur a cependant donné force exécutoire ?

Enfin nous savons que c'est l'absence de toute condamnation nouvelle dans des délais déterminés qui permet au condamné d'obtenir, d'abord, la dispense d'inscription au bulletin n° 3, puis la réhabilitation de droit. Une nouvelle et très grave question vient se poser : peut-on admettre que la condamnation prononcée par un tribunal étranger puisse, au même titre qu'une condamnation encourue en France, mettre obstacle à l'obtention de cette double faveur ? N'est-ce pas là accorder un effet direct des plus graves à un jugement étranger ? N'est-ce pas admettre que ce jugement, contrairement aux règles du droit international privé, entraîne en France de plein droit, une incapacité ?

Nous allons examiner successivement chacune de ces questions.

354. — **Mention des condamnations prononcées à l'étranger.**
— On peut dire — quelle que soit au fond la nature du casier — qu'en constatant par un bulletin n° 1 la condamnation étrangère, puis en la relevant sur les extraits du casier, on ne fait pas produire effet en France à la décision du juge étranger. En effet, un tribunal étranger a condamné un Français ; on connaît officiellement en France l'existence de ce jugement, puisque le pays où il a été rendu, en a, conformément aux conventions diplomatiques, avisé le Gouvernement de la République ; on constate ce fait matériel par l'inscription au casier et par la mention sur les bulletins n° 2 ou n° 3. La loi du 5 août 1899, sur le casier judiciaire, en établissant cette règle, a donc simplement fait une application nouvelle des principes antérieurement admis et sur lesquels sont basées notamment les dispositions des lois du 27 juin 1866 et du 3 avril 1903 (1).

Cette mention sur les extraits n'ajoute rien au jugement. C'est tellement vrai qu'en Italie, où les jugements étrangers sont également relevés sur les extraits, on a tiré argument de ce fait pour montrer que le casier judiciaire n'a pas été établi seulement pour servir de base à la récidive, car si tel eût été son but unique, l'inscription des condamnations étrangères serait sans objet : « Il résulte du n° 4 de l'article 83 du Code « pénal que, pour les effets de la récidive, il n'est pas tenu « compte des condamnations prononcées par des tribunaux « étrangers. Ceci démontre encore une fois que le casier n'a « pas pour unique objet la constatation de la récidive. Le « juge et aussi, pour raison d'intérêt public, les administra- « tions publiques et les particuliers doivent être éclairés sur « la moralité de l'individu, pour la valeur des preuves, pour

---

(1) Voir ; *supra*, n. 347, p. 344 et s,

« la mesure de la peine et pour toutes les autres conséquences
« possibles » (1).

Par suite, non seulement, en droit positif, nous n'avons
qu'à nous incliner devant la volonté du législateur, mais, en
théorie pure, nous devons reconnaître que cette solution n'est
qu'une saine application des règles générales du droit international privé.

**355. — Dispense d'inscription de ces condamnations sur le
bulletin n° 3.** — Toutes les condamnations étrangères doivent
donc être constatées au casier, quand elles émanent de tribunaux appartenant à des pays avec lesquels il existe un
échange de bulletins n° 1 organisé par des traités ou même
par de simples accords. — Elles sont relevées sur les bulletins n° 2 et sur les bulletins n° 3 ; toutefois, nous avons vu
que, sur ces derniers bulletins, ne figurent jamais celles qui
ont été prononcées pour faits non prévus par les lois pénales
françaises.

Jusqu'ici, il n'existe aucune difficulté; d'ailleurs les dispositions formelles de l'article 7 de la loi du 5 août 1899 ne laissent aucune place à l'interprétation.

Mais nous savons qu'aux termes de l'article 8 de cette loi,
modifié par la loi du 11 juillet 1900, les condamnations cessent d'être inscrites au bulletin n° 3 délivré au simple particulier, au bout de deux ans, cinq ans, dix ans ou quinze ans,
suivant la nature et la durée de la peine, si, dans ce délai, il
n'est survenu aucune nouvelle condamnation. — Cette disposition est-elle applicable aux condamnations étrangères ? Oui,
incontestablement.

En effet, la loi ne distingue pas entre les condamnations,
suivant qu'elles sont prononcées par les tribunaux étrangers
ou par les tribunaux français. De plus, y eût-il un doute, il

____

(1) R. de Notaristefani, *La Legge Lucchini sul Casellario giudiziale*, p. 114,

devrait s'interpréter en faveur du condamné. Enfin, les principes du droit international ne s'opposent nullement à cette solution : il plaît au législateur de cacher l'existence de certains jugements qui subsistent cependant avec tous leurs effets légaux, peu importe par quelles juridictions ces jugements ont été rendus.

Une objection peut cependant être faite. Si, dira-t-on, il en est ainsi, il faut admettre également que la réhabilitation de droit sera également applicable aux condamnations étrangères ; or comment concilier le résultat auquel aboutit ce système avec ce principe qui avait toujours prévalu dans notre législation, et auquel le législateur ne paraît pas avoir voulu porter atteinte, que les condamnations prononcées en pays étranger ne sont pas susceptibles d'être effacées en France par la réhabilitation (1) ?

La réponse est facile. — Les principes généraux du droit international privé s'opposent à ce qu'une condamnation étrangère soit effacée par la réhabilitation, et, à ce point de vue, il n'y a pas à distinguer entre la réhabilitation judiciaire et la réhabilitation de droit (2) ; dans l'un et l'autre cas, les raisons de décider sont les mêmes. Par conséquent, les dispositions des lois de 1899 et de 1900, en tant qu'elles ont trait à la réhabilitation de droit, ne sauraient s'appliquer aux condamnations étrangères. Mais rien ne s'oppose à ce qu'une distinction soit faite entre la prescription de l'inscription au bulletin n° 3 et la réhabilitation de droit. En effet, il ne s'agit pas là d'une suite de dispositions formant un tout unique et homogène ; au contraire, la réglementation du casier judiciaire, d'une part, et la réhabilitation de droit, d'autre part, consti-

---

(1) Circulaire du Ministre de la Justice, 28 décembre 1893, § 8 [*Journ. des Parq.*, 94. 3. 85] ; — Note de la Chancellerie, juin 1894 [*Journ. des Parq.*, 94. 3. 143]. — Voir aussi notre *Dict.-Form. des Parq.*, 3ᵉ édit., vᵒ *Réhabilitation*, n. 12.

(2) G. Le Poittevin, *La réhabilitation de droit*, n° 9, p. 18 et s.

tuent des matières d'essence absolument différente qui ont été par hasard comprises dans une même loi (1).

Remarquons, au surplus, que ce fait de la non application de la réhabilitation de droit aux condamnations étrangères, loin de contredire notre système, fournit plutôt un argument en sa faveur. En 1893, la Chancellerie (2), pour interdire la mention des condamnations étrangères sur les extraits du casier judiciaire délivrés aux particuliers, s'appuyait précisément sur ce que ces sortes de condamnations ne peuvent disparaître par l'effet de la réhabilitation. Cette considération a conservé toute sa valeur sous le régime de la législation nouvelle. Par suite, puisque la loi permet de ne plus porter les condamnations sur les bulletins n° 3, quand certaines conditions prévues par la loi sont remplies, il faut faire bénéficier de cette faveur celles qui sont prononcées à l'étranger, pour lesquelles elle aurait dû être spécialement créée, si le législateur ne l'avait pas admise d'une façon générale.

La solution que nous proposons ainsi, paraît simple ; mais, dans la pratique, elle est de nature à amener de graves difficultés. En effet, il faut incontestablement que toutes les conditions exigées par l'article 8 soient remplies ; notamment, il est nécessaire, soit que la peine ait été subie, soit que la prescription ou un autre fait que la loi, quant aux effets produits, assimile à l'exécution, se soit réalisé. De plus, nous avons vu que, contrairement à toutes les règles, c'est au Procureur de la République à prouver que la peine n'a pas été exécutée.

Ainsi, s'il s'agit d'une amende, l'article 8 fait partir le délai du jour où la condamnation est devenue définitive ; puis il dis-

---

(1) La question de la *réhabilitation de droit* a été rattachée à la loi sur le casier judiciaire dans les conditions où nombre de dispositions législatives sont insérées dans les lois de finances : on a voulu ainsi la faire venir rapidement en discussion devant les Chambres.

(2) Circulaire précitée du 28 décembre 1893.

pose que : « l'inscription ne cesse qu'après qu'elle a été « acquittée ou prescrite, à moins que le demandeur ne jus- « tifie de son indigence dans la forme prescrite par l'art. 420 « du Code d'instruction criminelle ». — Lors donc que le condamné a payé l'amende et qu'il a justifié de ce payement à l'aide d'une quittance régulière, aucune complication ne se produira ; mais il arrivera fréquemment que cette production ne sera pas faite. Alors, il y aura lieu de se renseigner, par voie diplomatique, auprès des autorités étrangères, pour savoir si le payement a été effectué ou si la prescription est acquise. — Notons à ce sujet que la durée de la prescrip- tion devra être calculée d'après la loi étrangère ; en effet, c'est seulement lorsque le délai fixé par cette loi s'est écoulé que le recouvrement de l'amende ne peut plus être pour- suivi.

Une question plus délicate se pose quand il s'agit de prou- ver l'indigence : le condamné doit-il faire cette justification dans les termes de l'article 420 du Code d'instruction crimi- nelle ou suivant les formes en vigueur dans le pays où il a été condamné ? Nous croyons que, sous ce rapport, il n'y a pas à distinguer suivant que les individus sont condamnés en France ou à l'étranger, parce que la justification est faite, non à l'autorité étrangère chargée du recouvrement de l'amende, mais à l'autorité française à laquelle il appartient de faire délivrer le bulletin n° 3 réclamé.

Pour les individus condamnés en France, l'exécution de la contrainte par corps équivaut au paiement de l'amende (art. 8, § 9). Si l'amende a été prononcée dans un pays où la con- trainte par corps n'existe pas et où, à défaut de payement de l'amende, certaines autres pénalités sont édictées, certains travaux sont imposés au condamné, l'exécution de ces mesures devra être considérée comme équivalant au paiement de l'amende.

S'il s'agit d'une peine corporelle, ce sera encore au pro-

cureur de la République à se renseigner, par la voie diplomatique, sur le point de savoir si elle a été subie ou prescrite.

Enfin, quand le parquet aura établi que l'amende n'a pas
été payée et que l'emprisonnement n'a pas été subi, le condamné pourra prétendre qu'il a bénéficié d'une remise gracieuse. On sait, en effet, qu'aux termes de l'article 8, § 8,
« la remise totale ou partielle d'une peine par voie de grâce
« équivaudra à son exécution totale ou partielle ». De là, de
nouveaux renseignements à demander par voie diplomatique.

Incontestablement, le législateur n'a pas songé à cette série
de difficultés ! Aussi, comme, d'autre part, l'article 8, § 11,
pose en principe que tout condamné est présumé avoir subi
sa peine, sauf au ministère public à faire la preuve contraire,
il est à craindre que, en pratique, le procureur de la République ne renonce à faire cette preuve si compliquée et ne
fasse délivrer le bulletin n° 3, sans s'inquiéter du point de
savoir si la peine a été ou n'a pas été subie.

356. — **Conséquences de la survenance d'une condamnation étrangère au point de vue de la dispense d'inscription
des condamnations antérieures et de la réhabilitation de
droit.** — Si, dans le délai fixé par l'article 8 de la loi du
5 août 1899, modifiée par celle du 11 juillet 1900, et
variant entre 2, 5, 10 ou 15 ans, suivant la nature et la
durée de la peine, une nouvelle condamnation est encourue,
le condamné ne peut plus bénéficier des dispositions de cet
article : le premier jugement continuera à figurer au bulletin
n° 3. Doit-il en être ainsi, quand la nouvelle condamnation a
été prononcée par un tribunal étranger ?

La question n'est pas simplement théorique ; elle offre un
véritable intérêt pratique et a dû nécessairement se poser à
diverses reprises dans les parquets ; mais, bien qu'elle nous
paraisse très délicate, il semble qu'elle n'a jamais embarrassé

ceux devant qui elle est née. Ils l'ont toujours résolue, — dans quel sens? nous l'ignorons — mais sans hésitation et à la satisfaction des intéressés, car on ne trouve à cet égard, ni dans la jurisprudence, ni dans les instructions de la Chancellerie, aucunes traces d'un incident contentieux.

On peut soutenir que les lois de 1899 et de 1900 ont complètement assimilé les jugements étrangers à ceux rendus par les tribunaux français. En effet, d'un côté, elles parlent dans toutes leurs dispositions des *condamnations* sans distinguer suivant qu'elles ont été prononcées en France ou à l'étranger. D'un autre côté, il est certain que cette expression *condamnations*, quand il s'agit des mentions à porter sur les bulletins n° 2 et n° 3, comprend celles résultant de jugements rendus par des tribunaux étrangers : l'art. 7-3° en fournit une preuve indiscutable (1).

On a fait aussi valoir une seconde considération. Il semble certain que les règles relatives à la non inscription des condamnations au bulletin n° 3, après l'expiration d'un certain délai, s'appliquent aux condamnations étrangères (2). Mais alors, dit-on, « il faut reconnaître, à moins de tomber dans l'arbi-
« traire le plus complet, que la condamnation étrangère, soit
« à une peine corporelle, soit à une amende, apportera les
« mêmes obstacles qu'une sentence française à la prescrip-
« tion des mentions et à la réhabilitation de droit » (3). En d'autres termes, il y aurait une étroite corrélation entre les différentes dispositions de la loi, tout au moins entre celles qui régissent les casiers judiciaires : si celles qui constituent une faveur, sont applicables aux jugements étrangers, on doit, par une juste réciprocité, leur appliquer également celles qui aggravent la situation du condamné.

----

(1) Voir : *supra*, n° 352, p. 357.
(2) Voir : *supra*, n° 355, p. 361 et s.
(3) Henri Locard, *La réforme du Casier judiciaire. — Quelques observations sur la loi du 5 août 1899* (La France judiciaire, 1899, 1ʳᵉ partie, p. 348).

Malgré toute la valeur de ces arguments, nous ne pouvons admettre cette interprétation. En effet, si l'on décide qu'une condamnation étrangère s'oppose à ce qu'une condamnation antérieure cesse de figurer au bulletin n° 3, et qu'elle met, par suite, obstacle à la réhabilitation de droit d'un condamné, on fait incontestablement produire effet en France à un jugement étranger en matière répressive. Or un pareil résultat est en opposition absolue avec les principes fondamentaux du droit international privé, aux termes duquel — et le Conseil d'Etat le rappelait encore tout récemment — aucun jugement étranger ne peut, de plein droit, produire en France un effet direct ou indirect (1).

Il est vrai qu'une loi spéciale peut déroger dans un cas particulier à une règle générale. Mais, si le législateur avait voulu que les condamnations étrangères pussent, dans les hypothèses prévues par les lois sur le casier judiciaire, entraîner en France de véritables déchéances, il l'aurait dit expressément : un texte formel aurait consacré cette disposition nouvelle. Or la loi est muette sur ce point, et, incontestablement, son silence ne peut être considéré comme autorisant une aussi grave dérogation, alors surtout que rien, ni dans ses travaux préparatoires, ni même dans les tendances générales révélées par d'autres lois, n'établit l'intention d'apporter un changement aussi radical dans notre législation.

Evidemment, de plus en plus, on tient compte des jugements étrangers intervenus en matière répressive ; mais il n'en est pas moins certain qu'aucune atteinte n'a été jusqu'ici portée au principe de la souveraineté nationale. Si les décisions des juridictions étrangères peuvent actuellement produire certains effets en France et d'ailleurs dans les limites strictement tracées par des lois spéciales, ce n'est, nous l'avons vu, qu'après que nos tribunaux leur ont donné un

____

(1) Voir : *supra*, n° 349, p. 351.

exequatur spécial. Si donc le législateur avait estimé que, au point de vue de la non inscription des condamnations antérieures et de la réhabilitation de droit, les condamnations étrangères devaient produire le même obstacle que les condamnations prononcées en France, il aurait organisé une procédure d'*exequatur* analogue à celle qui a été établie par les lois sur l'exercice de la médecine et sur le recrutement de l'armée (1), de façon à atteindre le résultat cherché, tout en respectant les principes.

Reste le second argument ; mais la réponse nous semble facile. — De ce que l'on applique aux jugements étrangers les dispositions qui permettent de ne plus faire figurer une condamnation au bulletin n° 3, il n'en résulte pas nécessairement qu'on doive leur déclarer applicables celles qui régissent les condamnations dont la survenance met obstacle à cette non inscription. En effet, d'une part, elles sont indépendantes les unes des autres ; d'autre part, il est incontestable que si, en thèse générale, les règles formulées dans les lois de 1899 et 1900 sont applicables aux jugements étrangers, il y a exception quand un texte ou un principe supérieur de droit s'oppose à leur application. .

357. — **Conclusion.** — En résumé, les condamnations étrangères sont constatées au casier judiciaire, quand elles ont été prononcées dans des pays avec lesquels la France fait l'échange des duplicata de bulletins n° 1 ou des extraits de jugements. Mais il n'en résulte aucune dérogation aux principes généraux qui régissent actuellement le droit international privé. Or, sauf les exceptions expressément prévues par les lois du 30 novembre 1892, sur l'exercice de la médecine, et du 21 mars 1905, sur le recrutement de l'armée, et sous les conditions déterminées par ces deux lois, aucun juge-

----

(1) Voir : *supra*, n° 349, p. 353.

ment étranger en matière répressive ne peut produire effet en France. Par conséquent, l'inscription des condamnations étrangères sur les bulletins n° 2 et n° 3 doit être soumise aux règles suivantes :

1° ces condamnations sont toujours relevées sur les bulle_tins n° 2, comme si elles émanaient de tribunaux français ;

2° celles qui ont été prononcées pour des faits punissables d'après la loi française, figurent seules sur les bulletins n° 3 ;

3° ces condamnations étrangères portées sur les bulletins n° 3 cessent d'y figurer dans les cas où elles auraient bénéficié de cette faveur, si elles avaient été prononcées par des tribunaux français ;

4° La survenance d'une condamnation prononcée par un tribunal étranger ne fait pas obstacle à ce que celui qui avait été antérieurement condamné bénéficie de la dispense d'inscription ou de la réhabilitation de droit. — Il est à désirer toutefois que cette dernière règle soit modifiée par une loi, en ce sens que, lorsqu'un Français aura été condamné à l'étranger, le jugement sera soumis au tribunal correctionnel de son domicile qui pourra ordonner qu'à ce double point de vue, il produira les mêmes effets que s'il émanait d'un juge français.

TABLE DES MATIÈRES

PREMIÈRE PARTIE

Les origines du Casier judiciaire
Son organisation actuelle en France et à l'étranger

TITRE PREMIER

Des différents précédés employés pour la constatation des antécédents judiciaires

CHAPITRE PREMIER

Législations anciennes

CHAPITRE II

France

Section Première. — La Marque

CHAPITRE III

Autres Pays

TITRE II

Le Casier judiciaire en France

CHAPITRE PREMIER

Notions générales et historiques
Organisation du service

CHAPITRE II

Organisation actuelle du service

CHAPITRE III

Bulletins n° 1 et duplicata de bulletins

SECTION PREMIÈRE. — **Bulletins n° 1**

§ 1. — *Cas où il en doit être établi*

A. — DÉCISIONS CRIMINELLES ET CORRECTIONNELLES

B. — AUTRES DÉCISIONS QUI DOIVENT ÊTRE CONSTATÉES AU CASIER

§ 2. — *Rédaction des bulletins n° 1*

§ 3. — *Vérification et envoi*

§ 4. — *Classement des bulletins n° 1*

§ 5. — *Mentions à insérer après le classement des bulletins*

SECTION II. — **Duplicata de bulletins n° 1**

SECTION III. — **Prix des bulletins n° 1 et des duplicata**

CHAPITRE IV
Bulletins n° 2 et n° 3

SECTION PREMIÈRE. — **Règles communes aux bulletins n° 2 et n° 3**

Section III. — **Bulletins nᵒ 3**

§ 1. — *Enonciations qu'ils doivent contenir*

A. — Dispositions générales

B. — Mentions qui ne doivent jamais être inscrites

C. — Mentions qui ne doivent pas être inscrites a moins de condamnations ultérieures

D. — Mentions qui cessent d'être inscrites après un certain délai

E. — Modèle du bulletin nᵒ 3

§ 2. — *Délivrance des bulletins nᵒ 3*

CHAPITRE V

Erreurs et fraudes

SECTION PREMIÈRE. — Erreurs commises dans les bulletins nº 1

SECTION II. — Erreurs commises dans les bulletins nº 2 et nº 3

**SECTION III. — Inscription d'une condamnation déterminée
par un faux état civil. — Sanctions pénales**

TITRE III

Le casier judiciaire dans les pays étrangers

CHAPITRE PREMIER

Allemagne

**SECTION PREMIÈRE. — Création et organisation du casier judiciaire
(*Strafregister*)**

CHAPITRE II

Autriche

CHAPITRE III

Belgique

SECTION PREMIÈRE. — **Système organisé par la circulaire
du 31 décembre 1888**

SECTION II. — **Bulletins de condamnation**

SECTION III. — **Extraits du casier judiciaire**

SECTION IV. — **Casier spécial du vagabondage et de la mendicité**

CHAPITRE IV

Danemark

SECTION PREMIÈRE. — **Système organisé par la circulaire
du 11 décembre 1896**

SECTION II. — **Bulletin de condamnation** (*Straffekort*)

SECTION III. — **Extraits du casier judiciaire**

CHAPITRE V

Egypte

SECTION PREMIÈRE. — **Etablissement d'un casier judiciaire auprès de la Cour d'appel indigène**

SECTION II. — **Bulletins originaux**

SECTION III. — **Bulletins de renseignements**

CHAPITRE VI

Italie

SECTION PREMIÈRE. — **Organisation générale du service**

Section II. — **Casiers locaux et casier central**

§ 1er. — *Bulletins du casier judiciaire* (Cartellini del casellario)

§ 2. — *Casiers locaux* (Casellari locali)

§ 3. — *Casier central* (Casellario centrale)

§ 4. — *Mentions à ajouter après le classement*

§ 5. — *Elimination des bulletins*

A. — Bulletins qui doivent être retirés

B. — Dichiarazioni del casellario

Section IV. — **Incidents contentieux et mesures de répression**

CHAPITRE VII

Pays-Bas

Section Première. — **Organisation du casier judiciaire**

Section II. — **Bulletins A et B du casier judiciaire**

Section III. — **Extraits du casier judiciaire**

CHAPITRE VIII

Portugal

Section Première. — **Colonies portugaises**

§ 1er. — *Préliminaires*

§ 2. — *Bulletins du casier judiciaire*

§ 3. — *Extraits du casier judiciaire*

Section II. — **Royaume de Portugal**

§ 1er. — *Préliminaires*

§ 2. — *Bulletins du casier judiciaire* (Boletins)

§ 3. — *Extraits du casier judiciaire* (Certeficados)

CHAPITRE IX

Suisse

Section Première. — **Aperçu général sur l'ensemble de la Confédération**

Section II. — Canton de Berne

Section III. — Canton de Vaud

§ 1er. — *Organisation*

§ 2. — *Bulletins du casier judiciaire*

§ 3. — *Extraits du casier judiciaire*

Section IV. — Canton de Genève

§ 1er. — *Organisation*

§ 2. — *Bulletins du casier judiciaire*

§ 3. — *Extraits du casier judiciaire*

§ 4. — *Dispositions pénales*

DEUXIÈME PARTIE

Examen critique des différents systèmes adoptés

CHAPITRE PREMIER

Principe du casier judiciaire

Section Première. — Le maintien du casier judiciaire s'impose

Section II. — La sanction législative est-elle nécessaire

CHAPITRE II

Objet et organisation du casier judiciaire

Section Première. — Objet du casier judiciaire

Section II. — Organisation du casier judiciaire

§ 1er. — *Lieu où doivent être concentrés les renseignements*

§ 2. — *Eléments du casier*

§ 3. — *Décisions qui doivent être constatées au casier*

CHAPITRE III

Délivrance des extraits

Section Première. — Délivrance aux autorités judiciaires

Section II. — Délivrance à d'autres autorités ou à des tiers

SECTION III. — **Force probante des extraits délivrés**

TROISIÈME PARTIE

Le casier judiciaire et le droit international

CHAPITRE PREMIER

Echanges internationaux

SECTION PREMIÈRE. — **Bulletins de condamnation**

§ 1ᵉʳ. — *Règles suivies en France*

§ 2. — *Pays qui ont admis l'échange des bulletins*

§ 3. — *Projets de généralisation et de régularisation*

Section II. — **Echange d'extraits du casier judiciaire**

CHAPITRE II

Effets des condamnations prononcées à l'étranger au point de vue du casier judiciaire

Section Première. — **Principes généraux relatifs aux effets des jugements répressifs**

Section II. — **Application de ces principes aux casiers judiciaires**

§ 1er. — *Système suivi en France antérieurement à la loi du 5 août 1899*

§ 2. — *Système des lois du 5 août 1899 et du 11 juillet 1900*

A. — MENTION DES CONDAMNATIONS ÉTRANGÈRES
SUR LES BULLETINS N° 2 ET N° 3

B. — CONSÉQUENCES DE CETTE INSCRIPTION